Guy Abecassis

100 Koffer auf dem Dach

Auf Gesellschaftsreisen
vom Nordkap bis Kairo
Ein Reiseleiter plaudert aus dem Bus

Rowohlt

Die Originalausgabe erschien bei Librairie Hachette, Paris,
unter dem Titel «100 Valises sur un toit»
Aus dem Französischen übertragen
von Margarete Bormann und Gert Woerner
Umschlagentwurf Eva Kausche-Kongsbak

1.–150. Tausend   1965–1975
151.–157. Tausend   Oktober 1976
158.–165. Tausend   November 1977
166.–170. Tausend   Februar 1979
171.–175. Tausend   Januar 1980

Veröffentlicht im Rowohlt Taschenbuch Verlag GmbH,
Reinbek bei Hamburg, Januar 1965
Copyright © 1960 by Piper & Co. Verlag, München
«100 Valises sur un toit» © Librairie Hachette, Paris, 1959
Gesetzt aus der Linotype-Aldus-Buchschrift
und der Palatino (D. Stempel AG)
Gesamtherstellung Clausen & Bosse, Leck
Printed in Germany
480-ISBN 3 499 10702 3

Ich wäre niemals auf die Idee gekommen, meine Memoiren zu schreiben, wenn man mich nicht dazu herausgefordert hätte. Es heißt, daß alle Memoirenschreiber so beginnen. Na, und? Warum läßt man uns nicht eher in Ruhe, bis wir zur Feder greifen und unsere Erinnerungen zu Papier bringen? Daran sind doch nur diejenigen schuld, die einem nicht glauben wollen, daß man es auch nicht so leicht hat.

Wie zum Beispiel mein Zahnarzt, dem ich im vergangenen Sommer zufällig im Irak begegnete. Auf den Stufen der Großen Moschee von Bagdad holte er mich mit seiner zupackenden Hand aus dem Pilgerstrom heraus, umarmte mich mit einer Wiedersehensfreude, wie sie nur Menschen empfinden können, die allein durchs Ausland reisen, und rief begeistert aus: «Mein Gott, was für ein herrliches Leben Sie führen! Immer auf Reisen zu sein, das wäre mein Ideal. Ich frage mich, ob Sie Ihr Glück überhaupt zu schätzen wissen!»

Er bat, sich meiner Gruppe anschließen zu dürfen (Gesellschaftsfahrt Nr. 23 b: «Zu den Phöniziern und Babyloniern»), und da es mir nicht ratsam schien, diesem Mann, dem in der Praxis alle Mittel der Rache zu Gebote standen, etwas abzuschlagen, nahm ich ihn vom Euphrat zum Tigris mit.

Was ich ihm in den folgenden Tagen auch vom alten Babel zeigen mochte, er war weniger von den biblischen Stätten als von meinem Amt beeindruckt. «Sie haben es zu etwas gebracht, mein Lieber. Wenn Sie wüßten, wie ich Sie beneide», seufzte er. «Ich fühle, daß ich mein Leben verpfuscht habe, wenn ich das Ihrige betrachte. Oder glauben Sie, daß es noch nicht zu spät für mich ist, umzusatteln?»

Er begleitete die Frage mit einer ungeschickten Körperverrenkung, als wollte er tatsächlich von einem Kamel aufs andere umsteigen. Dann fragte er interessiert weiter: «Sagen Sie, wie wird man eigentlich Reiseleiter?»

Diese Frage hörte ich nicht zum ersten Male. Wie oft hatte sie mich schon in Verlegenheit gebracht! Ich weiß nämlich selbst kaum, wie ich dazu gekommen bin. Darum blieb mir meistens nichts anderes übrig, als die unrühmliche Geschichte zu erzählen, die Sie auf Seite 14 lesen werden.

Immer wieder kam mein Begleiter auf dieses Thema zurück. Zu einem anderen Zeitpunkt hätte es mir zweifellos wohlgetan, mich und mein Metier so bewundert zu sehen. In diesen Tagen jedoch war ich weit davon entfernt, mein Schicksal zu preisen, und die übertriebene Begeisterung dieses Herrn ging mir allmählich auf die Nerven.

«Hören Sie, Monsieur», sagte ich schließlich, um ihn von seinen falschen Vorstellungen zu heilen. «Gestern früh hat man mir zwei Koffer gestohlen. Seit vorgestern vermißt einer meiner Leute seinen Reisepaß, und heute abend werde ich im Omnibus schlafen müssen, weil das Hotel voll belegt ist. Wenn Sie mit mir tauschen wollen, bitte sehr!»

Damit drehte ich mich um und begab mich in das Hospital, wo man einem meiner Schützlinge gerade den Blinddarm herausgenommen hatte.

Unterwegs dorthin entschloß ich mich, dieses Buch zu schreiben. Für den Zahnarzt und seinesgleichen. Ich hatte es satt, nicht über die Sorgen meines Berufs sprechen zu können, ohne daß sich auf dem Gesicht meines Gegenübers sogleich ein Augurenlächeln zeigte, das soviel heißen sollte wie: «Na, wenn schon, alter Junge. Dafür darfst du ja auch gratis mitfahren...» Als bestünde meine Aufgabe nur darin, in Gesellschaft lustiger Reisegenossen zwischen dem Nordkap und den Pyramiden auf- und abzuspazieren und bald nach links, bald nach rechts eine freundlich-belehrende Bemerkung zu machen.

Diese Auffassung hat mich immer mit den Zähnen knirschen lassen. Ich kann es nicht länger dulden, daß das Dasein eines Reiseleiters mehr Neid als Mitleid erweckt. Deshalb habe ich zwischen zwei Reisen, zwischen zwei Zügen, zwei Flugzeugen mit meinen Aufzeichnungen begonnen. Es wird höchste Zeit, daß die Öffentlichkeit die Wahrheit über die Galeerensklaven der Gesellschaftsreisen erfährt. Hut ab, sage ich, vor den Märtyrern der Pauschalaufenthalte! Sie haben ihr Leben in den Dienst dieser anspruchsvollen Persönlichkeit gestellt, die in der Weltbewegung des Tourismus die Hauptrolle spielt. Sie wissen, wen ich meine. Es ist der weit verbreitete *homo touristicus*.

Der Tourist
Le Touriste
The Tourist

Keine Angst, ich zähle Sie nicht dazu! Obwohl auch Sie im letzten Jahr im Ausland waren, und zwar nicht auf Geschäftsreisen, trotz der vielen Andenkenkäufe unterwegs, sondern als Tou –

Nein, ich möchte Ihnen nicht zu nahe treten. Ich weiß: der Tourist ist immer der andere, und der andere ist es auch nur wenige Wochen im Jahr. Die übrige Zeit ist er Amerikaner, Engländer, Franzose, Deutscher oder sonst ein guter Staatsbürger und geht einer Beschäftigung nach, die mindestens genauso ehrenhaft ist wie die des Ansichtskartenverkäufers vor dem Eiffelturm oder des Gondolieres auf dem Canal Grande, also jener Individuen, die er etwas von oben herab und etwas furchtsam als Eingeborene deklariert, sobald er sich durch einen mutigen Kostümtausch und Ortswechsel selbst von einem Eingesessenen in einen Touristen verwandelt hat.

Mit dem Überschreiten der Grenze gibt er ein Gutteil seiner Nationalität auf, ganz gleich, woher er gekommen ist. Seine Sonnenbrille, sein Fotoapparat, das saloppe Halstuch kennzeichnen ihn als den Angehörigen einer großen, kampfstarken Armee, die seit einer Reihe von Jahren kreuz und quer durch die Alte Welt zieht, mit friedlichen Absichten und doch beängstigenden Auswirkungen, und von allen Seiten täglich neuen Zulauf erhält. Mögen die einen Englisch sprechen, die anderen Japanisch oder Spanisch, in den Augen derer, die sie an sich vorbeiziehen sehen, ist jeder von ihnen nur eine dieser anonymen Figuren, die man überall als Touristen bezeichnet.

Die Engländer haben damit angefangen. «One who makes a tour» war einer, der zu seinem Vergnügen auf den Kontinent und vorzugsweise in die Alpen reiste. Seitdem das vor etwa hundertfünfzig Jahren für einen zunächst noch kleinen Kreis von wackeren Männern und Frauen, die gut zu Fuß waren und «im Aufsuchen unbekannter oder landschaftlich reizvoller Gegenden sowie in den hygienischen Wirkungen und geistigen Anregungen des Wanderns einen höheren Zweck sahen», (so steht es in einem alten Lexikon) zur Gewohnheit geworden war, hieß man sie Touristen. Jedenfalls solange sie noch durch das Flachland zogen. Auf der Almhütte angekommen, waren sie zu Hochtouristen geworden. Sie fühlten sich als Pioniere, verzichteten auf fließend warmes Wasser in den Gasthäusern, die noch nicht mit Sternchen versehen waren, und zeichneten sich ihre Postkarten selber. Trotzdem wurden sie von den Einheimischen schon damals leise belächelt. Das war eigentlich unfair, denn die Touristen waren anfangs in Deutschland und Italien noch in der Minderheit und fühlten sich dort noch ein wenig fremd.

Daher taten sich nach einer genialen Idee des Franzosen Galignani Touristen, die das gleiche Ziel hatten, zu kleinen Gesellschaften zusammen und gingen, so wie einstmals die Karawanen der Kaufleute, die Pilgerzüge, Forscherexpeditionen und Kreuzfahrer, mit wegekundigem Führer und auf vorgeschriebener Route auf Reisen. Wenn der alte Marco Polo, Kolumbus oder die Wikinger noch einmal lebendig würden, sie würden staunen, wie sich das Reisen in geschlossenen Verbänden entwickelt hat. Diese Vorläufer des Gesellschaftstourismus hatten noch tausend Gefahren zu bestehen. Ihr Reiseprogramm war oft reine Theorie. Niemand von ihnen wußte genau, wohin es ging, und wer für Indien gebucht hatte, mußte froh sein, wenn er wenigstens in Amerika landete. Es hätte ja noch Schlimmeres passieren können.

Und wer nach Jahr und Tag ausgeraubt und lahmgeschlagen wie der Verlorene Sohn, mit dessen Heimkehr niemand mehr gerechnet hatte, wieder vor der Schwelle seines Hauses stand, mußte sich noch glücklich schätzen. Wie viele haben in jenen finsteren Zeiten ihre vollbezahlte Rundreise auf einem Sklavenmarkt beendet, in einem Harem oder im Fleischtopf eines Kannibalenhäuptlings.

Seitdem hat sich viel geändert. Der Tourist von heute, der auf dem Rücken von Greta Garbo oder Marlene Dietrich * die Pyramiden umkreist, tut gut, in Ehrfurcht der Opfer des Tourismus zu gedenken.

Glücklicherweise werden solche bedauerlichen Zwischenfälle auf Reisen immer seltener. Sofern man nicht allein reist! Das Touristenheer, das alljährlich mit Saisonbeginn in Marsch gesetzt wird, hat keine offene Feindschaft mehr zu befürchten. Im Gegenteil, es zieht allenthalben durch befreundetes Land.

Man mag von den organisierten Reisen denken, was man will, man fühlt sich unter dreißig, vierzig Gefährten doch sicherer als auf sich allein gestellt, wenn man durch den Vatikan geschoben wird oder über den Place Pigalle promeniert. Unermüdlich zählt der gewissenhafte Reiseleiter seine Schützlinge, «daß ihm auch nicht einer fehle», wie es in dem schönen Lied heißt. Wer aber zählt den Einzelreisenden, diesen armen Vagabunden, der sich ganz auf seine eigene Inspiration verlassen muß und dabei leicht in die plumpeste Touristenfalle geht! Immer geringer wird die Zahl der unverbesserlichen Individualisten, die noch allein in der Welt herumirren, gegen den Strom der Massen zu schwimmen versuchen und hilflos von den Wellen der Reisegesellschaften überspült werden. Kein Hahn kräht nach ihm, wenn er sich im Park von Versailles verliert, niemand will ihn gesehen haben, denn er hat zu keiner Gruppe gehört, in der der eine auf den anderen aufpaßt und sich für ihn verantwortlich fühlt.

Die segensreiche Einrichtung des Gesellschaftstourismus bietet die größtmögliche Sicherheit dafür, daß der Reisende nicht nur sein Ziel erreicht, sondern auch wohlbehalten in die Heimat zurückkehrt. Vorausgesetzt, daß seine Phantasie nicht mit ihm durchgeht und er seine Gruppe nicht verläßt, wird er von jedem Unheil verschont bleiben, ausgenommen die Launen der Witterung und der Reisegenossen.

Das ist schon viel wert, möchte man sagen, aber es ist noch längst nicht alles, was eine Gesellschaftsreise an Vorteilen zu bieten hat. Der Reisende soll nicht nur keinen Schaden an Leib und Seele nehmen, auch seine Geldbörse soll nicht zu sehr strapaziert werden. Dafür garantiert das Zauberwort «Pauschale» und die Behauptung, daß in dieser Pauschale «alles inbegriffen» sei. Daß es doch noch eine Menge Einzel-

* Die ägyptischen Kameltreiber geben ihren Tieren oft die Namen von Filmstars.

posten gibt, die «nicht eingeschlossen» sind, wird wenigstens derjenige verstehen, der sich auch damit abgefunden hat, daß er das Radiogerät für seinen Wagen, den er «mit Luxusausstattung» gekauft hat, extra bezahlen muß. Denn wie Automobile und andere Industrieprodukte werden auch Gesellschaftsreisen serienmäßig und genormt hergestellt.

Sie alle kennen die einschlägige Fabrik, die bequem in einer einzigen Etage, ja, wie ein Frisörsalon oder eine Weißwarenhandlung in einem kleinen Laden Platz hat:

Das Reisebüro
L'Agence de Voyages
The Tourists' Office

Ich weiß nicht, ob Ihnen aufgefallen ist, daß sich diese Einrichtungen in letzter Zeit kolossal vermehrt haben. Wenn Sie sehen, daß sich irgendwo ein neues Geschäft etabliert, dann wird es im Zweifelsfall ein Reisebüro sein. Und sollten Sie hinter der Ladentür Ihren Buchhändler entdecken oder den Heldentenor Ihres Stadttheaters, dann wundern Sie sich nicht. Die beiden versuchen ihr Glück einmal auf einem anderen Gebiet. Warum denn nicht? Die Erfahrung hat eben gelehrt, daß sich Reisen leichter verkaufen lassen als Reisebücher und daß ein «Nachtlager von Granada» erst dann verlockend wirkt, wenn damit eine Stadtbesichtigung verbunden ist.

Glauben Sie mir, die Sache lohnt sich. Die Welt hat kein Sitzfleisch mehr. Es gilt, ihren Wandertrieb in geregelte Bahnen zu lenken. Lassen Sie sich in dieser Branche nieder. So ein Büro ist schnell eingerichtet. Der wackligste Schreibtisch und die älteste Schreibmaschine werden der Seriosität Ihres Unternehmens keinen Abbruch tun, wenn nur die Wände mit reizvollen Plakaten tapeziert und die Schaufenster mit plastischen Gebirgspanoramen und Attrappen von Flugzeugen und Omnibussen dekoriert sind. Der ewig blaue Sommerhimmel der Prospekte, die Welterfahrung, die aus Ihrem gebräunten Teint spricht, und ein Oleanderkübel geben dem Raum die notwendig exotische Atmosphäre und der Kundschaft die notwendig übertriebene Vorstellung von der Annehmlichkeit einer Gesellschaftsreise. Den Rest besorgt für geringen Lohn ein Sandwichman, der mit einem ausgeklügelten Werbespruch auf Bauch und Rücken den Namen Ihres Unternehmens auf den Boulevards bekanntmacht.

Wer könnte solch freundlicher Einladung widerstehen?* Es wird gleichsam versprochen, das Ausland werde Ihnen wie eine gebratene Taube in den Mund fliegen. Und das ist noch nicht alles. Selbst die

---

* Höchstens der Philosoph Kant, von dem es heißt, daß er seine Heimatstadt niemals verlassen habe.

Wahl des Reiseziels brauchen Sie nicht selbst zu treffen. Wozu sind denn die Reiseberater da, wenn sie einem nicht sagen können, wohin *man* in diesem Jahr fährt!

Die meisten Reiselustigen, die den Entschluß gefaßt haben, sich einer Gesellschaft anzuschließen, treten der Masse sicherheitshalber nicht einzeln, sondern zu zweit gegenüber. (Zu zweien ist man mehr für sich allein», lautet die Parole, seitdem man den Begriff der Masse erfunden hat und die dazugehörige Psychologie.) Da man aber zu zweit ist, herrscht keine Einigkeit darüber, wohin es eigentlich gehen soll, und der erste Besuch im Reisebüro spielt sich dann etwa in folgender Weise ab:

Die Dame zum Reisebüro-Angestellten: «Monsieur, wir kommen wegen Ägypten . . .»

Der Herr, der zu der Dame gehört: «Wieso denn auf einmal Ägypten? Vor der Tür sagtest du doch noch . . .»

Die Dame unterbricht den Herrn: «Was hast du gegen Ägypten? Italien können wir immer noch nehmen, wenn wir nichts Besseres finden. Mit Ägypten stehen wir gerade auf gutem Fuß, das muß man doch ausnützen, nicht wahr?»

Der Angestellte mit einer kurzen Verbeugung vor dem politischen Weitblick der Dame: «Sehr wohl, Ägypten ist der Schlager der Saison, Madame. ‹Achtzehn Tage einschließlich Luksor und der Pyramiden›, das ist einmalig für diesen Preis.» Er reicht der Dame den Ägypten-Prospekt wie eine Ehrenurkunde.

Die Dame enttäuscht: «Achtzehn Tage, sagen Sie? Das ist viel zu lange. Mein Mann kann sich nur für vierzehn Tage freimachen. Haben Sie nichts Kürzeres?»

Angestellter läßt Ägypten verschwinden, holt Südeuropa hervor: «Selbstverständlich, Madame! Unser Programm bietet eine Fülle von Möglichkeiten. Wir werden eine Reise heraussuchen, die wie geschaffen ist für Sie. Erlauben Sie nur eine Frage: Kommt es Ihnen auf ein bestimmtes Land an?»

Die Dame zögernd: «Nicht unbedingt. Mein Mann dachte an Italien – wegen der Bademöglichkeiten. Während ich mehr für Kultur bin, wissen Sie.»

Der Herr glaubt, sich und Italien verteidigen zu müssen: «In Italien gibt es doch auch eine ganze Menge Ruinen, möchte ich meinen. Außerdem ist es das erste Mal, daß wir ins Ausland fahren, und man fängt doch gewöhnlich mit Italien an, nicht wahr?»

Der Angestellte beflissen: «Gewiß, Monsieur. Italien bildet sozusagen die Grundschule des Tourismus. Nur sind wir für dieses Jahr dort unten schon etwas ausverkauft. Aber wie wäre es mit ‹Zwölf Tage England, inklusive Wales und Schottland›? In England gibt es viele Badegelegenheiten, dazu genug Kultur.»

Der Herr und die Dame wechseln gelangweilte Blicke miteinander, rümpfen die Nasen und beißen nicht an. England liegt im Norden, und sie halten wie alle Anfänger mehr vom Süden.

Der Angestellte blättert in seinem Katalog: «Und was sagen Sie zu Spanien? Für die Costa brava hätte ich noch zwei Plätze frei. Ein besonderer Glücksfall. Sie waren schon vergeben, aber die Herrschaften verzichteten dann. Sie hatten etwas gegen Franco, wie mir scheint. Nun, das ist Geschmackssache. Dafür ist es etwas billiger als Italien.»

Die Dame versucht, sich zu erinnern, wer ihr kürzlich aus Spanien geschrieben hat: «Nein, Spanien scheidet aus. Meine Freundin war im vorigen Sommer dort. Das sähe ja so aus, als fiele uns nichts anderes ein als diese schrecklichen Stierkämpfe.»

Der Herr hat noch andere Vorurteile gegen Spanien parat: «Überhaupt sind vierzehn Tage für ein Land allein viel zuviel. Man möchte doch was sehen für sein Geld!»

Der Angestellte weiß nun Bescheid: «Ich verstehe, es soll eine Studienreise sein. Vielleicht eine Rundreise durch Mitteleuropa?»

Die Dame und der Herr gleichzeitig und schroff: «Mitteleuropa? Das kann man doch wohl kaum als Ausland bezeichnen. Wir möchten etwas Lohnenderes sehen –»

Der Angestellte siegesbewußt: «Jetzt habe ich das Richtige für Sie: ‹Sechs Länder in zwölf Tagen›. Was, da staunen Sie! Das ist unsere neueste Kreation. Jeden zweiten Tag ein Grenzübertritt. Vier Hauptstädte, fünf Kurorte von internationalem Rang, verschiedene Gebirgspässe, zwei Schlösser, eine Talsperre und diverse Badegelegenheiten.»

Die Dame leise zu dem Herrn: «Was hältst du davon, Edgar? Sechs Länder in zwölf Tagen. Mehr kann man eigentlich nicht verlangen. Meine Freundin hat in der gleichen Zeit nur zwei gesehen. Das wäre doch zu überlegen. Ach bitte, Edgar!»

Der Herr ungerührt: «Und die Hotels?»

Der Angestellte: «Erstklassig, Monsieur!»

Der Herr: «Und die Verpflegung?»

Der Angestellte: «Reichlich, Monsieur!»

Die Dame: «Und das Wetter?»

Der Angestellte: «Abwechslungsreich wie das ganze Programm.»

Die Dame: «Und in welcher Gesellschaft werden wir reisen?»

Der Angestellte: «Nur in der besten. Menschen wie Sie, Madame!»

Die Dame findet Menschen wie sich sehr sympatisch und möchte auch ihren Gatten davon überzeugen: «Na, siehst du! Und alles inbegriffen, mußt du bedenken!»

Der Herr läßt seine mißtrauischen Blicke noch einmal über die Plakatwand gleiten und nickt dann ergeben: «Notieren Sie: zwei Personen für die Reise Nummer fünfzehn.»

Die Dame packt die Handtasche voll Prospekte, Reklamezettel, Gutscheine, Übersichtspläne, Kundenzeitschriften und Versicherungsformulare. Abend für Abend wird sie sie zusammen mit Edgar studieren, den Atlas aufschlagen, den Sprachführer wälzen und am Reisebudget herumrechnen. Bis zu dem Tag, an dem sie sich mit dreißig oder vierzig Gefährten zu früher Morgenstunde vor dem Reisebüro versammeln werden, um sich an zwölf Tagen in sechs Ländern zu überzeugen, daß die Prospekte nicht gelogen haben. Ich will hier nicht auf die Frage eingehen, wie weit man den Prospekten trauen darf, auf denen ständig schönes Wetter herrscht und alle Hotelzimmer wie Ausstellungsräume aussehen. Skeptiker wird es immer geben. Man muß nur mit ihnen umzugehen wissen.

Wenn mich einer fragt, ob in London tatsächlich nie eine Wolke am Himmel zu sehen sei, sage ich: «Pardon, Monsieur! Um London im Nebel zu erleben, müssen Sie sich schon persönlich an Ort und Stelle begeben. Ich würde Ihnen zu ‹Vier Tage London im November› raten. Wir garantieren zwei Nebeltage.»

Der Herr fühlt sich in seinen Zweifeln bestätigt und bucht mit gutem Gewissen für «London im Mai».

Auf ähnliche Art läßt sich auch die ängstliche alte Dame überzeugen, die nicht glauben will, daß der Vierwaldstättersee in Wirklichkeit so ruhig daliegt wie auf dem Transparent. Schließlich hat sie «Wilhelm Tell» gelesen.

«Ich verstehe, Madame ziehen das Toben der Elemente dem Lächeln des Sees während der Saison vor. Da hätte ich einen ‹Vorfrühling in Küßnacht›!»

Die Dame winkt geschmeichelt ab und entschließt sich, doch lieber in der Hauptreisezeit zu fahren, denn dann muß der See ja so beschaulich daliegen wie auf dem Plakat.

Der Reiseveranstalter hätte es gar nicht nötig, so spitzfindig zu argumentieren, wenn er die Witterung genauso vorausbestellen könnte wie Hotelzimmer und Menüs, und wenn es eine universelle Jahreszeit, in der alles gleichzeitig blüht und Früchte trägt, in der Schulferien und leere Pensionen, Hitze und kühle Brise zusammenfallen, gäbe und eine ideale Landschaft, die zugleich für den Fremdenverkehr erschlossen und doch noch unzugänglich ist, wo man fern der Zivilisation kultiviert wohnen kann, ohne Bekannten zu begegnen und ohne einsam zu sein.

Das alles gibt es noch nicht. Aber es wird vielleicht demnächst erfunden. Die Reiseveranstalter geben die Hoffnung nicht auf. Sie sind die großen Forschungsreisenden und Entdecker unserer Zeit, ja, die größten der Weltgeschichte überhaupt. Wer von uns ist schon durch die Bering-Straße gefahren und hat an den Quellen des Nils gestanden? Niemand! Warum also so viel Ehre für die Seefahrer und Dschungelläufer mit ihrer makabren Vorliebe für unwirtliche Gegenden? Was dagegen die Reiseforscher entdecken, das kommt uns allen zugute. Wohin sie ihre Ziele stecken, dort herrscht keine Not mehr.

Ihr Einwohner von Stratford-on-Avon oder Toledo! Wenn eure Straßen neun Monate des Jahres von Touristenströmen überschwemmt sind, dann verdankt ihr das nicht allein dem Genie Shakespeares oder El Grecos. Ohne die Arbeit der Reiseagenturen wären eure Hotels leer, eure Museen verödet und die großen Söhne eurer Stadt nur halb so groß.

Manchmal erfüllt mich die ungeheure Macht, die in den Händen der Reisemanager liegt, mit Schrecken. Sie können einem Ort zum Wohlstand verhelfen, aber sie können ihn auch wieder ins Elend stürzen, sobald die Touristenherden ihn abgegrast haben.

Jedes Jahr treffen die Reiseveranstalter aus aller Welt zusammen und besprechen die Geschäftslage. Wie auf allen großen Märkten werden Erfahrungen ausgetauscht, Geheimnisse ausspioniert, Erfolge gefeiert und Klagen vorgebracht, zum Beispiel über die Erhöhung der Fahrpreise bei der Großherzoglich-Luxemburgischen Eisenbahn und die Unstetigkeit der Touristen, die Mallorca, kaum drei Jahre nach der Entdeckung der Insel, schon wieder satt haben. Es werden Kassandra-Rufe laut: «Der Erdball ist ausverkauft!», hoffnungsvolle Parolen ausgegeben: «Im Kosmos sind noch Plätze frei!» und extreme Lösungen vorgeschlagen: «Jeder reise in seinem eigenen Land!» Andererseits munkelt man, der Schlager der nächsten Saison sei Portugal. Die Strategen des Tourismus stehen über die Kartentische gebeugt und besprechen den Schlachtenplan. Die Aufmarschwege werden festgelegt, die Heereszüge sinnvoll verteilt, damit sie sich nicht gegenseitig im Angriff stören. Wenn die Portugiesen günstige Bedingungen bieten, wird man mit sich reden lassen. Machen sie Schwierigkeiten, dann wird man die Streitkräfte nach Spanisch-Marokko umleiten, und die Portugiesen können sehen, wie sie ihre Souvenirs loswerden.

Diese Männer sind keine Theoretiker. Jeder von ihnen hat seine Route höchstpersönlich «abgeklopft», wie der Fachausdruck lautet. Sie sind die Strecke entlanggefahren, auf der sich später die Kolonnen der Luxusreisebusse bewegen werden. Sie haben in den Hotels gewohnt, die bis auf den Tag noch nie voll belegt waren; sie haben das Menü gekostet, das einmal im Pauschalpreis mit inbegriffen sein wird, und beim Wirt ohne Aufpreis einen Nachtisch rausgeschlagen. Sie haben die Federung der Betten ausprobiert, die schlimmsten Mängel beseitigen lassen, bei den geringfügigen gegen abermaligen Preisnachlaß ein Auge zugedrückt, die Sehenswürdigkeiten auf ihre Verkehrslage hin geprüft und die allzu abseitsgelegenen für weniger sehenswürdig erklärt. Wieder zu Hause, rechnen sie noch einmal alles nach, setzen den Pauschalpreis etwas herunter und die Sonderleistungen, die allerdings obligatorisch sind, etwas herauf, verkürzen die Reisedauer und vermehren die Teilnehmerzahl, und erst dann, wenn die Reise bis ins letzte durchkonstruiert und auf ihre Erfolgschance getestet ist, geht sie in die Serienproduktion. Das überdimensionale Fließband setzt sich in Bewegung, auf dem die wertvolle Fracht, in vertrauenswürdige und attraktive Verkehrsmittel wie in Geschenkkartons verpackt, so rationell und so sicher wie möglich durch die Welt transportiert wird.

Dieser komplizierte Vorgang muß vorerst noch unter strenger Kontrolle gehalten werden. So weit ist die Automation noch nicht gediehen, daß man die Touristenherden ohne Hirten auf ihren Weg schicken könnte. Trotzdem sollte man es ruhig einmal versuchen. Das gäbe einen Spaß! Schließlich experimentiert man ja auch mit ferngelenkten Raketen. Warum nicht mit ferngelenkten Reisenden? Ich wette, der Versuch würde kläglich scheitern. Wenn die Ärmsten auch nicht gerade in den Ozean fallen würden, wie es die kostbaren Raketenköpfe zu tun pflegen, so würde doch zu Lande das Durcheinander groß genug sein, um alle Alpenpässe, alle Wege nach Rom und die Einfahrt in die Blaue Grotte hoffnungslos zu verstopfen. Der Eiffelturm würde unter der Last seiner Besucher zusammenbrechen, in den Stierkampfarenen wäre kein Platz mehr für den Stier, und in Tanger wären in kurzer Zeit keine Rauschgifte mehr zu haben. Das geht doch nicht! Der Fremdenverkehr muß nun einmal in geregelten Bahnen laufen, sonst machen die Einheimischen zum Schluß nicht mehr mit, und woher bekommen die Touristen dann die notwendigen Souvenirs? Und selbst gesetzt den Fall, die Reisenden fänden sich beim dritten oder vierten Mal in Ägypten ganz gut zurecht, es steht doch fest, daß zu einer Reisegesellschaft ein Führer gehört, das ist von jeher so Sitte gewesen, und dabei soll es auch bleiben. Was würde denn aus den Reiseleitern werden, wenn man sie nicht mehr brauchte? Nur keine Angst. Man braucht sie ja noch. Irgendeiner muß doch schuld sein, wenn etwas schiefgegangen ist.

Und das ist der Mann* neben dem Chauffeur, der als Zeichen seiner Macht ein Mikrofon umklammert hält:

Der Reiseleiter
Le Courrier
The Tour-Leader**

Meine Touristen möchten von mir immer wieder wissen, wie man denn eigentlich Reiseleiter werde. Die Antwort hängt davon ab, in welchem Ton man mir die Frage stellt. Es ist doch ein Unterschied, ob einer fragt:

---

* Manchmal sitzt dort auch eine Dame. Ich bewundere meine Kolleginnen genauso wie Polizistinnen oder Anwältinnen, aber ein bißchen unheimlich sind sie mir auch. Darum schreibe ich lieber nichts über sie.

** oder Reiseführer, Reisebegleiter, chef de groupe, guide-accompagnateur, tour-director, tour-escort, courrier-guide, travel manager etc.

«Wie konnte man Sie nur auf uns loslassen?» oder schon etwas respektvoller: «Warum mußten Sie diesen Beruf erwählen? Sie sind doch zu Höherem begabt!» oder aber begeistert: «Mein Sohn soll auch Reiseleiter werden. Er fährt so gerne Eisenbahn und hat zu Weihnachten schon einen kleinen Globus bekommen. Das ist doch ein guter Anfang, nicht wahr? Wie muß er nun weitermachen?»

Ich weiß nicht, ob es wirklich so erstrebenswert ist, diesen Beruf zu ergreifen. Ich weiß auch von keinem, der ihn sozusagen *ergriffen* hätte. Meistens merkt man erst, daß man Reiseleiter ist, wenn es schon zu spät ist. Jedenfalls habe ich nie einen Buben sagen hören: «Wenn ich groß bin, möchte ich Reiseleiter werden.» Mein Beruf ist ebensowenig ein frommer Kinderwunsch wie die Laufbahn eines Logenschließers oder eines Parteipolitikers. Woran liegt das? Sind Kinder skeptischer als Erwachsene? Manche Leute meinen, Voraussetzung dazu wäre, daß man über eine bestimmte Gegend ganz genau Bescheid wisse. Unsinn! Wer sich in seinem Revier auskennt, sollte lieber Landbriefträger werden oder Förster. In seiner Freizeit könnte er sich als Fremdenführer betätigen. Das ist im Augenblick besonders unter Aristokraten Mode und kann zwar eine Vorstufe zum Reiseführer sein, es wäre aber reiner Zufall. Im Vertrauen gesagt: die meisten Reiseleiter sind durch Zufall zu ihrem Beruf gekommen. Ursprünglich hatten sie etwas ganz Anderes werden wollen und waren es auch schon eine Weile: etwa Taxichauffeure, Teppichhändler, Meteorologen, Pianisten, Rennfahrer, Börsenmakler, Offiziere, Adlige oder Studenten.

Ich kenne einen Taxichauffeur, der hat jahrelang Menschen und Koffer zum Bahnhof oder zum Flugplatz gefahren, bis er eines Tages den Wunsch verspürte, selbst auf Reisen zu gehen. Da er praktisch dachte, wollte er dafür jedoch nicht bezahlen, sondern bezahlt werden. Seine Menschenkenntnis, seine Vorliebe für Abenteuerromane und die Fähigkeit, sich zur Not in sechs Sprachen verständigen zu können, halfen ihm bei seiner Karriere als Reiseführer. Oder nehmen wir den Teppichhändler V.: Er wußte nicht nur im Vorderen Orient Bescheid, er hatte auch als Sanitäter gedient und sich bei geselligen Veranstaltungen seines Clubs als Conférencier beliebt gemacht. Nur mit dem Teppichverkauf hatte er kein Glück gehabt... Er wurde ein gesuchter Reiseführer. Mein Freund, der Meteorologe, wollte die Einwirkung des Wetters auf Lebewesen studieren, die täglich anderen Klimaeinflüssen ausgesetzt sind. Er fuhr aus rein wissenschaftlichem Interesse mit einer Gruppe vom Eismeer bis in die Subtropen und blieb dann bei der Branche. Der Pianist hatte Gicht in die Finger bekommen und von seinen Konzertreisen her eine solide Kenntnis von Europa. Der Rennfahrer hatte geheiratet und war vernünftig geworden, der Offizier war einer Entmilitarisierung zum Opfer gefallen, der Adlige hatte sein Vermögen verloren, und der Student war ich.

15

Warum, sagte ich mir eines Tages, willst du dir die Studiengebühren als Tellerwäscher verdienen, während du doch auch deine intimen Kenntnisse des Montmartre-Viertels zu Geld machen könntest? Ich meldete mich also bei einem großen Reisebüro in der Nähe der Oper, das vor allem Sightseeings * durch Paris arrangierte.

«Welche Fremdsprachen sprechen Sie?» fragte mich der Besitzer zwischen zwei in verschiedenen und mir völlig unbekannten Sprachen geführten Telefongesprächen. (Später erfuhr ich, daß die erste sich aus den international gebräuchlichen Codewörtern des Hotelgewerbes zusammensetzte, und die zweite Baskisch gewesen war.)

«Englisch, Spanisch und ein bißchen Italienisch», sagte ich schüchtern.

«Viel ist das nicht. Und mit dem Montmartre allein können Sie gar nichts anfangen. Für den sind nur jeweils zwanzig Minuten vorgesehen. Was wir brauchen, junger Mann, sind Persönlichkeiten mit Lebenserfahrung, keine Existentialisten», sagte der Reisebürobesitzer und ließ sich mit Neapel verbinden.

«Geben Sie mir eine Chance», sagte ich, als er nach einer Viertelstunde den Hörer wieder auflegte.

«Na, gut. Steigen Sie in den Bus ‹Paris zeitgemäß› und hören Sie aufmerksam dem Führer zu. Machen Sie das eine Woche lang. Wenn Sie sich der Sache gewachsen fühlen, kommen Sie wieder», sagte der Reisemanager und ließ sich mit Wien verbinden.

Am nächsten Tag stellte ich mich zur Zeit, wann die Stadtrundfahrt- und Ausflugsomnibusse abfahren, auf dem Place des Pyramides ein. Wer so etwas noch nicht miterlebt hat, kann sich kaum vorstellen, was sich da abspielt. Diese Szene hat unbedingt etwas Chaplineskes, etwas von den ersten Versuchen der Kinematographie. Nach der Parole «Rette sich, wer kann!» läuft alles in wilder Panik durcheinander, stößt sich vor den Türen der Omnibusse herum und beschimpft sich in allen Kultursprachen der Welt. Wer eingestiegen ist, hat Angst, im falschen Wagen zu sitzen, und wer noch draußen steht, fürchtet, nicht mehr mitzukommen. Vom Ansturm der Menge überwältigt, können die Angestellten des Reisebüros, erkenntlich an Armbinde und betreßter Schirmmütze, nichts anderes tun als zur Vernunft mahnen; wiederum in mehreren Sprachen. Welcher Omnibus in welche Richtung fährt, wissen sie selbst noch nicht. Da es immer zu viele Englischsprechende gibt und selten genug Spanier oder Italiener, und da plötzlich unangemeldet ein ganzer Trupp Deutscher anmarschiert kommt, wechseln die Wa-

---

* Stadtrundfahrten, bei denen den Fremden nur das gezeigt wird, was dem Magistrat zur Ehre gereicht. Dazu zählen in Mitteleuropa vor allem die Zeugen alter Kultur und Hochhausneubauten. Im Süden dagegen auch die Elendsviertel.

gen unaufhörlich ihre Bestimmungsorte. Das Ergebnis ist, daß die Touristen von Anweisungen und Gegenanweisungen hin- und hergejagt, in den falschen Bus steigen, der einmal der richtige war, es aber jetzt nicht mehr ist, sondern erst wieder der richtige sein wird, wenn man ihn verläßt, um in einen anderen zu klettern. Der ist seltsamerweise halb leer, während alle anderen überfüllt sind. Das kann nicht mit rechten Dingen zugehen, aber der Tourist resigniert und läßt sich überraschen, wohin die Fahrt gehen wird. Sie geht nach Chantilly, wird ihm unterwegs auf italienisch erklärt. Er versteht jedoch kein Italienisch, sondern nur Englisch. Wie viele Ausländer sind wohl überzeugt, Fontainebleau besucht zu haben, während sie nur bis Versailles gekommen sind, und wie viele mögen Chantilly mit Chartres verwechselt haben! Mich schaudert allein bei dem Gedanken daran!

Ich weiß nicht mehr, wie ich damals die Linie «Paris zeitgemäß» so schnell herausgefunden habe. Vielleicht war es ein Zeichen von angeborener Begabung für den Tourismus. Ich stellte mich dem Reisebegleiter vor, und er bedeutete seinem Eleven mit herablassender Geste, auf dem Motorkasten Platz zu nehmen.

«Passen Sie gut auf, wie ich es mache. Es ist nicht so einfach, wie Sie es sich vorgestellt haben werden. Aber bei mir sind Sie in der richtigen Lehre. Ich fahre seit dreißig Jahren täglich dreimal auf dieser Strecke», sagte er und fingerte nervös am Mikrofon herum, schnalzte gegen die Membran und fragte: «Hören Sie was?»

Man hörte nichts.

Der Chauffeur schüttelte den Kopf. Gestern sei das Ding noch in Ordnung gewesen, meinte er. Er nahm es dem Führer aus der Hand, schüttelte es, schlug es gegen das Lenkrad, knetete es in seinen Pranken, riß an der Schnur, nahm den Apparat auseinander, setzte ihn wieder zusammen, hielt ihn an sein Ohr, dann vor den Mund, blies hinein. Vergeblich.

«Hören Sie auf und fahren Sie endlich los», schimpfte der Führer.

Der Chauffeur packte das Steuer und beteuerte noch einmal: «Begreife ich nicht. Gestern war es noch ganz.»

«Was nützt mir das», schrie der Führer und warf das Mikrofon in den Behälter. «Kein Mensch wird mich verstehen. Ich soll in vier Sprachen reden! Wie stellen Sie sich das vor? Wenn diese beiden Verbrechergestalten da wenigstens Englisch verstünden!»

Er zeigte über die Schulter hinweg auf zwei finstere Spanier, die hinter ihm saßen. Gereizt fragte er sie nochmals: «Do jou understand English? Parla italiano? Sprechen Sie Deutsch?»

Verlegenes Achselzucken.

«Da sehen Sie gleich einmal, mit was für Ignoranten man sich hier abgeben muß!» sagte mein Lehrer zu mir. «So etwas Dummes wie die dürfte man gar nicht nach Frankreich hereinlassen!»

Darauf beugte sich einer der beiden Spanier nach vorn und sagte höflich: «Aber warum denn? Wir verstehen sehr gut Französisch!»

Der Führer lief rot an und stotterte wütend: «Konnten Sie das nicht eher sagen?»

«Sie hatten uns nicht danach gefragt», entgegnete der Spanier wahrheitsgemäß.

Wir waren bereits zehn Minuten unterwegs, und der Führer hatte noch immer nicht mit seinen Erklärungen begonnen. Ahnungslos waren die Touristen an der Börse vorbeigefahren und am Palais Royal, zwei Sehenswürdigkeiten, die nun für immer in ihrem Parisbild fehlen würden. Die Leute fingen an, mir leid zu tun. Ich wußte nicht recht, ob ich ihre Nachsicht bewundern oder ihre Gleichgültigkeit verurteilen sollte, und war froh, als schließlich ein Amerikaner ungeduldig aufsprang und, indem er auf die eindrucksvolle Fassade des Louvre wies, nach dem Namen dieses Gebäudes fragte.

«Das», antwortete der Führer pikiert, «ist in unserem Programm nicht inbegriffen. Wenn Sie etwas über den Louvre erfahren wollen, müssen Sie unsere Rundfahrt ‹Historisches Paris› mitmachen. Abfahrt neun Uhr, zwölf Uhr, vierzehn Uhr dreißig.»

Wir überquerten den Place Vendôme, und der Führer begann endlich seines Amtes zu walten.

Zwei Stunden lang wurden wir nun mit Daten bombardiert, von geschichtlichen Ereignissen erschlagen und von Anekdoten überschwemmt. Als ich von diesem Ausflug zurückkehrte, auf dem ich zum erstenmal das Grab Napoleons, die Büßerkapelle und einige andere Baudenkmale gesehen hatte, mußte ich zugeben, daß ich meine Heimatstadt nicht kannte. Singapur oder Timbuktu hätte auf mich keinen fremderen Eindruck machen können. Und ich war Pariser von Geburt!

Ich war nicht sehr stolz auf mich.

Das schwindelerregende Wissen des Führers hatte mich deprimiert. Die Aufgabe erschien mir übergroß. Wie sollte ich in so kurzer Zeit all die Daten, die Namen von Architekten und Malern, diese unglaubliche Anzahl von Informationen behalten? Und das war nur das «Zeitgemäße Paris»! Wie würde es erst mit dem «Historischen Paris», mit Versailles, Fontainebleau, Chantilly, Lisieux oder Chartres werden? Nein, das überstieg einfach meine Kräfte. Ich hatte mir zuviel zugemutet.

Aber da ich nichts anderes zu tun hatte und von der Geschichte von Paris gefesselt war, kam ich am Nachmittag doch wieder, um auf die gleiche Weise das «Historische Paris» zu absolvieren. Die Erregung war ebenso fieberhaft wie am Morgen. Wie alle anderen machte ich mich von neuem auf die Suche nach dem richtigen Bus. Gerade wollte ich einsteigen, als mich jemand beim Schlafittchen ergriff.

«Sie müssen sich angewöhnen, pünktlich zu kommen! Die Abfahrt findet um zwei Uhr dreißig statt und keine Minute später.»

Es war der Direktor, der mich morgens empfangen hatte. Er schob mich in den Wagen und setzte mich zu meiner großen Verwunderung auf den Platz für den Fremdenführer. «Ich habe heute nachmittag nicht genug Personal. Sie werden also das ‹Historische Paris› machen.»

«Was?», schrie ich und sprang von meinem Sitz. «Das ist unmöglich! Ich kenne nichts, ich weiß nichts, ich will auch nicht!»

«Was sagen Sie da? Sie haben doch heute morgen das ‹Zeitgemäße Paris› mitgemacht?»

«Ja, eben!», schrie ich entsetzt, «das zeitgemäße, aber nicht das historische!»

«Na, und? Das ist doch dasselbe. Sie werden sich schon zurechtfinden. Fahren Sie ab», sagte er zum Chauffeur.

So fand ich mich denn zum Führer berufen, ohne daß ich es wollte. «Ich weiß nicht einmal, wohin es geht», sagte ich mit zitternder Stimme zum Chauffeur.

«Mach dir keine Sorgen, ich kenne den Weg», antwortete er.

Worauf hatte ich mich eingelassen? Ich warf einen ängstlichen Blick hinter mich: der Wagen war voll. «Du hast nur eine einzige Sprache heute», sagte der Fahrer, «nämlich Englisch, und obendrein ein Mikrofon, das in Ordnung ist. Das kommt nicht alle Tage vor. Du hast einen leichten Start.»

Mein Herz klopfte zum Zerspringen. Was sollte ich in das Mikrofon sprechen? Mir fiel nicht einmal auf französisch etwas ein.

«Wo wollen wir anfangen?» fragte ich den Fahrer.

«Am Place de la Concorde.»

Mir war, als ob alle Touristen hinter mir die Tragödie ahnten, die hier vor sich ging. Ich verfluchte die unglückselige Idee, die mich in das Reisebüro getrieben hatte, und erwog den Gedanken, während der Fahrt einfach aus dem Wagen zu springen. Aber da waren wir schon auf dem verkehrsreichen Place de la Concorde.

Ich fühlte, daß man etwas von mir hören wollte. Der Fahrer nickte mir aufmunternd zu. Verzweifelt näherte ich das Mikrofon meinem ausgetrockneten Mund. Um Zeit zu gewinnen, sagte ich erst einmal: «Eins, zwei, drei . . . Hören Sie mich?»

Ja, sie hörten mich. Nun ging es nur noch darum, ihnen etwas zu erzählen. «Wir überqueren den Place de la Concorde», brachte ich hervor. Dann schloß ich die Augen und wartete die Reaktion ab. Sicher würden sie mich mit Fragen bombardieren: «Was ist das für ein Platz? Welche historischen Ereignisse haben hier stattgefunden? Und wer hat den Triumphbogen gebaut? Und dieser Park, und dieser Palast?»

Ich vernahm nichts. Was sollte das heißen? Wollten sie sich vielleicht an meiner Verwirrung weiden, bevor sie mich, den unfähigsten

Fremdenführer von Paris, hinauswarfen? Jedenfalls verhielt man sich abwartend. Schön, ich wollte mich durch ihr Schweigen nicht aus der Fassung bringen lassen, sondern mich damit begnügen, die einzelnen Sehenswürdigkeiten, an denen wir vorbeifuhren, soweit ich sie selbst kannte, beim Namen zu nennen. Die Einzelheiten konnten sie dann in ihrem «Guide de Paris» nachlesen.

«Links die Tuilerien, rechts die Champs-Elysées», sagte ich und riskierte einen Blick nach hinten. Alle wandten ruhig die Köpfe nach links und nach rechts, ohne die geringste Angriffslust zu zeigen. Dann waren sie vielleicht gar nicht so grausam, die Touristen! Etwas gefaßter fügte ich ein Detail hinzu, das mir gerade einfiel. «Hier wurden Ludwig der Sechzehnte und Marie-Antoinette guillotiniert.»

Das wirkte. Die Erinnerung an die Guillotine schien ihnen zu gefallen. Ich beschloß, bei diesem Thema eine Weile zu bleiben, und zitierte die Namen aller in der Revolution durch die Guillotine Hingerichteten, an die sich jeder Franzose ebenso erinnert wie an den Sieg Karl Martells bei Poitiers und die Niederlage Napoleons bei Waterloo. Ein Blick in den Rückspiegel. Tatsächlich: das zündete. Bei jedem Opfer der Guillotine, das ich nannte, zuckten sie zusammen, als hörten sie das Fallbeil niedersausen. Eine alte Lady streichelte sich den Hals. Jemand warf ein: «Wo stand denn die Guillotine?»

Das mochte Gott wissen. Aber ich hatte nun fast jegliche Befangenheit verloren. «Dort», sagte ich und umschrieb mit einer vagen Armbewegung den ganzen Platz.

Wir fuhren über die Seine zum linken Ufer hinüber. Ich zählte der Reihe nach die Namen der Straßen, Kirchen und der Baudenkmäler auf, die mir bekannt waren. Kamen wir an einem vorbei, das ich zum ersten Male mit Bewußtsein sah, so lenkte ich die Aufmerksamkeit meiner Zuhörer auf etwas anderes. Dazu holte ich aus meinem Gedächtnis historische Ereignisse hervor, die dort seit meiner Schulzeit begraben lagen. Sie hatten oft gar keine Beziehung zu dem Gebäude, das gerade zu sehen war, aber ich schilderte die Vorgänge so dramatisch, daß meine Touristen beschäftigt waren, bis das fragwürdige Objekt aus ihrem Blickfeld verschwunden war.

Solange ging alles besser, als ich gehofft hatte. Aber nun hielt der Bus bereits seit einer Viertelstunde vor dem Louvre-Portal, und ich sprach noch immer über Versailles. Denn ich hatte den Eindruck, daß das Liebesleben Ludwigs XIV. bei meiner Zuhörerschar auf größeres Interesse stieß als die Baugeschichte des heutigen Museums. Kaum hatte ich ihn mit Madame de Maintenon verheiratet, als ich mich, ich weiß selbst nicht wie, auch schon in die berühmte Halsbandaffäre der Königin verwickelt sah. Auf diesen Irrwegen hätte ich mich ohne die Hilfe Alexander Dumas' sicher verloren. Längst vergessene Erinnerungen an die Lektüre meiner Kindheit tauchten wieder auf und erlaubten mir, kleine Episoden zu erzählen, die nicht ohne Spannung, wenn auch ohne Zusammenhang zu unserer Umgebung waren. Ich ging von Königin Margot zu Mademoiselle de Lavallière über und hatte diese eben ins Kloster gebracht, als ich mit dem Grafen von Monte Christo entfloh, um mich einen Augenblick später mit d'Artagnan auf die Verfolgung der Eisernen Maske zu begeben.

All das entfernte uns im Geiste natürlich ziemlich weit vom Louvre, aber die Touristen beklagten sich nicht darüber, im Gegenteil, sie folgten mir auf diesem tollkühnen Gedankenausflug mit wachsender Aufmerksamkeit. Als ich mich später auf die Geschichte des Louvre beschränkte, hatte ich nie wieder so großen Applaus wie an diesem ersten Tag in meinem neuen Beruf. Selbst der Fahrer war stumm vor Bewunderung. Ich muß dazu allerdings sagen, daß er kein Englisch verstand. Aber kein Führer hatte je vor mir so lange über dieses Bauwerk gesprochen. Sicher fragte er sich von Zeit zu Zeit, was der Graf von Monte Christo im Louvre zu suchen hatte, aber nach der Faszination zu urteilen, die ich auf meine Zuhörer ausübte, mußte ich in meinem Fach sehr beschlagen sein.

Mein Chef war begeistert von mir. Er schickte mich schon am folgenden Tag nach Versailles, wo ich seit meiner ersten Kommunion nicht mehr gewesen war. Trotzdem wurde meine Führung durch Schloß und Park ein voller Erfolg, und zwar dank einer mysteriösen Geschichte, die ich meinen Leuten so spannend wie möglich zu erzählen versuchte! Eine gewisse Miss Moberly und eine Miss Jourdain, ihres Zeichens Touristen aus England, im Zivilberuf Lehrerinnen, hatten sich im Jahre 1901 auf einem Spaziergang durch den Park von Versailles zum Petit Trianon auf einmal in das achtzehnte Jahrhundert und das höfische Leben der Zeit Ludwigs XVI. zurückversetzt gesehen. Kavaliere, Lakaien und sogar die unglückliche Königin Marie-Antoinette waren ihnen erschienen; sie hatten Gebäude gesehen, die es nicht mehr gab, waren Wege gegangen, die man später nur noch auf alten Plänen wiederfand . . . An diesem Fall ist viel herumgerätselt worden, man hat ganze Bücher darüber geschrieben, und auch meinen Zuhörern ließ diese verbürgte Geistererscheinung keine Ruhe. Dafür verschonten sie mich mit Fragen nach der Baugeschichte des Schlosses und danach, welcher König in welchem Bett geschlafen habe. Mit prickelndem Schauder, halb ängstlich und halb neugierig nach Halluzinationen Ausschau haltend, gingen sie um das Trianon herum.

Aber ich konnte die Furchtsamen unter ihnen beruhigen. «Sehen Sie, meine Damen und Herren, das ist nur einer der vielen Vorzüge der Gesellschaftsreisen: Sie sind sicher vor Sinnestäuschungen und Spukgestalten, die sich bekanntlich nur einsamen Wanderern zeigen. Diese armen Menschen mußten dann oft ihr Leben lang nachgrübeln über das, was sie gesehen hatten. Sie dagegen, meine Herrschaften, können

Versailles in wenigen Stunden mit dem angenehmen Gefühl wieder verlassen, morgen nicht mehr daran denken zu müssen.»

Man schenkte mir dankbare Blicke und am Ende der Führung ein schönes Trinkgeld. So langsam begann mir mein neuer Beruf Spaß zu machen. Ohne Bedenken bestieg ich ein paar Tage später den Bus nach Fontainebleau; selbstbewußt führte ich eine Gruppe nach Malmaison, obwohl ich das Lustschloß der Joséphine Beauharnais zum ersten Male sah; in Chantilly duzte ich die Museumswärter, als wäre ich seit Jahr und Tag bei ihnen ein und aus gegangen. Ich war ein «schwarzer Führer» geworden. So nennt man diejenigen unter uns, die noch kein Diplom besitzen und nur in Notfällen eingesetzt werden.

Nicht alle Reiseleiter in Europa und anderswo haben ihr Handwerk so begonnen. In der Regel muß man eine strenge Schule durchmachen und ein Examen bestehen, ehe man auf Reisen geschickt wird. Der zukünftige Reiseleiter wird zum Sanitäter und Geschichtslehrer, Buchhalter und Psychologen ausgebildet; er muß sprechen und Sprachen lernen, auch wenn er bis dahin geglaubt hat, beides schon zu können. Seine Lehrer werden ihm das Gegenteil beweisen. Auch mir blieb das nicht erspart. Ich mußte das vorgeschriebene Diplom erwerben, sonst wäre ich womöglich nie über die Loire hinausgekommen.

Ich fand diese Prüfung nicht so schwer, denn ich hatte ja schon eine strengere bestanden, nämlich die vor den Touristen. Eine Reisegesellschaft ist das unerbittlichste Richterkollegium, das sich denken läßt, und ihr Urteil ist unanfechtbar. Ein Reiseleiter kann seinen Stoff noch so gut beherrschen, wenn er nicht das Vertrauen seiner Touristen gewinnt, hat er versagt und tut gut daran, sich eine andere Beschäftigung zu suchen.

Wie erwirbt man sich nun das Vertrauen einer Reisegruppe? Ich habe alle einschlägigen Bücher über den Umgang mit Menschen und «Wie gewinnt man Freunde?» gelesen. Über die Behandlung von Touristen stand nichts darin. Da klafft in der Psychologie also eine empfindliche Lücke, sagte ich mir und nahm mir vor, sie so gut wie möglich auszufüllen.

Es schien mir nicht genug, einfach meine praktischen Erfahrungen im Umgang mit Touristen zu Nutz und Frommen jüngerer Berufskollegen aufzuschreiben. Ich glaubte, es meiner Vergangenheit schuldig zu sein, akademisch zu denken. Mir schwebte die Erfindung einer ganz neuen Wissenschaft vor, für die ich auch schon einen Namen hatte:

Gruppologie
Groupologie
Groupology

Der Kern meiner Lehre läßt sich in einem Satz zusammenfassen. «Eine Gruppe ist wie die andere, doch ist jede anders zu behandeln.» Das klingt scheinbar widerspruchsvoll, aber der Tourismus ist es ja auch. Wie man herausgefunden hat, beruht er auf der Annahme, daß es anderswo schöner sei als dort, wo man sich gerade aufhält.

Dieser Irrtum setzt alljährlich die ganze zivilisierte Menschheit in Bewegung.

Der Reiselustige, der in einen Omnibus klettert, um sich ins Blaue fahren zu lassen, unterscheidet sich in seinem Denken und Trachten kaum von dem, der in den eigenen Wagen steigt und selbst das Steuer in die Hand nimmt. Beide folgen demselben Trieb und beide sind auf ihre Art überzeugt, nicht zur Masse zu gehören. Denn man hat ja noch seinen individuellen Charakter, nicht wahr, seine persönliche Note und sein spezielles Hobby. Merkwürdig nur, daß der Einzelreisende dann überglücklich ist, wenn er unterwegs jemand trifft, der so denkt wie er, das gleiche Ziel hat und auch dieselbe Liebhaberei pflegt. Der Gesellschaftsreisende braucht nach diesem Gefährten nicht lange herumzusuchen. Er trifft ihn mit Sicherheit in seiner Gruppe. So viele verschiedene Charaktere kennt die Wissenschaft gar nicht, als daß sie nicht alle in einem Fahrzeug mit fünfzig Sitzplätzen, einschließlich der Notsitze, Platz hätten.

Erfahrungsgemäß finden sich in jeder Gemeinschaft die gleichen Typen wieder. Veränderlich ist nur ihr prozentualer Anteil an der Gesamtheit. Sind die Fotografen in der Mehrheit oder die Souvenirjäger? Gibt es einen Betriebmacher unter dreißig oder deren sieben? Danach richtet sich die Behandlung der einzelnen Gruppe. Der Reiseleiter muß deshalb darauf bedacht sein, möglichst schnell herauszubekommen, wie sie sortiert ist, welche die führende Partei ist, und was man zum Schutz der Minderheiten tun kann, sofern sie eine gemäßigte Richtung vertreten, oder wie man sie am besten ganz unterdrückt, wenn sie zum Radikalismus neigen.

Ich habe neun Typen zusammengestellt, die, wie sich gezeigt hat, am häufigsten vorkommen, wenn auch freilich nicht immer in der reinen Form, die ich hier zu beschreiben versuchen will, sondern oft auch in den ausgefallensten Spielarten, auf die ich später in dem geplanten mehrbändigen und grundlegenden Werk über die Gruppologie eingehen werde.

Die ersten Reisenden waren Kaufleute. Seitdem hat sich nicht viel geändert. Ein Tourist, der unterwegs keine einzige Ansichtspostkarte und kein Mitbringsel gekauft hat, ist mir noch nicht begegnet. Er wäre mir auch unheimlich gewesen. Die ganze Gruppe wäre von ihm abgerückt. Eine Gesellschaft, die das Anomale duldet, ist selbst krank. Der gesunde Menschenverstand sagt einem doch, daß man ein Alibi braucht. Wer hätte zum Beispiel Kolumbus geglaubt, daß er Amerika entdeckt hat, wenn er nicht mehrere Schiffsladungen voller Souvenirs heimgebracht hätte? Natürlich kann man es auch übertreiben, wie es nach ihm die Konquistadoren taten, die das ganze Land ausraubten.

Das wird den Touristen von heute allerdings kaum gelingen, und wenn sich ihre Zahl noch verzehnfachen sollte. Die Andenkenindustrie deckt jeden Bedarf. Selbst die Schuhbranche ist der Nachfrage noch immer gewachsen. Schuhwerk war das Lieblingssouvenir der letzten Jahre, besonders für Italienreisende. Man macht sich keine Vorstellung davon, wieviel Millionen Schuhe jährlich aus dem Stiefel kommen. Kein Wunder, daß ein stolzer Milaneser mir gegenüber die Vermutung äußerte, daß wohl alle Völker nördlich der Alpen barfuß gehen müßten, wenn sich die italienischen Schuhmacher nicht ihrer annehmen würden.

Für seine Einkäufe braucht der Tourist viel freie Zeit. Sieht der Reiseplan nicht genug davon vor, so wird eben ein Ausflug oder eine Besichtigung überprungen. Schließlich sammelt er nicht Michelangelos und griechische Säulen, sondern Gebrauchsgegenstände, Halstücher mit Wappenaufdruck, Keramiken und Terrakotten, Muscheln, Mineralien, Briefmarken und Ansichtskarten. Diese Sammlungen zu vervollständigen, ist eines der Hauptanliegen der Reise. So preiswert und so original wie in Carrara, meint er, bekäme man Aschenbecher aus Carrara-Marmor sonst nirgendwo. Das ist ein Trugschluß, gegen den alle Reiseleiter der Welt vergeblich kämpfen. Gerade weil die Carrareser wissen, daß die Touristen ihr Marmorsouvenir unbedingt am Fundort kaufen wollen, verlangen sie besonders originelle Preise dafür. Ähnlich ist es mit den Straßenhändlern. Der Souvenirjäger ist der Meinung, der arme Mann mit dem Bauchladen und den Orientteppichen über der Schulter verlange für seine Ware weniger Geld als der Kaufmann im Laden, der viel höhere Unkosten habe. Außerdem könne man mit dem Hausierer besser um den Preis feilschen.

Auch diese Rechnung geht nicht auf. Selbst der gewiegteste Tourist weiß über den Straßenhändler weniger als dieser über ihn.

Das Paradies der umherziehenden Händler ist bekanntlich Neapel. Man sagt, daß dort auf jeden Touristen einer käme. Noch kein Ausländer habe den Aufenthalt durchgestanden, ohne nicht irgendein völlig überflüssiges Erinnerungsstück erstanden zu haben und dabei um seine weniger überflüssigen Barmittel geprellt worden zu sein.

Kaum haben wir Rom in Richtung Neapel verlassen, beginne ich mit meinen Ermahnungen. Ich appelliere an die Vernunft meiner Leute, packe sie bei ihrer Ehre, bei ihrem Geldbeutel und nehme ihnen feierliche Versprechungen ab, daß man den Gaunern kein Gehör schenken, im Gegenteil, daß man sie gehörig zurechtweisen werde. Wenn ich ihnen prophezeien würde, daß sie trotzdem auf den Schwindel hereinfallen werden, könnte ich mich auf Duellforderungen gefaßt machen.

Und doch habe ich noch immer recht behalten. Am Abend geben sie mir zerknirscht ihre unfreiwillige Beute zur Begutachtung. Sonnenbrillen und Schweizer Uhren, Füllfederhalter vom Typ Parker 51 und Badeanzüge. Natürlich besaß man längst eine Sonnenbrille, eine Schweizer Uhr, einen guten Füllfederhalter und einen hinlänglich knappen Badeanzug. «Aber sagen Sie selbst: bei diesem Spottpreis! Da mußte man doch zugreifen.»

Wenn hier einer Anlaß zu spotten hat, sind es die Straßenhändler und ich. Das ist aber auch das einzige, was wir miteinander teilen. Auf allen Reisen taucht dagegen auch das bösartige Gerücht auf, der Reiseleiter treibe seine Touristen den Schiebern und Schwarzhändlern direkt in die Arme. Das ist Unsinn. Ein unbefangener Tourist kommt viel schneller mit ihnen in Kontakt als ein offizieller Reiseleiter. Der stört nur das Geschäft.

Der passionierte Andenkenkäufer ist natürlich im Augenblick der Weiterfahrt nie zur Stelle. Wenn die übrige Gruppe im Bus bereits zu schmoren anfängt, weil er seit einer Stunde in der prallen Sonne steht, wählt der Unersättliche im Schatten von Markisen und Arkaden seelenruhig Textilien aus. Er hat keinen Gruppengeist, dafür Familiensinn. Kein noch so entfernter Verwandter soll leer ausgehen. Er ist ein unverbesserlicher Altruist. Soll man ihm einfach davonfahren, um ihm einen Denkzettel zu erteilen? Nein, das wäre zu grausam, da er bei jedem Einkauf zur Strafe schon das Doppelte von dem zahlt, was die Sache wert ist.

Die kostspieligsten Andenken pflegen amerikanische Junggesellen mit nach Hause zu bringen. Dafür haben sie dann auch ihr ganzes Leben etwas davon. Täglich werden sie sich beim Anblick einer in Europa erstandenen, garantiert echten Europäerin, Rechenschaft darüber ablegen können, ob ihre Reise sich gelohnt hat.

Ein hartgesottener Typ ist der Andenkenräuber. Er zahlt höchstens dann für seine Souvenirs, wenn er dabei ertappt worden ist, wie er sie sich aneignete. Aber auch das läßt ihn nicht erröten. Er betreibt diese Jagd aus Sport, und ein Sportler muß verlieren können.

Zu den besonders begehrten unveräußerlichen Objekten gehören Bestecke, Trinkgefäße und Reliquien. Im Münchener Hofbräuhaus kommen jährlich viele hundert der berühmten Maßkrüge abhanden. Man kann sie auch für einen angemessenen Preis käuflich erwerben, aber das wäre nicht zünftig. Auch ein Millionär zieht es vor, den großen, schweren Krug, den er eben leerte, in einem unbewachten Augenblick geschickt unter seiner Jacke verschwinden zu lassen.

Zu noch größerer Besorgnis gibt die Raubsucht in den Katakomben Roms Anlaß. Trotz des ausdrücklichen Verbots, Gesteinsbrocken aufzusammeln oder gar aus dem Mauerwerk zu brechen, verläßt kaum ein Besucher die geweihte Stätte, ohne sich die Tasche voll dieser Reliquien gestopft zu haben. Der Materialverlust wird auf mehrere Tonnen im Jahr geschätzt. Man kann sich also ausrechnen, wann die Katakomben restlos abgetragen sein werden.

Der Fotograf

Auch er gehört zu den Sammlern. Nur hat er sich in seiner Leidenschaft ein wenig spezialisiert. Er sammelt zweierlei: Fotoapparate nebst Zubehör und fotogene Motive. Unterwegs vergrößert sich nicht nur die Zahl der verknipsten Filme, sondern auch die Masse der Instrumente, die er um den Hals und auf dem Bauch trägt. Für jedes Land braucht er andere Filter, in jedem Geschäft gibt es andere Extras. Seine wirksamste Waffe ist das Teleobjektiv. Es ist das, was in der Luftfahrt die Rakete ist.

Der Fotograf ist von seiner Amateur-Arbeit auf Reisen nicht weniger in Anspruch genommen als von der Brotarbeit zu Hause. Dank der unerhörten Fortschritte in der Optik kann er sich und den Apparat nicht einmal bei trübem Wetter entspannen. Er reist mit den wachesten Augen. Aber es ist die Fotolinse, durch die er die Welt sieht. Das erregt mitunter Verachtung und Haß bei der Minderheit der Nicht-Fotografen, die ihre Augen noch in der hergebrachten Weise gebrauchen. Sie sind mit ihrer Betrachtung schneller fertig als der Fotograf, der erst noch die Instrumente abliest und den genialsten Schußwinkel sucht, und müssen nun auf ihn warten. Oder sie verharren in Andacht vor einem Bild, das er sich mit einem profanen «klick» im Bruchteil einer Sekunde für immer einverleibt hat.

Tatsächlich haftet dem Fotografen etwas Heidnisches an. Er blickt zum Beispiel nie zum Himmel auf. Um zu erfahren, was dort oben vorgeht, schwingt er mit ausgestrecktem Arm seine fotoelektrische Zelle. Wenn die kleine Nadel auf dem Zifferblatt zwischen 11 und 8 schwankt, weiß er, daß das Wetter gut ist. Bei 5 – 6 muß es leicht bewölkt sein, bei 4 schon ziemlich bedeckt, und es wäre vielleicht ratsam, sich das Regencape umzulegen.

Vor allem aber betritt er eine Kirche in vielen Fällen nur deshalb, um die Dunkelheit darin zum Wechseln des Films zu benutzen. Denn sonst sieht er Bauwerke lieber von außen. Kaum ist das Vehikel, das ihn von Motiv zu Motiv bringt, zum Stehen gekommen, macht er klar zum Gefecht. Zunächst eine Panorama-Aufnahme. Er fährt seine Batterie in Stellung, vertreibt mit nervösen Armbewegungen seine Reisegefährten aus der Schußrichtung und sieht sich die romantische Landschaft mit kaltem Blick durch den Sucher an. Ist sie ein Bild wert, dann kann sie sich sehen lassen. Fehlt ihr das fotografische Etwas, das eine Landschaft erst zur Natur macht, dann lohnt sich der Aufenthalt eigentlich gar nicht, denn, wie schon Goethe sagte, kann man nur das getrost nach Hause tragen, was man schwarz auf weiß besitzt. Womit nicht gesagt sein soll, daß der Fotoamateur, der mit der Zeit geht, noch Schwarzweiß-Aufnahmen macht. Er arbeitet selbstverständlich in Farbe. Und deshalb muß noch ein belebender Fleck in den Vordergrund. Der Fotograf denkt an seine Frau! Genauer gesagt, an ihren roten Pullover: «Na, geh schon!»

Er schiebt sie bis an den Rand des Abhangs.

«So bleib stehen!»

«Aber dann drehe ich dir ja den Rücken zu.»

«Das macht nichts. Ich brauche ja nur einen Kontrast im Vordergrund.»

Wie kann sie nur annehmen, er wolle sie von vorn aufnehmen! Er ist doch kein Stümper, der für das Familien-Fotoalbum knipst. Ihn interessieren nur unkonventionelle Motive und gewagte Zeit-Blende-Kombinationen.

Auf der Suche nach originellen Perspektiven produziert er sich als Bodenakrobat und Fassadenkletterer und läuft Strecken ab wie ein Landvermesser. Auf diese Weise legt er dreimal so viel Weg zurück wie die anderen Touristen und schleppt dabei noch mit der Ausdauer eines Ochsens, der im Joch schreitet, die Last seiner Apparaturen mit sich herum. Ich käme mir, mit diesen Gewichten behangen, wie auf einem Gepäckmarsch vor. Ihm scheint diese Bürde nur Flügel zu machen. Ich bewundere seine Geduld, wenn er nach dreimaligem Umwandern des Escorial wieder zu seiner Ausgangsstellung zurückkommt, die, wie er jetzt weiß, doch den besten Blickwinkel bot, und nun erst zur Aufnahme schreitet, beziehungsweise in die Knie geht. Ich habe auch Respekt vor seiner Fingerfertigkeit, mit der er Futterale öffnet und schließt, Objektive an- und abschraubt, Filme herausnimmt und wieder einlegt. Ich, der ich nie einen Film habe richtig einlegen können, ohne vorher zwei zu verderben, kann mich nicht so ohne weiteres auf die Seite derer stellen, die stolz darauf sind, mehr zum Sehen geboren als zum Fotografieren bestellt zu sein. Auch wenn der Blickwinkel der Amateure oft so eng ist, wie sie ihn einem Apparat übelnehmen würden. Die meisten von ihnen interessieren sich bei der Ankunft an einem neuen Ort vor allem dafür, ob man hier Filme einer bestimmten Marke kaufen kann und ob es hier etwas zu fotografieren gibt, was zu fotografieren verboten ist – seien es militärische Anlagen oder Haremsdamen. Gerade die wird er dann fotografieren, denn der zünftige Amateur ist nicht zuletzt auch Geschäftsmann. Eines Tages in Marrakesch hätte einer meiner Reisefotografen beinahe Selbstmord* begangen. Unser Aufenthalt fiel mit einem Nationalfeiertag zusammen, an dem alle Läden geschlossen waren, und mein Fotograf hatte nur noch eine Aufnahme auf seinem letzten Film: Was sollte er tun? Mit den anderen durch die Basare und Gassen promenieren, ohne die Möglichkeit, nach Herzenslust das marokkanische Volksleben im Bilde festzuhalten? Das hätte ihn an den Rand des Wahnsinns gebracht. Also beschloß er, den ganzen Tag bei zugezogenen Gardinen in seinem Hotelzimmer zu verbringen.

Gegen Abend hielt er die qualvolle Entsagung nicht mehr aus. Er spähte aus dem Fenster und bekam schon nach kurzer Zeit ein einmaliges Motiv vor den Apparat: eine Hochzeitsgesellschaft zog vorbei. Zitternd vor Freude und kaum fähig, die Aufnahme nicht zu verwackeln, machte er sein letztes Bild.

Das war offenbar nicht unbemerkt, vor allem nicht mit dem Einverständnis der Objekte geschehen. Eines von ihnen, eine furchterregende Beduinengestalt, löste sich von der Gruppe und stürzte wenige Augenblicke später in das Zimmer des Fotografen . . .

Wir fanden ihn am anderen Morgen in einem Tablettentiefschlaf liegen: Auf dem Tisch lag ein Zettel: «Meine Eindrücke sind vernichtet. Mein Apparat ist nicht mehr. Ich folge ihm nach in eine bessere Welt.»

Der Erfahrene

Er ist nicht das erste Mal dabei. Er macht jedes Jahr eine Gesellschaftsreise. Ganz systematisch grast er Europa ab. In sieben Jahren hat er es geschafft, dann kann er zu Kleinasien übergehen, um sich langsam in den Orient vorzuarbeiten.

«Wir kennen uns doch von Skandinavien her», begrüßt er mich.

Ich mime Wiedersehensfreude und versuche mich zu erinnern, wie es damals in Schweden war. Ist die Reise ohne Hindernisse und Verstimmungen abgelaufen, dann hat mich der Herr in gutem Gedächtnis. Wenn nicht, so wird bald die ganze Gruppe über meine Vergangenheit informiert sein. Vorsicht also vor diesem Kunden! Je unsympathischer er dir ist, desto notwendiger ist es, die alte Bekanntschaft mit ihm zu erneuern und ihn zu deinem Vertrauten zu machen. Immerhin kannst du annehmen, daß er nicht noch einmal mit dir reisen würde, wenn er das letzte Mal nicht zufrieden gewesen wäre.

* Von einem anderen Fotografen-Selbstmordversuch lesen Sie auf Seite 73.

Das erleichtert deinen Stand.

Schwieriger hat man es mit dem Touristen, der einem erklärt: «Das letzte Mal bin ich mit Ihrem Kollegen X. gefahren. Ein fabelhafter Kerl, dieser X. Eine Reise ohne die geringste Trübung. Wie der Mann mit allen Problemen fertig wurde, einfach enorm!»

Das erzählt er dir nicht nur aus lauter Begeisterung für deinen Kollegen, er will dich damit vor allem zu gleichen Leistungen anspornen. Man kann es ihm nicht verdenken, daß er diesmal mindestens genauso gut reisen möchte wie im vorigen Jahr. Er wird also ständig Vergleiche ziehen, und du mußt dich gehörig anstrengen, wenn du nicht schlechter abschneiden willst als der Kollege, den er dir als leuchtendes Beispiel vorangestellt hat.

Vergleiche ziehen ist überhaupt die Lieblingsbeschäftigung des vielgereisten Touristen. Er sieht die Dinge schon lange nicht mehr so, wie sie sind, sondern relativ. Ein Ort sagt ihm gar nichts, wenn er ihn nicht an einen anderen gemahnt.

«Sieh mal an», sagt er zu seiner Frau und deutet in die Landschaft. «Man könnte meinen, man sei in den Vogesen.»

«Ja, aber dann müßten mehr Berge da sein», meint sie darauf und summt «Drunt' in der Lobau». Wir fahren gerade in die Toskana hinein.

Die Fontänen von Tivoli erinnern ihn an Versailles; in Amsterdam glaubt er in Hamburg zu sein; wenn er den Simplon überquert, fühlt er sich auf den St. Gotthard versetzt, und in der Loggia bei Lanzi in Florenz erkennt er die Feldherrnhalle von München wieder. Ihm hat Stockholm wahrscheinlich zu verdanken, daß man es auch «das Venedig des Nordens» nennt, und Berlin seinen wenig zutreffenden Beinamen «Spree-Athen».

Diese beiden Beispiele zeigen übrigens, daß der Tourist das südliche Element auch im Norden wiederfinden möchte. Nie umgekehrt. Oder haben Sie schon gehört, daß einer Rom als «das Oslo des Südens» oder Madrid als «Manzanares-Helsinki» bezeichnet hätte. Diese Vorstellung scheint absurd zu sein. Warum? Nicht etwa, weil sie weniger der Wahrheit entspräche, sondern weil sie weniger romantisch ist.

Ganz anders sieht die Fremde der Tourist, der aus Patriotismus reist. Er möchte sich lediglich überzeugen, daß es bei ihm daheim am schönsten ist. Das gibt seiner Weltkenntnis einen besonderen Glanz. Wenn er Franzose ist, soll man ihm ja nicht mit der Jungfrau kommen. Neben dem Mont Blanc ist sie doch nur ein armseliger Termitenhügel. Auch an Rom ist nicht viel dran. Die eine Hälfte befindet sich in Ruinen, die andere Hälfte im Bau, und die Via Veneto verschwindet einfach neben den Champs-Elysées. Die Adria ist ein matter Abklatsch der Côte d'Azur, und in den Uffizien findet sich das, was im Louvre keinen Platz mehr hatte.

Er fragt sich, welches Vergnügen die ausländischen Touristen dabei wohl empfinden, ein anderes Land als sein Vaterland zu besuchen. «Sie täten viel besser daran, nach Sacré Cœur hinaufzusteigen», sagt er auf dem Weg nach San Marino und lädt jeden einzelnen zu sich nach Paris ein.

In Paris wird man ihn dann allerdings von San Marino schwärmen hören. Alles andere wäre spießbürgerlich. Er wird Einrichtungen, die ihm im Ausland vorbildlich, in seiner Heimat aber rückständig erscheinen, offen loben und in einschlägigen Zeitungen und Vereinen die Maßnahmen des Nachbarlandes, mit dem man von alters her nicht gerade sehr befreundet ist, zur Nachahmung empfehlen. Das bringt ihn in den Ruf, weltoffen und unbestechlich zu sein. Ist er es wirklich, so wird er auch die Bemühungen des Reiseleiters anerkennen. Wer aber unaufhörlich den Schatz seiner vermeintlichen Erfahrung zum gefälligen Gebrauch anbietet, dem fehlt zur Erfahrung noch das Wichtigste, nämlich die Klugheit. Mit ihm machen die anderen Touristen, die unerfahrenen, kurzen Prozeß. Sie lassen ihn die Erfahrung machen, daß seine Besserwisserei keinen Eindruck auf sie macht.

‹Wenn ihr nicht wollt, bitte schön›, denkt der Erfahrene beleidigt und wartet nur noch darauf, daß etwas geschieht, was sein weiser Rat hätte verhindern können. Er fühlt sich als Märtyrer der Vernunft, und in dieser Stimmung reist er am liebsten.

Der Zerstreute

Obwohl er stets zu spät kommt, ist er den anderen weit voraus; er reist auf dem Mond anstatt in Italien oder sonst irgendwo auf Erden. Das ist bis heute noch keinem gut bekommen. «Verzeihen Sie, es war nicht meine Absicht», sagt der Zerstreute, denn er hat den festen Willen, einen vorbildlichen Touristen abzugeben. Es ist nicht seine Schuld, es ist sein Schicksal, daß er morgens unpünktlich erscheint, wiewohl er sich eine halbe Stunde vor den anderen hat wecken lassen. Es dauerte eben länger, bis er seine Siebensachen gepackt hatte. Schließlich muß man sich vergewissern, ob man auch keinen der unentbehrlichen Gegenstände vergessen hat: den Schuhanzieher, die Zahnschmerztabletten, die Ersatzbrille.

Dennoch muß er zwei Stunden darauf melden, daß er eine Kleinigkeit im Hotel gelassen habe. Es ist ihm wirklich außerordentlich peinlich, und er wird sich zu bessern versuchen, aber wenn es auch eine Lappalie sei, müsse man wohl doch schnell noch einmal umkehren. Denn wenn er persönlich den Verlust auch verschmerzen könnte, so würden doch andere auf den Gegenstand Wert legen. Auf seinen Paß nämlich. Der Chauffeur tritt wütend auf die Bremse, die Gruppe stöhnt auf, der Reiseleiter stößt einen historischen Fluch aus. Freilich erst, nachdem er das Mikrofon abgeschaltet hat.

Keinem anderen als diesem liebenswürdigen älteren Fräulein, das sich bei anderer Gelegenheit als besonders bescheiden und gutherzig gezeigt hat, würde man diese Unbesonnenheit verzeihen. Aber man kann ihr wirklich nicht ganz böse sein, wenn man bedenkt, wie oft sie schon zur allgemeinen Erheiterung beigetragen hat. Unfreiwillig natürlich.

Wie war das doch in Lissabon gewesen?

Sie hatte den ganzen Abend den rührenden Fado-Gesängen gelauscht und war dann, ganz beseligt und hingegeben die schwermütigen Melodien summend, in das Hotel zurückgekommen. Sie hatte an der Rezeption um den Schlüssel für Nr. 503 gebeten und war in ihr Zimmer hinaufgegangen.

Zehn Minuten später – sie wollte gerade in die Badewanne steigen – trat ein Mann ein. Ein Mann in ihr Badezimmer! Ihr erschrockener Aufschrei weckte das ganze Hotel. Die Gäste und das Personal kamen herbeigestürzt. «Was suchen Sie in meinem Zimmer?» fragte sie den Eindringling empört.

«Dasselbe könnte ich Sie fragen, meine Dame!» entgegnete er ihr nicht weniger indigniert. Und er war im Recht. Es war sein Zimmer. Dem Fräulein war ein kleiner Irrtum unterlaufen. Ihr gehörte Nr. 305, nicht 503.

Da der Besitzer von 503 aber Spanier und Kavalier war, ließ er die Señorita erst noch in das fertig angerichtete Fichtennadelbad steigen und zog sich solange in das Vestibül zurück.

Weniger glimpflich drohte ihr Abenteuer in Algeciras abzulaufen.

Das Fräulein brachte einen verwahrlosten Strolch von sieben oder acht Jahren mit in das Hotel. Einen armen Waisenknaben, wie sie meinte. Nicht genug damit, daß sie ihm zu essen gab und ihm neue Kleidung kaufte, quartiere sie ihn auch noch in einem Dienstbotenzimmer ein.

Am anderen Morgen gab es vor dem Hotel eine Massenansammlung. Die Eltern des Waisenknaben und ihre ganze Verwandtschaft forderten mit drohenden Worten und Fäusten die Herausgabe des entführten Kindes.

Aus Angst, bestraft zu werden, weigerte sich der Kleine, zu seinen Angehörigen zurückzukehren. Wie Mutter Niobe stellte sich das Fräulein schützend vor ihn. Schon flogen die ersten Steine in das Foyer, da erschien die Polizei, deren Schutz das Fräulein ihren Murillo-Knaben endlich anvertraute.

Wie man sieht: Angst kennt die zerstreute Dame nicht. Dazu ist sie viel zu zerstreut. Oder viel zu konzentriert auf irgend etwas, das ihr im Augenblick wichtiger erscheint. In die Betrachtung eines Sonnenuntergangs versunken, vergißt sie, daß sie auf einem Felsvorsprung steht. Auf der Suche nach Santa Lucia begibt sie sich allein in das berüchtige Hafenviertel von Neapel, aus dem sie zwar tiefe Eindrücke vom Leben der armen Leute mitbringt, nur nicht mehr ihre Handtasche.

Man muß noch froh sein, wenn sie selbst wenigstens wiederkommt. Denn es wäre doch schade um sie.

Eine von ihnen mußte ich eines Abends in Rom auf der Fremdenpolizei als vermißt melden. Zuletzt war sie beim Eintritt in das Vatikan-Museum gesehen worden. Dort wurde sie am nächsten Tag auch wiedergefunden. Wo aber war sie in der Zwischenzeit gewesen?

Unfähig, den Galopp unserer 30-Minuten-Führung mitzumachen, hatte sie die Jagd bald aufgegeben. Sie wollte jedes Gemälde einzeln betrachten und wäre wohl nie über den ersten Saal hinausgekommen, wenn nicht von Zeit zu Zeit eine Welle von anderen Touristen sie mit sich fortgerissen hätte. Jedem Fremdenführer hörte sie eine Weile zu und benutzte die vorüberziehenden Karawanen wie Straßenbahnen, in die sie nach Belieben ein- und ausstieg. Bis zum Abend hatte sie auf diese Weise gerade ein Stockwerk durchwandert. Nicht mehr. Ein Rekord der Langsamkeit. Am anderen Morgen wollte sie sich das zweite Stockwerk vornehmen.

Aber wo hatte sie die Nacht verbracht? Das konnte sie selbst nicht mehr sagen. «Bei den Nereiden – oder bei anderen frommen Schwestern. Ich kann es nicht mehr genau sagen. Die Fülle hat mich ein bißchen verwirrt. Verzeihen Sie», sagte sie.

Wie gern habe ich ihr verziehen. Durch sie kam ein wenig Poesie und Verzauberung in die strenge Organisation der Reise. Das war die Mühe wert.

Der Betriebmacher

Den festesten Händedruck und den aufrichtigsten Blick bekomme ich bei der Begrüßung einer neuen Gruppe von der kleinen untersetzten Person, die eine Gitarre über der Schulter trägt. «Auf mich», höre ich zu meiner Freude, «können Sie sich verlassen.»

Dasselbe bekommt jeder Reiseteilnehmer von ihr zu hören. Alle finden das sehr nett und beschließen, das freimütige Freundschaftsangebot anzunehmen. Man schanzt diesem netten Gesellen sogar einen Platz ganz vorn zu. In der Nähe des Mikrofons. Man will ja nicht immer nur den Reiseleiter hören. Ein paar Lieder zur Gitarre sind eine schöne Abwechslung, wenn es mal durch eine langweilige Gegend geht.

Der Betriebmacher hat die Herzen seiner Gefährten schneller erobert als ich. Er ist einer der ihren. Man sieht ihm an, daß er reden und etwas auf die Beine stellen kann. Es gibt solche Führernaturen. Er soll ihr Sprecher sein. Man wird unterwegs dann und wann die Interessen der Gruppe gegen die des Reiseleiters verteidigen müssen.

«Wir sind jetzt eine Gemeinschaft», sagt der Betriebmacher in begeisterndem Ton, und alle nicken zustimmend. Das Wort «Gemeinschaft» hat noch jedermann einen Schauer über den Rücken gejagt. Daß der Betriebmacher in Wirklichkeit einen Verein aus ihnen machen will, merken sie erst, wenn es zu spät ist, sich abzuschließen.

Gern überläßt der Reiseleiter, der mit seiner Stimmkraft haushalten muß, das Mikrofon eine Weile dem Betriebmacher. «Ich möchte unseren lieben Reiseleiter ein wenig unterstützen», sagt dieser treuherzig und zieht in der nächsten halben Stunde eine Programm ab, mit dem er sich auf jeder Brettlbühne sehen lassen könnte. Das Publikum applaudiert nach jeder Nummer, der Künstler wehrt bescheiden ab und greift schon wieder in die Saiten. Die erste Strophe singt er allein, beim Refrain muß der ganze Chor einfallen.

«Und jetzt alle!»

Das klappt beim erstenmal noch nicht besonders gut. Einige zieren sich noch. Sie bekommen ein aufmunterndes Lächeln zugeworfen, dem sich, wenn das nicht gleich genutzt hat, beim zweitenmal ein Stirnrunzeln beimischt, das keinen Zweifel darüber läßt, was den erwartet, der nicht mittun will.

Bei der dritten Strophe singt alles mit, sogar der Reiseleiter, der es mit dem Betriebmacher nicht verderben möchte. Er läßt sich von ihm sogar zur Baßstimme einteilen und kämpft zusammen mit dem Chauffeur und einem pensionierten Buchhalter mehr mit Lautstärke als mit Harmonie gegen den übermächtigen Sopran an.

Man hat sich heiser gesungen und ist zu Rate- und Pfänderspielen übergegangen. Mit besonderem Vergnügen trägt man dem Reiseleiter die lächerlichsten Bußen auf. Er muß wie ein Frosch durch den ganzen Omnibus hüpfen, ein Gedicht aufsagen und eine soignierte Dame umarmen. Allen diesen Strapazen unterwirft er sich ohne Murren. Denn er weiß, was ihn erwartet, würde er sich der Gemeinschaft entziehen wollen.

Ein Mißtrauensantrag ist schnell eingebracht, und jede Abstimmung würde seinen Sturz und die Inthronisierung des Betriebmachers zur Folge haben. Schon mancher gesellige Verein ist so zur blutigen Untergrundbewegung avanciert. Ich habe von einer ganzen Anzahl von Reisegruppen gehört, die ihren Führer, als er die komischen Einfälle des Gruppenwitzboldes nicht länger belachen wollte, ins Exil auf die hinteren Sitze geschickt haben. Bestenfalls ließen sie ihn auf seinem angestammten Platz, wo er allerdings fortan das Schattendasein eines europäischen Monarchen um 1960 zu führen verurteilt war.

Zusammen mit anderen Ausgestoßenen, dem hochnäsigen Touristen, dem Nörgler und anderen asozialen Elementen kann er dort eine Gegenregierung bilden, die schwerlich gegen das radikal-lustige Regiment des Betriebmachers aufkommt.

Dies vor Augen, ist der Reiseleiter gern bereit, dem Betriebmacher von vornherein einen Teil seines Amtes zu übertragen und einen Teil seiner Würde zu opfern. Wer weiß, wozu man sein Organisationsgenie noch gebrauchen kann.

Bei Pannen, die einen unvorhergesehenen längeren Aufenthalt auf freier Strecke verursachen, bei Spaziergängen, auf denen man von einem Wolkenbruch überrascht wurde, und bei allgemeinem Nachlassen der Moral und Körperkraft wirkt der anfeuernde Geist des Betriebmachers oft Wunder. Er zwingt die erschöpften Leute durch markige Appelle in seinen Bann. Er stimmt ein Lied an, in das sie einfallen müssen, ob sie es wollen oder nicht, und garantiert dafür, daß der Kampf durchgestanden wird.

Das ist viel wert. Ich habe das einmal bei einer stürmischen Überfahrt nach der Insel Ischia erfahren. Unser Dampfer tanzte wie ein Korken auf den Wellen, und an der Reling gab es bald keinen Platz mehr für die freigebigen Opferer. Schon sanken die ersten in die Knie und mußten unter Deck getragen werden. Der dreitägige Aufenthalt auf der Insel, rechnete ich mir aus, würde kaum ausreichen, meine Leute wieder notdürftig auf die Beine zu bringen. Da ergriff der Betriebmacher der Gruppe die Initiative.

Er lieh sich vom Kapitän das Sprachrohr aus und rief alle Mann auf dem Mitteldeck zusammen. Widerwillig und schlotternd folgten sie der Aufforderung, aber immerhin, es fanden sich alle ein und sogar noch eine Menge anderer Passagiere dazu. Unter dem Kommando des Betriebmachers formierten sie sich zu einem dichten Kreis, in dessen Mitte er selbst im Rhythmus des Wogengangs und der Schwankungen des Schiffes gymnastische Bewegungen vormachte. Ich muß zugeben, daß selbst ich an den heilsamen Übungen teilnahm. Als der Landesteg in Sicht kam, gab es keinen mehr auf dem Schiff, der sich unwohl fühlte. Nach der Ankunft im Hafen wurde unser Betriebmacher wie ein Wundertäter gefeiert. Der Kapitän hätte ihm für die Rückfahrt ein Freibillett spendiert, wenn nicht auch dieser Ausflug schon im Pauschalpreis der Reise inbegriffen gewesen wäre.

Der Arrogante

Der gepflegte Herr mit den zusammengekniffenen Lippen hat mit den anderen Touristen seiner Gruppe nicht das geringste gemein. Er scheint nicht einmal zu bemerken, daß er in Gesellschaft reist. Jedenfalls hat er sich vorgenommen, so zu tun.

Seine Anwesenheit in diesem Kreis beruht auf einem Irrtum. Er hatte geglaubt, er würde nur mit Vertretern seines Standes in Berührung kommen; der hohe Preis der Reise würde eine gewisse Elitewahl der Teilnehmer garantieren. Und nun gibt es um ihn herum alles mögliche Volk: einen Garagenbesitzer, einen Versicherungsangestellten, einen Schneidergesellen und skandalöserweise auch die Witwe eines Pferdeschlächters.

Dieser Herr mit der gerümpften Nase ist kein Feind der Arbeiterklasse; er ist sogar Mitglied einer demokratischen Partei. Aber schließlich sieht er eine Schlachtersfrau lieber hinter ihrer Fleischbank als bei Tisch neben sich. Im übrigen sollte man vor dem Betreten eines Museums das Reifezeugnis vorweisen müssen.

Nein, bei allem Wohlwollen für das primitive Vergnügen des Plebs, er fühlt sich unter diesen Menschen deplaciert. Das sollen sie ruhig merken. Vielleicht nützt das etwas. Er nimmt sich vor, nie zu lachen, wenn die anderen lachen, und nichts schön zu finden, was ihnen gefällt. Man muß sich distanzieren, sonst geht man in der Masse unter, sagt er sich und bewahrt immer drei Schritte Abstand. Er trägt im Geiste ein Transparent mit sich herum, auf dem geschrieben steht: «Ich gehöre nicht dazu.»

Zu seiner Verteidigung muß gesagt werden, daß er auch dann nicht dazugehört, wenn sich die Unzufriedenen über ihre Unterkunft und ein zähes Filet beschweren. Dafür ist er zu gut erzogen. Er zieht es vor, seine Würde zu wahren und sich geniert zu zeigen. Das heißt nicht, daß er weniger zu beanstanden hätte. Aber am meisten beschäftigt ihn doch der Gedanke, wie er nur darauf gekommen sei, an einer Gruppenreise teilzunehmen.

Die anderen fragen sich dasselbe. Das ist aber auch das einzige, was sie miteinander verbindet.

Wieder am Ausgangspunkt angekommen, zieht er höflich den Hut und besteigt ein Taxi, das er schon von der letzten Station aus bestellt hat.

Auch von diesem Herrn bekomme ich ein Trinkgeld – aber über seine Bank.

Der Pedant

Ich weiß nicht, was ich von ihm halten soll. Steht er nun auf meiner Seite oder nicht? Er ist stets pünktlich zur Stelle, denn er hält sich an den Reiseplan und an die Verabredungen wie kaum ein anderer. Wenn ich ihn also als einzigen unter fünfzig, auf den man sich verlassen kann, fünf Minuten vor der Zeit brav am Treffpunkt vorfinde, möchte ich ihm den Titel eines idealen Touristen verleihen. Ich stelle ihn den anderen als Vorbild hin, und ich betraue ihn mit kleinen verantwortungsvollen Aufgaben, wie dem Stimmenzählen bei der Umfrage, ob die berühmte, aber doch nicht so ungeheuer wichtige Kirche in X. und das sowieso viel zu wenig besuchte Museum in Y. nun besichtigt werden müsse, oder ob man die Zeit lieber nutzbringender verwenden wolle.

Der Pedant stimmt immer dafür, das heißt: für den Besuch der im Prospekt genannten Sehenswürdigkeiten. Er besteht auf der restlosen Erfüllung des Programms. Wofür hat er schließlich bezahlt! Er ist hart gegen sich selbst und sparsam beim Erwerb von Andenken. Er hat dafür eine gewisse bescheidene Summe in seinem Reisebudget vorgesehen, und die wird er auf keinen Fall überschreiten. Die Bilanz muß stimmen, sonst war die ganze Reise ein Fiasko.

Stimmen muß aber auch das, was der Reiseleiter in seinen Erläuterungen sagt. Und da zeigt sich nun der Pedant von der unangenehmen Seite. Er vergleicht die Angaben des Reiseführers in Menschengestalt mit denen des Reiseführers in Buchform. Im Zweifelsfall gibt er dem geschriebenen Wort recht. Man kann nicht sagen, daß er dabei taktlos vorginge.

«Sind Sie sicher», fragt er höflich, «daß die Einnahme der freien Reichsstadt im Jahre zwölfhundertachtundsiebzig erfolgte? Mir scheint, es wäre zwölfhundertneunundsiebzig gewesen, kurz nach dem Tode von ...» (Hier nennt er den Namen irgendeines Duodezfürsten oder dessen Mätresse.)

Ich bin keineswegs sicher. Aber schließlich wiederhole ich dieselbe Geschichte schon seit sieben Jahren. Und das genügt, um von ihrer Wahrheit überzeugt zu sein. Im übrigen: das Ereignis liegt auf jeden Fall siebenhundert Jahre zurück. Ich bitte Sie, da kommt es doch auf ein Jahr mehr oder weniger nicht an.

Um das Prestige zu wahren, bestehe ich also darauf, daß die Einnahme im Jahre zwölfhunderachtundsiebzig stattfand. Wenn sich hier jemand irrt, so ist es die Konkurrenz, der Verlag des Reisehandbuchs. Oder es ist einfach ein Druckfehler. Vielleicht sind sich die Gelehrten auch nicht einig, wann die Einnahme nun genau war. Ich schließe mich jedenfalls denjenigen an, die das Ereignis in das Jahr zwölfhundertachtundsiebzig verlegen. Dabei bleibt es.

«Sie mögen recht haben», meint der Pedant milde. Ob er trotzdem nicht aus seinem speziellen Guide für diese Provinz einige interessante Ergänzungen zu meinem Vortrag machen dürfe. Ich kann es ihm nicht verwehren: «Bitte schön», seufze ich.

Und er liest während der Weiterfahrt mit lautstarker Stimme, um den Motorenlärm, das Radio und die Unterhaltung seiner Reisegefährten zu übertönen, sieben enggedruckte Seiten aus seinem Reiseführer vor, ganze Inventaraufnahmen von Kirchen und Schlössern, Biographien und Baugeschichten, Schlachtenberichte und Texte historischer Dokumente. Unterdessen fahren wir an einer Reihe anderer Sehenswürdigkeiten vorbei, auf die ich meine Leute leider nicht aufmerksam machen kann, da der Pedant sie mit seiner Vorlesung im Geiste noch an dem Ort zurückhält, den wir vor einer Stunde passierten.

Will er den Touristen damit imponieren? Erwartet er, daß sie sich in

Zukunft mit allen Detailfragen an ihn wenden werden, anstatt an mich? Nein, dergleichen liegt ihm fern. Er möchte nur das Thema erschöpfen, das Wissen seiner Umgebung vervollständigen und natürlich auch sein eigenes. Wahrscheinlich ist er im Zivilberuf Privatgelehrter oder Volksbildner. Fest steht, daß sich seine notorische Sparsamkeit nicht auf das Reden bezieht. Das macht ihn nicht gerade beliebt bei seinen Gefährten. Sie wollen auch reden. Darum sehen sie es am liebsten, wenn er schreibt. Das ist seine Hauptbeschäftigung. Er führt beinahe stündlich Tagebuch, skizziert die Landschaft mit fliegenden Strichen, notiert seine Ausgaben, die Namen derer, die er mit Postkarten bedacht hat, und jener, denen er keine schicken wird.

Überflüssigerweise stenografiert er auch meine Anekdoten und Witze mit, die ich dann und wann an passender Stelle in meine Erläuterungen einflechte. Und zwar tut er das nicht etwa, um sie später weitererzählen zu können, sondern vielmehr, um mich zu korrigieren, wenn ich die kleine Begebenheit fünfhundert Kilometer weiter noch einmal und in ein wenig abgeänderter Version wiederhole. Ich räche mich dafür auf eine Art, die ihn an seiner empfindlichsten Stelle trifft: ich lasse ihn zu spät kommen. Ich gebe dem Nachtportier den Auftrag, diesen ruhebedürftigen Herrn eine halbe Stunde nach den anderen zu wecken.

Ich muß allerdings zugeben, daß ich nur selten in den Genuß komme, den Pedant halb angezogen und mit fassungsloser Miene in letzter Minute in den Omnibus stürzen zu sehen. Ein Pedant, der auf sich hält, verläßt sich nämlich nicht darauf, geweckt zu werden. Er hat einen eigenen Wecker und erwacht regelmäßig zwei Minuten, bevor er klingelt, um ihn mit dem erhebenden Gefühl, gar keinen Wecker zu brauchen, abzustellen.

Der Nörgler

Dieses schwarze Schaf, das anscheinend in keiner Reisegruppe fehlen darf, kündigt mir gleich zu Beginn der Reise an, daß man mit ihm keinen Ärger haben werde, solange man ihn nicht ärgere.

«Das ist ja sehr freundlich», antworte ich und ärgere ihn damit bereits zum ersten Male.

Kurz darauf ärgert ihn die Feststellung, daß es keinen einzigen Platz im Omnibus gibt, auf dem es nicht zieht. Er weiß es genau, denn er hat beinahe alle Plätze ausprobiert. Das wiederum hat den Ärger seiner Reisegefährten erregt, und so weiß man denn von vornherein, was man voneinander zu halten hat. Das Fatale ist, daß der Nörgler nicht nur das bemängelt, was andere ganz in Ordnung finden, sondern daß ihm tatsächlich alle diese kleinen Unglücksfälle zustoßen, von denen die anderen verschont bleiben. Vielleicht ist das die ausgleichende Gerechtigkeit. Man gönnt ihm, der den anderen nichts gönnt, die vertauschten Schuhe vor der Tür seines Hotelzimmers und die Spaghetti auf der Krawatte.

Dieses Hotelzimmer ist im übrigen nie so, wie er es sich vorgestellt hat. Entweder geht es auf den Hof hinaus, und er hat keinen Ausblick, oder es geht nach vorn, und er kann wegen des Straßenlärms nicht schlafen. Zuerst protestiert er, daß ein Telefon auf seinem Nachttisch steht, dann beschwert er sich, daß es nicht funktioniert. Das ideale Zimmer für ihn würde auf eine Straße gehen, die man vorher für jeden Verkehr gesperrt hat. Ausgenommen Fußgänger. Sie dürften auf Zehenspitzen vorbeihuschen.

Auch mit der Diätküche funktioniert es nicht überall. Natürlich ißt er als einziger nicht das vorgesehene, möglichst jeden Geschmack treffende Menü, ebensowenig will er à la carte bestellen. Er reist mit eigenem Speisezettel und möchte am liebsten die vorschriftsmäßige Zubereitung seiner Reformkost persönlich überwachen.

Wo jeder Wein bestellt, bestellt er das Beschwerdebuch, und wegen einer fehlenden Serviette verlangt er nach dem Hausdetektiv. Er scheint nur deshalb mitgefahren zu sein, um nachzuweisen, daß eine Gesellschaftsreise auf Lug und Trug aufgebaut und das Ausland eine einzige Mördergrube ist. Je weniger ihm das gelingt, desto krampfhafter sucht er nach Unzulänglichkeiten.

Nur seine eigene entdeckt er nicht, denn er glaubt ja von sich, daß man mit ihm auskommen könne, sofern man ihn nur nicht ärgere.

Trotzdem stellt der Nörgler keine so große Gefahr für eine harmonische Reise dar, wie man meinen könnte. Ohne es zu wollen, schweißt er die übrige Gruppe nur fester zusammen. Sie werden sich von ihm die Freude nicht verderben lassen. Im Gegenteil, er soll ihnen den Spaß noch vergrößern. Man beschließt, sich auf seine Kosten zu amüsieren, und er erweist sich wenigstens in dieser Beziehung als brauchbar.

An die beiden Mißvergnügtesten, die ich je begleiten mußte, erinnere ich mich nur deshalb recht gern, weil sie mit ihren ständig beleidigten Mienen und gereizten Reden so grotesk-menschenfeindlich wirkten, als wären sie aus einem Lustspiel von Molière entsprungen.

Es war ein Advokat aus Edinburgh mit seiner Frau. Während der ganzen Reise entging nichts ihrer schroffen Ablehnung. Zum Schluß hatte ich noch das zweifelhafte Vergnügen, das raunzende Paar zum Bahnhof begleiten zu müssen.

‹Nun›, dachte ich, ‹so schlimm kann es diesmal eigentlich nicht werden. Sie werden einen ganz gewöhnlichen Bahnhof vorfinden. Er hat keine besonderen Vorzüge, aber es läßt sich auch nicht viel an ihm aussetzen.›

Da hatte ich mich geirrt. Kaum in der Empfangshalle angekommen, ließen die beiden ihre Augen herumschweifen, um doch noch irgendwo ihre Kritik anbringen zu können. Zunächst schien sich kein Anhaltspunkt zu finden. Als ich das Paar aber in den Zug verfrachtet hatte, sagte der Advokat zum Abschied:

«Ich habe siebzehn Uhren auf diesem Bahnhof gezählt. Möchte wissen, warum man hier so viele Chronometer aufhängt, wenn sie alle die gleiche Zeit anzeigen!»

So hat jeder Typ in die Reisegesellschaft wie in ein Parlament seine würdigsten Vertreter abgeordnet: Menschen, die so verschiedenen sozialen Schichten angehören und in so verschiedenen Gegenden zu Hause sind, daß sie sich sonst wahrscheinlich niemals begegnet wären. Es ist auch nicht anzunehmen, daß sie sich nach Beendigung der Reise jemals wiedersehen werden. Alle anderslautenden Abmachungen sind unverbindlich und werden ebensowenig eingehalten wie das Versprechen, nie wieder dorthin zu reisen, wo alle anderen hinfahren.

Ich habe meine Leute um mich versammelt, und es könnte eigentlich losgehen. Nur einen vermisse ich noch, den *idealen Touristen*. Wo bleibt er denn? Sollte er etwa zu spät kommen? Dann ist er doch nicht der ideale. Nun, ich könnte lange auf ihn warten, denn es gibt ihn gar nicht. Gott sei Dank nicht. Weil es ja sonst auch den idealen Reiseleiter geben müßte, und der existiert bestimmt nicht. Das weiß ich genau. Meine Touristen haben es mir immer wieder bestätigt, und die müssen es doch wissen. Ich bin stolz, daß man mich einige Male einen beinahe idealen Reiseleiter genannt hat. Mehr kann man nicht verlangen.

Trotzdem stelle ich mir im Traum manchmal eine Schar von Engeln als Touristen vor, die anmutig, diszipliniert und aufmerksam mit mir durch Europa schweben, brav das tägliche Menü an Kirchen und Museen zu sich nehmen und unterwegs keine Gassenhauer singen, sondern Sphärenmusik machen. Für sie würden alle Hotelzimmer auf der Lagune oder zum Jungfraujoch hinausgehen, alle Betten gut gefedert sein, alle Beefsteaks zart und das Öl überall bekömmlich. Kein Straßenhändler würde es wagen, sie übers Ohr zu hauen, keine Wolkendecke sie beim Fotografieren stören wollen. Ich brauchte keine Angst zu haben, daß sie zu einem Kirchenbesuch im Strandkostüm erschienen, denn Engel fallen nie aus der Rolle. Sie haben ja nur eine. Und auch nur ein einziges Gewand. Das ersparte zwar die Mitnahme von Gepäck, aber wenn man es sich genau überlegt, wäre es womöglich doch ein bißchen eintönig, mit ihnen zu reisen. Ich kann mir nicht vorstellen, daß es Spaß machen würde Reiseleiter zu sein, wenn man von vornherein wüßte, daß nichts passieren kann. Etwas Abenteuer muß schon dabei sein. Deshalb liebe ich meine Touristen so, wie sie sind: unvollkommen und anstrengend, beinahe menschlich, könnte man sagen. Besonders dann, wenn sie sich vornehmen, sich wie Engel zu betragen.

Etwa im Augenblick der Abreise. Jeder möchte ein Musterbeispiel an Rücksicht und Zuvorkommenheit geben. Man macht sich gegenseitig die artigsten Komplimente und badet miteinander in Wonne. Süßigkeiten werden herumgereicht, Vornamen ausgetauscht und gemeinsame Bekannte aus dem Gedächtnis gekramt. Man applaudiert mir, als ich das erste Mal ins Mikrofon huste, ich fühle mich von den Wogen der Begeisterung erhoben und lasse mich auch diesmal wieder zu der Behauptung hinreißen, daß ich mich der charmantesten Gruppe gegenüber sähe, die ich je die Ehre hatte zu begleiten.

Wie schnell ist dann der wertvolle Vorrat an guter Laune aufgebraucht! Schon nach den ersten hundert Kilometern fühle ich mich wieder in die harte Wirklichkeit des Tourismus hinuntergestoßen und schlichte die erste Meinungsverschiedenheit (ob das Fenster geöffnet werden darf oder nicht), verhindere einen Ehekrach (die Gattin ist sich nicht sicher, ob sie zu Hause das Bügeleisen ausgeschaltet hat), und nach der ersten Rast bricht unabwendbar auch der erste Streit um die Sitzplätze aus. Hat man seinen Platz für die Dauer der ganzen Reise gepachtet, soll man ihn, zum Zeichen loyaler Gesinnung, zeitweise einem bedürftigen Gefährten zur Verfügung stellen, oder soll man es auf ein Handgemenge ankommen lassen und seinen Platz bis zum letzten Blutstropfen verteidigen? Es wird Zeit, daß die Reisebüros darüber Richtlinien auf internationaler Basis herausgeben.

In jedem Fall ändert sich das Gruppenklima unterwegs genau wie das meteorologische. Es geht je nach der Fahrtrichtung, hitziger oder frostiger zu unter meinen Leuten, und wenn sie sich am dritten Tag untereinander noch immer einig sind, dann sind sie es gegen mich, und ich werde zur Zielscheibe ihre Angriffslust.

Ein erfahrener Reiseleiter weiß schon vorher, von welchem Ort an sich die Stimmung verschlechtern wird. Nehmen wir das schöne Beispiel Italien: Ich pflege den Stiefel in drei Abschnitte einzuteilen. Bis Verona herrscht Windstille im Bus, meine Leute sind in bester Verfassung, die Moral ist ausgezeichnet. Die Tage vergehen ohne besondere Vorkommnisse. Diese Periode nenne ich die *rosige*. Zwischen Venedig und Neapel beginnen allmählich Wolken aufzuziehen. Irgend etwas braut sich zusammen. Die Höflichkeit läßt auf einmal zu wünschen übrig, die anfängliche Begeisterung ist in Skepsis und Kritiksucht umgeschlagen. Das ist meine *graue* Periode. Auf dem Rückweg, wenn es den Stiefel wieder aufwärts geht, mit der Laune aber immer mehr abwärts, mache ich dann die *schwarze* Periode durch. Die Ravioli, die man während der rosigen Periode als Delikatesse empfunden hatte, als langweilig in der grauen, sind in der schwarzen ungenießbar geworden. Obwohl es immer dieselben waren! Die Ravioli wie die Ravioli-Esser.

Vor jedem Zusammentreffen mit einer neuen Touristenschar habe ich Herzklopfen, eine Art Lampenfieber, wie der Schauspieler, bevor er auf die Bühne tritt. Wie jedes Publikum hat auch eine Reisegesellschaft ihr Geheimnis, hinter das man kommen muß, wenn man sie beherrschen will. Und soviel steht fest: wie die Gruppe auch aussehen mag, sie muß abgerichtet werden. Bei einigen gelingt das schnell, die Gruppe unterwirft sich gewissermaßen freiwillig, weil sie weiß, daß der Dompteur es gut meint. Eine andre dagegen verhält sich widerspenstiger, und es dauert dementsprechend länger, bis sie das Knie beugt. Wie dem auch sei, der Führer muß seinen Willen durchzusetzen verstehen, sonst verliert er an Autorität wie jeder nachgiebige Befehlshaber.

Im Laufe meiner Praxis habe ich verschiedene Methoden der Unterwerfung erprobt, von der diplomatischen Tour bis zur eisernen Faust. Selbstverständlich habe ich die friedliche Bezähmung stets vorgezogen und mit einer speziellen Dressurmethode, die auf «durchgreifender Milde» basiert, auch die besten Erfolge erzielt. Als Beispiel für dieses Verfahren mag der Umgang mit den «Mayflower»-Pilgern gelten, die man mir im dritten Jahr meiner Reiseleiter-Karriere anvertraute, nachdem ich kurz zuvor in eine amerikanische Agentur eingetreten war.

Bis zu der ersten Begegnung mit dieser Gruppe hatte ich nicht die mindeste Ahnung, mit wem ich es da zu tun haben würde. Ich erkundigte mich bei meinen Freunden von der Philologie nach der Bedeutung der «Mayflower». Alles, was ich erfuhr, war, daß so das Schiff geheißen hatte, mit dem im Jahre 1620 einhundertzwei Puritaner von Plymouth (England) nach Plymouth (Amerika) in See stachen und, dort angekommen, den ersten Spatenstich für die heutigen Vereinigten Staaten taten. Mehr konnte ich nicht in Erfahrung bringen. Das lag einfach daran, daß zu diesem Zeitpunkt die «Mayflower II» noch nicht den Atlantik überquert hatte, die dann bald darauf der Weltpresse drei Wochen lang Stoff zu sensationellen Seefahrer-Reportagen und sentimentalen Rückblicken auf die ruhmreiche Vergangenheit Amerikas liefern sollte. Die «Gesellschaft der Nachkommen der Mayflower-Passagiere» hatte alle direkten Abkömmlinge der verehrungswürdigen Pilgerväter nach Europa verfrachtet, um sie an der feierlichen Taufe der naturgetreu dem historischen Segler nachgebauten «Mayflower II» teilnehmen zu lassen, die auf einer Werft im englischen Plymouth lag.

Viele können von den alten Pilgerfamilien nicht übriggeblieben sein, dachte ich, als ich auf die Charter-Maschine wartete, mit der die Gruppe ankommen sollte. Statt der einen Maschine kam dann ein ganzes Geschwader, und es waren an die zweihundert Leute, die über das Flugfeld auf mich zustapften. Ich wußte damals noch nicht, daß jede Familie in den Staaten, die auf sich hält, den Ehrgeiz hat, ihren Stammbaum auf einen «Mayflower»-Passagier zurückzuführen, und dazu auch Mittel und Wege findet.

Der Höhepunkt dieser Jubiläums-Pilgerfahrt sollte eine Rundreise durch die Heimat der Ahnen sein. In allen Orten, in die wir auf der Fahrt durch Südengland, von Cornwall bis Kent, kamen, galt es, ihre Spuren ausfindig zu machen. Man hätte sich lieber umbringen lassen als zu versäumen, in Andacht vor jedem verfallenen Haus, auf jedem Friedhof und in jeder Kirche zu verweilen, die mit einem der einhundertzwei frommen Vorfahren zu tun hatten. Eine so große Touristengruppe braucht nicht unbedingt aufsässig zu sein, um sich schwer führen zu lassen. Noch nie hatte ich auf so viele Menschen gleichzeitig einreden müssen. In ihnen steckte tatsächlich noch etwas von dem Eigensinn der alten Puritaner, und wie jene seinerzeit war ich bereit, neue Wege zu gehen. Vor allen Dingen mußte ich eine Methode finden, das zeitraubende Sammeln der Untergruppen und der unverbesserlichen Einzelgänger zu beschleunigen.

Allein die Aufgabe, zweihundert Personen aus Omnibussen aus- und wieder einsteigen zu lassen, nahm schon eine halbe Stunde in Anspruch. Und solche Zeitverluste wird es immer geben, solange man für diesen Vorgang kein maschinelles Verfahren entwickelt hat, wie zum Beispiel einen Schleudersitz, der den Touristen abwirft und eine mechanische Schippe, die ihn wieder einlädt.

Schon am ersten Tag verlor ich fast den Verstand. «Ich gebe Ihnen dreißig Minuten und nicht eine einzige mehr!» hatte ich gesagt, bevor die Herde sich zerstreute, um Ahnenforschung zu betreiben.

Drei Stunden danach durchkämmte ich immer noch das Dorf nach versprengten Truppenteilen und trieb die Aufgestöberten wie Deserteure vor mir her, bis sie in einem unbewachten Augenblick wieder entwischten.

«Sie müßten eine Trommel haben», riet mir einer von ihnen, als ich am zweiten Tag einem Zusammenbruch nahe war. «Wir würden sie alle von weither hören und angelaufen kommen, als sei der Unabhängigkeitskrieg ausgebrochen.»

Das war keine schlechte Idee. In der nächsten Stadt betrat ich einen Antiquitätenladen, um eine Trommel zu kaufen und kam mit einer Glocke in der Hand wieder heraus, einer wundervollen zwölf Kilo schweren erzenen Glocke, die nicht ganz zehn englische Pfund gekostet und früher sicher in irgendeinem Kloster zum Morgengebet geläutet hatte.

Von nun an brauchte ich nur die Glocke zu schwenken, um meine Pilger aus einem Friedhof, einem Archiv oder einem Pfarramt herbeistürzen zu sehen, und der Zug konnte sich wieder in Bewegung setzen. Allerdings unter den erbosten Blicken der Einwohner, deren Ruhe ich gestört hatte. Ich glaube, mehrere Ortschaften Südenglands haben mich in der schlechtesten Erinnerung, in der seit Wilhelm dem Eroberer je ein Franzose bei ihnen gestanden hat.

Natürlich bedachten meine Pilger mich nach kurzer Zeit mit einem Spitznamen, den Sie erraten können: Quasimodo*. Ich nahm das hin, denn sie gehorchten mir so gut, daß selbst der Geist Lincolns, wenn er ihnen erschienen wäre, sie nicht hätte aufhalten können, sobald der Ton meiner Glocke in ihren Ohren klang. Das mußte zu seinem Leidwesen auch ein armer Pastor in Scrooby erfahren.

An jenem Tage hatte ich meine Karawane vor einer kleinen Kapelle in der Nähe der Grabstätte des Kapitäns, der einst die «Mayflower» gesteuert hatte, halten lassen. Ich hatte ihnen genug Zeit zu stillem Gedenken gegeben und wollte gerade zum Sammeln läuten, als der Pfarrer des Ortes auf mich zukam.

«Lassen Sie sie doch bitte in die Kirche kommen», sagte er, «ich möchte eine kleine Ansprache halten.»

«Eine Ansprache?» erwiderte ich. «Unmöglich. Dazu ist keine Zeit.»

Ich mußte manchmal ein wenig schroff sein. An jeder Station wurden wir von einem Bürgermeister, einem Vereinsvorsitzenden oder einem anderen Würdenträger empfangen. Und das nahm dann kein Ende. Herzliche Begrüßungsworte, Toaste, Festessen und Kranzniederlegungen machten meine Zeiteinteilung für den ganzen Tag zunichte.

«Überlassen Sie sie mir für eine halbe Stunde», flehte der Pfarrer. «Ich verspreche Ihnen, diese Zeit nicht zu überschreiten.»

Er wußte seine Sache so geschickt zu verteidigen, daß ich mich endlich erweichen ließ. Ich bat ihn jedoch, einen Blick auf seine Rede werfen zu dürfen. Mir wurde schwindlig, als ich sah, wie dick das Manuskript war.

«Das ist ja viel zu lang!» schrie ich, «kürzen Sie das, Hochwürden, kürzen Sie es um Gottes willen! Eine halbe Stunde gebe ich Ihnen, nicht eine Minute mehr . . .»

Als die Zeit herum war, wagte ich mich in die Kirche. Der Pastor ereiferte sich vor einem Publikum, das seine Worte sichtlich verschlang. Längst hatte er sein Versprechen vergessen und überließ sich ganz seiner Beredsamkeit. Ich war verzweifelt. Umsonst machte ich ihm Zeichen, deutete auf meine Uhr und seinen Mund und rang verzweifelt die Hände. Der Geistliche setzte seine Predigt ungerührt fort.

Nur meine treue Glocke konnte mir noch helfen. Ich verbarg mich hinter einem Pfeiler und begann sie zu läuten. Zuerst zaghaft, dann aber, durch meine eigene Kühnheit ermutigt, mit aller Kraft.

Der Widerhall in dem Gewölbe übertönte die Stimme des Pastors, der entsetzt zu seinem Glockenturm aufsah. Einen Augenblick lang herrschte allgemeine Verwirrung, dann strebten meine Pilger entschlos-

---

* Das Wort hat verschiedene Bedeutungen. Im Französischen: Der Glöckner von Notre Dame; im Englischen: eine Filmrolle von Charles Laughton; im Italienischen: der Nobelpreisträger für Literatur 1959.

sen dem Ausgang zu. Einen Moment später saßen alle im Bus, und die Fahrt ging weiter.

Ich warf einen Blick in den Rückspiegel. Der Pfarrer stand vor seiner Kirche und sah bestürzt zum Kirchturm empor. Kein Zweifel, nach seiner Meinung hatte der Teufel persönlich den Glöckner abgelöst.

Dieser Gruppe war ich mit mildem Glockengeläut Herr geworden, eine andere verlangte schon die schärfere Trillerpfeife, und bisweilen ist es auch zu wahren Ringkämpfen gekommen, die mit einem Pyrrhussieg für mich endeten. Man fragt sich, warum einige Gruppen von solcher Böswilligkeit besessen sind, als hätte man sie mit Gewalt auf Reisen geschickt. Wehe dem zart besaiteten Führer, der ihnen in die Hände fällt. Er wird es nicht lange machen. Sie legen ihm seine Nachsicht als Unfähigkeit aus und haben nun einen Vorwand, selbst für Ordnung zu sorgen, was unweigerlich auf die wildeste Anarchie hinausläuft. Am liebsten würden sie den Kopf des entthronten Reiseleiters auf einer Stange mit sich herumschleppen. Aber er hat ihn noch rechtzeitig in Sicherheit gebracht und ist getürmt.

Eine solche Bande waren die College-Girls aus Boston; Amerikaner also wie die «Mayflower»-Pilger, aber doch von ganz anderem Schlag. Undenkbar, daß das berühmte und überfrachtete Schiff jemals die Neue Welt erreicht hätte, wenn seine Passagiere unterwegs so wenig Disziplin bewahrt hätten wie diese jungen Damen.

Ich glaubte, diesmal von vornherein zu wissen, was mich erwartete. Schließlich waren schon drei meiner Kollegen an der Gruppe zerbrochen. Und diese Herren verstanden etwas von ihrem Metier und waren gewiß keine Waisenknaben. Einer von ihnen hatte bereits nach achtundvierzig Stunden die Flucht ergriffen. Das dürfte einmalig sein in der Geschichte der Gesellschaftsreisen.

Als ich von der Agentur zum Nachfolger meiner unglücklichen Kollegen bestellt wurde, sagte ich trotzdem nicht nein. Ich hätte mich krank melden können, aber das gilt in diesem Beruf kaum als Entschuldigung. Ich flog also nach Rom mit dem Auftrag, die Reise der Damen zu Ende zu führen, koste es, was es wolle.

Unnötig zu sagen, daß ich während des Fluges nicht gerade ein gutes Gefühl hatte. Das letzte ihrer Opfer hatte mir vorausgesagt: «Diese verdammten Girls haben sich verschworen, unseren Beruf auszurotten. Und ich fürchte, sie werden ihr Ziel erreichen. Sie haben teuflische Einfälle. Mach dich auf alles gefaßt! Auf alles!» wiederholte er mit zitternder Stimme, aus der noch die durchgestandenen Qualen sprachen.

‹Was wollte er damit sagen?› fragte ich mich während des Fluges immer wieder. Meine Angst wurde mit jeder Propellerumdrehung größer, so daß ich, als ich gegen Mitternacht im Hotel Massimo d'Azeglio eintraf, mir so vorkam wie ein römischer Christ, der die Löwen-Arena betritt.

Der Portier erwartete mich schon. «Im Augenblick sind sie in der Halle», flüsterte er. «Hals- und Beinbruch, mein Lieber!»

Aha, sie waren also zu meinem Empfang versammelt! Zweifellos wollten sie sich ihr nächstes Opfer von allen Seiten betrachten, bevor sie es massakrierten. Nein, ich versteckte mich nicht. Im Grunde war ich froh, zu wissen, was mir bevorstand.

‹Euch werde ich schon zähmen›, machte ich mir Mut. Ich hielt den Atem an, zählte bis drei und stieß dann die Windfangtür auf. Mit dem zwingenden Blick eines Löwenbändigers ging ich auf die Bestien zu.

Kaum hatte ich zwei Schritte gemacht, blieb ich erstaunt stehen. Wer hatte gewagt, diesen bezaubernden Damenflor als Bestien zu bezeichnen? Eingehüllt in vielfarbiges Nylon und die zarten Gesichter von kunstvollen Frisuren eingerahmt, fand ich mich einem anmutigen Reigen hübscher blutjunger Mädchen gegenüber, von denen das älteste wohl keine zwanzig Jahre zählen mochte. Eine war reizvoller als die andere. Ich war von diesem unverhofften Anblick so fasziniert, daß ich mich in Gedanken beglückwünschte, ihn einige Tage lang vor Augen haben zu dürfen.

War das die grausame Bande, die drei meiner Kollegen außer Gefecht gesetzt hatte? Ausgeschlossen! Man mußte mir einen Bären aufgebunden haben. Diese anmutigen Geschöpfe konnten unmöglich böse Absichten haben. Von Angriffslust war ihnen nicht das geringste anzumerken. Meine Sorgen waren mit einem Schlag verflogen, und ich näherte mich den Girls ohne das geringste Mißtrauen.

«Hallo!» begrüßte ich sie mit mehr als nur höflichem Lächeln. «Ich bin Ihr neuer Reiseleiter.»

Niemand lächelte zurück. Ich spürte keinerlei Reaktion. Es war, als hätte ich meine Worte gegen eine Eiswand gesprochen. Kaum daß einer dieser niedlichen Köpfe sich mir müde zuwandte. Erst als ich meine Vorstellung noch einmal wiederholt hatte, ließ sich eine von ihnen nach langem Schweigen herbei, auf meinen Gruß zu antworten.

«Hallo», murmelte sie gelangweilt.

Das war alles.

Keine ihrer Gefährtinnen hatte sich bewegt. In die Fauteuils hingegossen, betrachteten sie diese komische Figur da vor sich mit leeren, abwesenden Blicken.

Gut, ich hatte mir keinen triumphalen Auftritt versprochen – Schönheit ist oft mit Kühle gepaart –, aber auch nicht diesen eisigen Empfang. Am liebsten wäre ich wieder umgekehrt. Mein armseliges Lächeln starb angesichts der apathischen Haltung der Damen. Ich wußte nicht, woran ich war. Sollten sie alle taubstumm sein? Davon hatte man mir nichts gesagt.

Ich nahm allen Mut zusammen, murmelte meinen Namen und «. . . die Agentur schickt mich zu Ihnen. Ich bin Ihr neuer . . .»

Nicht das geringste Echo. Nicht die geringste Bewegung. Mein Gott, wie kann man nur so tranig vor sich hinstarren! Ich rang mir eine neue Begrüßung ab, noch verbindlicher als zuvor. Irgendwie mußte ich doch ihre Aufmerksamkeit auf mich lenken. Vergeblich. Genausogut hätte ich versuchen können, eine Galerie von Marmorstatuen zum Leben zu erwecken.

«Also schön», sagte ich, als ich merkte, daß ich nichts ausrichten konnte. «Morgen früh Stadtbesichtigung. Wir treffen uns hier um halb neun.»

Absolute Stille.

Langsam fielen mir diese reglosen Grazien auf die Nerven.

«Gute Nacht», sagte ich gereizt.

«Gute Nacht», erwiderte eine von ihnen unlustig. Ich hatte mich zu früh gefreut. Meine Kollegen waren doch im Recht.

Ich holte den Schlüssel von der Rezeption und begab mich auf mein Zimmer. Waren sie in Redestreik getreten? Und wie lange wollten sie noch schweigen? Wenn sie diese frostige Atmosphäre unbedingt wünschten, ich würde nichts unternehmen, um sie aufzutauen.

Ich packte meinen Koffer aus, machte einige Eintragungen in das Reisebuch und ging dann todmüde und verärgert zu Bett.

Punkt ein Uhr begann die Offensive. Ich hatte kaum das Licht gelöscht, als das Telefon läutete.

«Hallo», hörte ich eine schleppende Stimme. «Hier ist Joan . . .»

«Hallo, Joan», sagte ich.

«Wir möchten baden gehen.»

Mir blieb die Stimme weg. «Jetzt? Es ist ein Uhr nachts», stotterte ich.

«Eben.»

«Sie möchten um diese Zeit schwimmen gehen?»

«Warum nicht? Haben Sie etwas dagegen?»

«Natürlich nicht», stotterte ich. Es hatte keinen Zweck, sich auf eine Diskussion einzulassen.

«Wo kann man hier baden?»

«Für die Badeanstalten ist es ein bißchen spät», sagte ich höhnisch. «Aber es gibt ja noch den Strand von Ostia.»

«Wie weit ist das?»

«Ungefähr dreißig Kilometer.»

«Okay!»

«Gehen Sie, wenn Sie unbedingt wollen. Ich habe nicht die Absicht, jetzt zu baden», brüllte ich in den Apparat.

«Er will nicht mitkommen», hörte ich Joan zu den anderen sagen.

Plötzlich ein Schwall aufgeregter Stimmen. Am anderen Ende der Leitung legte sich eine Hand über den Hörer. Ich wollte einhängen, in der Annahme, daß das Gespräch beendet sei, als sich die Wortführerin aufs neue vernehmen ließ.

«Wir können nicht allein gehen. Sie sind unser Reiseleiter, Sie haben uns zu begleiten», sagte sie mit ruhiger Stimme.

«Aber nicht um ein Uhr nachts», antwortete ich und memorierte im Geist die Statuten der Reiseleitung. «Um diese Zeit können Sie tun, was Sie wollen.»

«Wir sind eine Gruppe junger Damen und sind gewohnt, begleitet zu werden.»

Ich dachte schnell nach. Sie wollten mich auf die Probe stellen, natürlich! Sollte ich mich weigern und mir sie damit endgültig zu Feinden machen, oder lieber nachgeben, um zu erfahren, wie weit sie gehen würden?

«Gut», sagte ich. «Ich komme gleich.»

Ich glaubte, sie lachen zu hören, bevor sie einhängten.

Ich erhob mich also wieder, zog mich an und verfluchte dabei diese Girls, die Agentur und mein ganzes Metier, das mich zwang, mich zu einer verrückten Zeit aus dem Bett zu erheben und ins Mittelmeer zu stürzen.

Ein paar Minuten später war ich im Foyer. Ich hatte erwartet, auf ihren Gesichtern ein Siegerlächeln zu sehen. Nichts dergleichen. Ihr Triumph war zurückhaltend. Sie schienen noch genauso gleichgültig und träge wie zuvor.

«Haben Sie Ihre Badeanzüge bei sich?» fragte ich, als ich sah, daß sie nichts in den Händen hatten.

Als Antwort öffneten sie nur ihre Nylonmäntel. Alles, was sie darunter trugen, war ihr Badeanzug.

Er kam mir vor, als vernähme ich Sirenenrufe. Wollten die Damen mich verführen, ehe sie mich umbrachten?

«Gut», sagte ich so gelassen wie möglich. «Gehen wir!»

Weniger Beherrschung zeigte der Portier, der sechs Taxi herbeirief und dann zitternd vor Eifersucht mich und meine sechsundzwanzig Najaden, ich weiß nicht, zu welchem eleusinischen Fest, in Richtung Ostia fortfahren sah.

Das wurde die merkwürdigste Baderei meines Lebens. Nicht eines der Girls brachte seine Zähne auseinander. Kein Ausruf der Freude drang durch die stille Finsternis.

Selbst im Wasser verloren sie nichts von ihrer Teilnahmslosigkeit.

Als wir aus dem Wasser kamen, fiel mir ein, daß wir vergessen hatten, Handtücher mitzunehmen. Naiverweise schlug ich vor, ein bißchen am Strand entlangzulaufen, um uns zu trocknen und zu erwärmen. Wofür hielt ich die Damen? Sie zogen sich ihre Mäntel über die tropfenden Badeanzüge und erklärten sich zur Rückfahrt bereit. Um in ihren Augen nicht als Muttersöhnchen zu erscheinen, tat ich dasselbe.

Auf dem Weg zurück nach Rom erinnerte ich mich wieder der Warnungen meiner Kollegen. Wie recht hatten sie gehabt! Diese verdammten Dinger hatten es darauf abgesehen, uns Reiseleiter auszurotten, einen nach dem anderen. Aber warum nur? Zum Vergnügen? Aus Menschenhaß? Um auf der Heimfahrt nach Amerika etwas zu lachen zu haben? Sie hielten es offenbar für eine Heldentat, mir zu einer Lungenentzündung zu verhelfen. Und welchen Ruhm würden sie unter ihren Freundinnen genießen, die ihre Europatour ohne das geringste Abenteuer absolviert hatten!

Nach zehn Kilometern etwa wandte sich Joan, die mit mir im gleichen Taxi saß, an mich: «War prima», sagte sie. «Machen wir morgen nacht wieder so, okay?»

Ich glaubte, nicht recht zu hören. Sollte ich sagen, was ich von ihr und ihren Komplizinnen hielt? Nein. Ich zog es vor, nicht zu antworten. Ich zündete mir eine Zigarette an und entschloß mich, die Herausforderung anzunehmen. Sie wollten den Krieg. Sie sollten ihn haben. Aber ich würde die Ehre meiner Kollegen retten, schwor ich mir und begann auf Rache zu sinnen.

Wir waren inzwischen in den Vororten von Rom, und ich freute mich auf das warme Bett! Aber die Girls hatten noch einen neuen Plan auf Lager. Wir kamen an einem Rummelplatz vorbei, auf dem gerade nach und nach die Lichter erloschen. Die letzten Nachtbummler zerstreuten sich in den Gassen.

«Was meinst du dazu?» fragte eine meiner Begleiterinnen Joan, die offenbar das Haupt der Verschwörung war.

«Ja, das wäre eine gute Idee», sagte sie. Und zu mir gewandt, fügte sie kategorisch hinzu: «Wir möchten auf den Jahrmarkt gehen.»

Beinahe hätte ich losgebrüllt, aber um zu meiner Rache zu kommen, über die ich eben nachdachte, mußte ich auch auf diesen Wunsch eingehen. Gefaßt stieg ich aus, um mich der nächsten Tortur zu unterziehen.

Der Markt war eigentlich schon zu Ende. Aber die Buden, die schon geschlossen hatten, beeilten sich, noch einmal zu öffnen, entzückt vom Anblick der Amerikanerinnen.

Eine Tüte mit Pommes frites in der einen Hand, in der anderen ein heißes Würstchen, schleppten sie mich von einem Stand zum anderen, von der Schießbude zu den Luftballonverkäufern, von den Ringkämpfern zum Flohzirkus.

Als wir alle Lire ausgegeben hatten und nichts mehr kaufen konnten, warf man uns endlich aus der letzten Bude heraus. Es war höchste Zeit. Ich fühlte mich furchtbar elend. Der Flug nach Rom, das nächtliche Bad im Meer, die Würstchen, der Türkische Honig, der billige Schnaps – das war einfach zuviel. Und nun mußte ich auch noch besonders auf der Hut sein, denn die Girls wollten sich anscheinend nach und nach aus dem Staube machen. Andererseits schienen sie erstaunt, daß ich mich so gut hielt. ‹Der braucht eine Schockbehandlung›, las ich aus ihren Blicken.

Als wir vor dem Hotel ankamen, war ihnen etwas Neues eingefallen.

«Wir wollen nicht im Hotel schlafen», maulte Joan. «In Rom sein und in einem Bett übernachten, finden Sie das etwa romantisch?»

Ich zuckte gleichgültig die Achseln.

«Wir werden unter einer Tiberbrücke schlafen», sagte Joan, ohne noch einmal ihre Freundinnen zu fragen.

Gegen ihre Erwartung löste dieser neue Einfall nicht die geringste Empörung in mir aus. Sie schienen enttäuscht. War der neue Reiseleiter so ein Schlappschwanz, daß er sich ohne Widerrede ihrem Willen unterordnete? Es wurde Zeit, daß er sich geschlagen gab! ‹Wartet nur›, dachte ich.

Ein paar Minuten später verließen wir den Nachtomnibus in der Nähe der Engelsburg und stiegen zum Tiber hinab, um uns ein stilles Plätzchen für die Nacht zu suchen. Ein vermorschtes Ruderboot und eine Hügelkette aus angeschwemmtem Unrat schienen den Girls die passende Umrahmung für ein romantisches Nachtlager.

Wie sich bald herausstellte, waren wir in das Hoheitsgebiet eines Ameisenvolks eingedrungen, das unverzüglich zum Gegenangriff überging. Ohrwürmer, Kakerlaken, Spinnen und anderes Ungeziefer eilten zu seiner Unterstützung herbei und stachen, kniffen und bissen uns an allen Körperteilen. Es war gar kein Gedanke daran, ein Auge zuzumachen. ‹Das geschieht ihnen ganz recht›, sagte ich mir. ‹Sie werden es nicht lange aushalten. Sie werden sogar noch eher kapitulieren als du.›

Ich beobachtete sie genau und mußte feststellen, daß sie unbeweglich auf ihrem Insektenlager liegen blieben. Mein Gott, haben wir denn nicht dieselbe Haut! Waren sie widerstandsfähiger als ich? Jedenfalls würde ich es nicht mehr lange aushalten. Ich hatte keine Lust, mich aus purem Stolz auffressen zu lassen, und ging lieber die ganze Nacht unter der Brücke und im Kreis um die Schläferinnen herum auf und ab. Das Martyrium endete mit dem ersten Morgengrauen. Die Mädchen erhoben sich wortlos, lasen sich gegenseitig die Ameisen aus den Haaren und trieben fünf Minuten Gymnastik. Wieder vor dem Hotel angekommen, machte Joan einen letzten Vorschlag, aber nicht mehr sehr überzeugt.

«Wollen wir nicht lieber in der Stadt frühstücken als im Hotel, was meint ihr?» fragte sie herum.

In diesem Stadium war mir alles egal. Auch meine Stunde würde kommen, und ich wollte sie mit Geduld abwarten.

Auf der Piazza Navona öffnete gerade eine kleine Brasserie. Wir tranken einen schlechten Kaffee. Joan beobachtete mich skeptisch. Sie schien mich langsam für einen schwierigen Fall zu halten.

«Haben Sie schon einen Plan für heute abend?» fragte sie mich.

«Aber sicher», sagte ich ruhig und meiner Rache gewiß. «Warten Sie nur ab.»

Um acht Uhr waren wir wieder einmal auf dem Weg zum Hotel.

«Es war wirklich sehr nett», sagten die Girls in der Halle zu mir. «Wir treffen uns also heute abend wieder. Hoffentlich haben Sie sich etwas Interessantes ausgedacht!»

So, nun konnte ich zum Gegenangriff übergehen.

«Ich denke, wir werden uns noch vor dem Abend wiedersehen», sagte ich gelassen.

«Noch vorher? Wie meinen Sie das?» riefen die Girls und bildeten einen Kreis um mich.

«Sogar schon in einer Viertelstunde, meine Damen.»

«Wieso?»

«Die Stadtbesichtigung!»

«Was? Aber doch nicht heute!» riefen sie alle zusammen aus.

«Hören Sie zu», sagte ich mit erhobener Stimme. «Sie haben mich heute nacht ganz schön herumgeschleift. Ich habe mir das gefallen lassen. Und Sie haben hoffentlich festgestellt, daß ich ‹good sport› bin. Aber am Tage müssen Sie *mir* gehorchen. Der Reiseplan Ihres Colleges sieht für heute vormittag eine Stadtbesichtigung vor. Ich erwarte Sie also in einer Viertelstunde.»

Zwanzig Minuten später saßen sie zwar tatsächlich im Omnibus, aber mit dem festen Willen, die Exkursion zu boykottieren: Schulter an Schulter gelehnt, mit geschlossenen Augen und verschränkten Armen, taten sie so, als würden sie jeden Augenblick einschlafen.

Ich hatte das vorausgesehen und den einheimischen Fremdenführer weggeschickt, um die Führung selbst zu übernehmen.

Die Stunde der Rache war gekommen.

Ich wollte ihnen den Geschmack am nächtlichen Baden, an den Jahrmarktsbuden und dem Camping am Tiber schon austreiben.

Ich drehte das Mikrofon auf volle Lautstärke, und die Entstehungsgeschichte von Rom dröhnte mit Donnergewalt durch den Wagen. Kein Gedanke daran, einzuschlafen oder nur so zu tun.

Santa Maria Maggiore bot eine günstige Gelegenheit, eine endlose Messe mitanzuhören. Etwas später öffnete uns das Kapuzinerkloster seine Krypta. Ich jagte sie hinunter, ließ sie in den Bus zurückklettern, nach fünfhundert Metern wieder aussteigen, eine Kirche besichtigen, einsteigen, aussteigen, eine Museumsführung ... Rom hatte an diesem Tag nicht genug Museen für mich, der Vatikan nicht genug Bilder, das antike Rom nicht genug Ruinen. Ich jagte sie alle Treppen der

Ewigen Stadt hinauf und hinunter, und Gott weiß: es gibt eine Menge davon.

Eine wahre Besichtigungswut ergriff mich. Nie zuvor hatte der Chauffeur einen so eifrigen Reiseleiter an seiner Seite sitzen gehabt. Nach einer kurzen Mittagspause, die ich ihnen zugestand, um meine Rache nur zu vergrößern, mußten sie zu der Stunde, als die Sonne am stärksten brannte, mit vollem Magen aufs Forum hinauf. Vor jeder Säule blieb ich stehen und hielt lange Vorträge über das Altertum. Die Girls waren einem Sonnenstich nahe und halb verdurstet. Ich natürlich auch. Ich hatte jedoch noch die Kraft, sie weiter zum Kolosseum und danach zu den Thermen des Caracalla zu führen, wo sie mitnichten eine Badegelegenheit fanden.

Gegen sechs Uhr abends war meine Rache gestillt. Wir hatten alles gesehen, alles bestiegen, alles abgewandert. Die Girls hatten ein für allemal genug von Rom. Bevor ich sie in ihre Zimmer entließ, konnte ich es mir nicht versagen, mit der freundlichsten Stimme zu fragen:

«So, und was schlagen Sie für heute abend vor?»

Die Antwort ließ nicht auf sich warten. Ich hörte ein einziges Gewimmer:

«Schlafen, schlafen, bitte!»

Ich hatte gewonnen. Aber um welchen Preis! Eine Minute später war ich das Opfer eines Sonnenstichs. Mit wunden Füßen und von Insekten zerstochenem Körper, hitzigem Kopf und erkältet vom Baden brach ich in meinem Zimmer zusammen.

Dieser Bericht könnte vielleicht den Eindruck erwecken, daß sich der Widerstand der Reisegruppe stets gegen ihren Führer richtet. Das ist jedoch keineswegs die Regel. Viel öfter vertraut sie ihm mehr Macht an, als ihm lieb ist; sie proklamiert ihn zum Obersten Kriegsherrn und läßt ihn hochleben. Der unerfahrene Reiseleiter beglückwünscht sich selbst zu diesem psychologischen Erfolg und denkt: ‹Sie werden mir blindlings folgen. Mehr wollte ich ja nicht.› Der erfahrene dagegen ist von nun an besonders auf der Hut. Denn er weiß, daß die Masse sich nicht nach einem Befehlshaber sehnt, sondern nur nach einem Dummen, der ihre Streiche deckt und für sie aufs Schafott steigt. Seine Leute würden sich für ihn schlagen, wenn er in Bedrängnis geriete, aber meistens gerät er in Bedrängnis, weil sie schon vorher zugeschlagen haben.

Dabei fällt mir eine empörende Szene ein, die ich einmal in Hamburg mitansehen mußte: Bei einem Bummel über die Reeperbahn wurde ich Zeuge, wie ein schwedischer Luxus-Reisebus der Linie Stockholm-Athen plötzlich mit kreischenden Bremsen mitten auf der Straße anhielt und aus der vorderen Tür ein Knäuel sich prügelnder Touristen herausquoll. Mit Fausthieben und Fußtritten wurden drei junge Leute hinausbefördert und blieben im wahrsten Sinn des Wortes auf der Strecke. Die übrigen stiegen in Eile wieder ein, und der Bus fuhr weiter. Ich trat an die so unsanft Ausgestoßenen heran, die sich stöhnend erhoben und ihre Knochen abtasteten, und fragte sie, warum ihre Gefährten sie so roh behandelt hätten.

«Unsere Gefährten?» sagten sie erbittert. «Das ist es ja gerade! Wir sind nach unserem Ausflug durch Sankt Pauli versehentlich in den falschen Bus gestiegen.»

«Aber es waren doch Landsleute von Ihnen», meinte der Polizist, der das Protokoll aufnahm, naiv.

«Das besagt nichts. Sie wohnen sogar im gleichen Hotel wie wir, aber es ist eine andere Reisegesellschaft. Darauf kommt es an. Man behandelte uns wie Staatsfeinde, als wir gestanden, daß wir zu der Gruppe gehören, die im Speisesaal die Fensterplätze besetzt hat. Sie nannten uns ‹dumme Touristen›. Das konnten wir uns doch nicht gefallen lassen . . .»

‹Muß der Gruppengeist so weit gehen?› fragt man sich. Auf Schritt und Tritt kann man beobachten, wie zwei Gruppen, die einander begegnen, sich mit scheelen Blicken messen, in denen zu lesen steht: ‹Schon wieder eine Touristenherde. Man ist nirgends mehr sicher vor ihnen.› Oder: ‹Ein jämmerlicher Haufen! Den werden wir mal kurz überrollen.›

Zugegeben, sogar die Gruppenleiter halten sich aus dieser Rivalität nicht immer heraus. Aber was bleibt ihnen anderes übrig! Kaum hat der eine seine Leute um sich versammelt und beginnt mit seinen Erklärungen, hört er auch schon wie ein Echo die gleichen Worte von einem seiner Kollegen. Er erhebt seine Stimme lauter, um den anderen zu übertönen; der versucht seinerseits ihn zum Schweigen zu bringen, was diesen veranlaßt, in gereiztem Ton um Ruhe zu bitten; die Touristen ergreifen die Partei ihrer Führer, und schon ist die schönste Saalschlacht im Gange.

In friedlicherer Form streiten Tag für Tag die sangesfreudigen Pilgergruppen im Petersdom miteinander, wenn sie mit enormem Aufwand an harmonischen Stimmen alle zur gleichen Zeit in den verschiedensten Sprachen die unterschiedlichsten Choräle zur größten Kuppel Europas aufsteigen lassen. Ob sie wohl glauben, daß der liebe Gott taub sei oder daß es ihn interessiert, wer am lautesten singen kann? Nun, er hat den Gesellschaftsreisenden so viel zu verzeihen, daß er ihnen auch den Sängerkrieg in seinem Haus nachsehen wird. Ich glaube, er vergibt sogar den Reiseleitern die die Chöre dirigieren.

Das Reisen wäre vielleicht ein angenehmer Zeitvertreib, wenn man kein Gepäck mitnehmen müßte. Ich möchte wissen, ob der Dichter, der sagt, auch die Dinge hätten eine Seele, dabei auch an den Koffer gedacht hat. Was mich betrifft, ich halte ihn neben Manschettenknöpfen und Sockenhaltern für eines der unseligsten Dinge auf Erden.

Der Verdruß beginnt mit dem Packen. Erwarten Sie von mir keine Anleitung dazu. Was man vernünftigerweise hätte zu Hause lassen oder doch einpacken sollen, weiß man erst, wenn es zu spät ist. Das ist eine der vielen Erfahrungen, die nicht viel nützen, denn was entbehrlich und was unentbehrlich ist, das wechselt von Reise zu Reise. Es kommt drauf an, ob man im Winter oder im Sommer reist, ob nach Süden oder nach Norden. Da niemand glaubt, daß man in Ägypten mehr frieren kann als in Schottland, bevor er es selbst ausprobiert hat, finden sich in den Koffern nach Kairo und nach Edinburgh oft so falsche Sachen, daß man denken könnte, das Gepäck sei vertauscht worden. Doch nicht nur Zeit und Ziel, auch der Zufall spielt eine große Rolle. Angenommen, Sie hätten letzthin auf Sizilien ihr Heizkissen gebrauchen können. Sollen Sie es darum in Zukunft auf allen Reisen mitschleppen? Nein, denn Sie würden es nun vermutlich nie mehr benötigen. Dagegen werden Sie etwas anderes vermissen, nämlich den Gegenstand, den Sie weggelassen haben, um Platz für das Heizkissen zu schaffen. In solchen Fällen weiß auch ich keinen Rat.

Unterhalten kann man sich nur über die Frage: *Wann* soll man den Koffer packen? Ich kenne drei Möglichkeiten. Der Begeisterte fängt acht bis neun Wochen vor der Reise an und hört in letzter Minute auf. Der Nüchterne macht sich am Vorabend dran und schafft es in zwei Stunden konzentrierter Arbeit. Die dritte Methode ist meine eigene Erfindung: ich werfe die Sachen zehn Minuten vor der Abreise in den Koffer. Das hat den Vorteil, daß keine Zeit mehr bleibt, herumzugrübeln, was man eventuell noch einpacken könnte, und der Nachteil ist der gleiche wie bei allen anderen Systemen: alles paßt nicht hinein.

Ich habe bisher nur von Koffer in der Einzahl gesprochen. Als gäbe es das überhaupt noch: einen einzelnen Koffer! Seitdem das Reisen bequemer geworden ist und man zwanzig- und fünfzigmal schneller an sein Ziel gelangt als vor der Erfindung der modernen Verkehrsmittel, reist man nicht mehr mit nur einem Gepäckstück. Schon deshalb nicht, weil es armselig aussähe, – so als führe man nur übers Wochenende auf einen Tantenbesuch, oder als besäße man nicht genug Sachen, um zwei und mehr Koffer zu füllen. Außerdem darf man auf eine Omnibusreise höchstens zwei Koffer mitnehmen, und auch im Flugzeug ist der Reisegepäck-Transport beschränkt. Es wäre doch Verschwendung, wenn man da nicht bis an die äußerste Grenze ginge. Wofür hat man schließlich bezahlt!

Schlimmstenfalls wird Ballast dazugepackt, könnte man meinen, wenn man Gelegenheit hat, einen Blick in einen amerikanischen Touristenkoffer zu werfen. Falls man schon keinen Liliput-Eisschrank oder keine zusammenlegbare Badewanne darin findet, dann doch gewiß ein ganzes Arsenal von Konservenbüchsen, Seifen, Tabletten, Pulvern und Toilettenpapier.* Man kann es dem Amerikaner nicht verdenken, daß er sich für eine Expedition in unzivilisierte Gebiete ausrüstet, wenn er nach Europa kommt. Es ist lange her, seit er das letzte Mal ein Care-Paket hinübergeschickt hat, und weiß er denn, ob er davon noch genügend Reste vorfinden wird!

Es liegt mir fern, die Amerikaner schlecht zu machen. Im Gegenteil, möchte ich sagen. Gerade dadurch, daß sie mit noch mehr Koffern reisen als Europäer, beweisen sie, wie rationell sie denken.

Ein Untertan des Autokönigs Ford ließ mich bei seiner Ankunft in Cherbourg stolz seinen schwersten Koffer anheben.

Auf meine erstaunte Frage, ob er darin amerikanische Erde mitführe, öffnete er ihn. Er war zum Brechen voll von Ansichtspostkarten aus ganz Europa: der Tower, der Eiffelturm, die Alhambra, die Akropolis usw., nach Ländern geordnet. Die meisten schon ein bißchen vergilbt oder gar auf bräunlichem Papier, wie in der guten alten Zeit. Ein merkwürdiges Mitbringsel für die Europäer, dachte ich. Weit gefehlt! Dieser Angestellte des rationalisiertesten Industriebetriebs der Welt hatte ausgerechnet, daß er, um allen seinen Verwandten und Freunden einen Postkartengruß zu senden, doppelt so viel Zeit brauchen würde, als er in Europa zur Verfügung hatte. Da fiel ihm die Ansichtskartensammlung seines Großvaters ein, die, in Kisten verpackt, noch irgendwo aufbewahrt wurde. Er holte sie hervor, stellte zu seiner Freude fest, daß die meisten Karten unbeschrieben waren und machte sich an den langen Winterabenden daran, sie mit «Viele Grüße aus dem schönen . . .» und den Adressen seiner Bekannten zu versehen. Auf seiner Reise hatte der gewitzte Mann dann nichts weiter zu tun, als die Karten ebenfalls in einem eigens ausgeklügelten Schnellverfahren zu frankieren und in den einzelnen Städten, die er auf seiner Tour «See Europe from an armchair» durchfuhr, aus dem Fenster zu reichen und in den Briefkasten werfen zu lassen.

Sie irren sich, wenn Sie annehmen, er habe auf seiner letzten Station einen leeren Koffer gehabt. Ich bitte Sie, wer wird denn mit Leergut reisen! Die neue Ladung dieses Sonderlings war noch absonderlicher als die erste. Sie bestand als lauter kleinen Flaschen, die alle eine

* Denn ihres ist ohnegleichen.

54

mehr oder weniger wasserklare Flüssigkeit enthielten. Nicht nur ich, auch der Zollbeamte interessierte sich dafür. Er glaubte schon, einen kapitalen Alkoholschmuggler erwischt zu haben, als ihn der Amerikaner aufforderte, doch einmal die Aufschrift auf den Etiketten zu lesen, mit denen die Flaschen beklebt waren. Zu seiner Verwunderung las der Beamte: «SEINE 10. 5. 55», «GUADALQUIVIR 18. 5. 55«, PO 26. 5. 55», «DONAU 1. 6. 55» ... – Der Herr aus Detroit war leidenschaftlicher Flußwassersammler. Achselzuckend ließ der Zollbeamte ihn passieren. Für die Ausfuhr von Flußwasser gab es keine Bestimmungen.

Koffer und Zoll sind für jeden Auslandsreisenden zwei untrennbar miteinander verbundene Begriffe. Am Anfang meiner Laufbahn ließ ich mir von erfahrenen Touristen einreden, ein Zollbeamter unterscheide genauso sicher zwischen einem verdächtigen und einem unverdächtigen Koffer wie ein Kofferbesitzer zwischen Pappe, Vulkanfiber und Leder. Ich setze deshalb meinen Ehrgeiz daran, die Merkmale eines verdächtigen Koffers herauszubekommen, um meinen Leuten entsprechende Tips geben zu können. Da sie auch Ihnen von Nutzen sein könnten, teile ich hier ganz im Vertrauen die Ergebnisse meiner Untersuchung mit.

Sie müssen also wissen, daß ein verdächtiger Koffer nicht unbedingt besonders groß zu sein braucht. Es kommt ja in den seltensten Fällen auf den Rauminhalt an. Nur ein Gewichtheber kann zum Beispiel einen großen Koffer mit Goldbarren von der Stelle bewegen, andererseits bringt man ein Viertelkilo Marihuana besser in einem Handtäschchen unter. Der verdächtige Koffer kann also genauso gut mittelgroß oder klein sein. Das hängt von den Begleitumständen ab. Ein nagelneuer Koffer zieht ebenso die Blicke auf sich wie ein allzu ramponierter. Aber das heißt noch nicht, daß er auch verdächtig ist. Ist er obendrein ganz kahl, ohne Riemen, ohne Kofferschilder, dann hat er schon etwas leicht Zweideutiges, weil er eben zu unverdächtig wirkt, um ganz unverdächtig zu sein. Das Material, aus dem der Koffer gearbeitet ist, hat eigentlich nichts zu sagen. Es steht nicht in den Vorschriften für Zollbeamte, daß einer aus Leder eher geöffnet werden sollte als einer aus Kunststoff oder eine Reisetasche aus der belle époque.

Ein Gepäckstück ist so verdächtig wie sich sein Besitzer benimmt. Das ist es! Der Zollbeamte interessiert sich zunächst viel mehr für Ihre Miene als für Ihren Koffer. Schließen Sie daraus nicht, daß ein Ausdruck betonter Gleichgültigkeit immer das Richtige wäre. Bei der Zollkontrolle verhält man sich nicht gleichgültig, es sei denn, man hat einen Grund, Gleichgültigkeit vorzutäuschen. Aber auch ein ängstliches Gesicht sollte man nicht aufsetzen oder gar stottern, wenn man gefragt wird, ob man etwas zu verzollen habe. Sagen Sie kurz und bündig: «Nein!» Erzählen Sie keine langen Geschichten, führen Sie nicht Ihren ganzen harmlosen Kofferinhalt auf. Entweder es ist plötzlich doch etwas darunter, was Sie verzollen müssen, oder der Beamte merkt, daß Sie mit dem einfältigsten Gesicht die unwichtigsten Dinge nennen, und nur den einen Gegenstand, der ihn wirklich interessiert, verschweigen. Und deshalb wird er Sie auffordern, den Koffer zu öffnen.

Nun werden Sie verlegen. Nicht, weil Sie tatsächlich Schmuggelware bei sich führen, sondern weil Sie es nicht gerade gern haben, wenn ein Fremder vor einer Zuschauermenge in Ihrer schmutzigen Wäsche herumwühlt. Sie erröten vor Scham. Der Zollbeamte aber tippt auf schlechtes Gewissen und sucht weiter, bis das Unterste zu oberst gekehrt ist. Dann malt er resigniert das Kreidekreuz auf Ihren Koffer, denkt wütend: ‹Warum benimmt er sich so verdächtig, wenn ich dann nichts finde?› verliert völlig das Interesse an Ihnen, und Sie können sehen, wie Sie den Koffer, aus dem die Wäsche nach allen Seiten heraushängt, wieder zubekommen.

Ich sage darum meinen Touristen immer: «Geben Sie sich ganz natürlich, so, als wären Sie beim Kaufmann oder beim Frisör.» Aber nur die wenigsten kriegen das fertig. Und was soll ich Ihnen sagen: gerade diese machen sich durch ihre Natürlichkeit verdächtig. Soweit ist es gekommen! Daran ist nur die Psychologie schuld, behaupte ich. Aber lassen wir das.

Man verzeihe mir: Manchmal habe ich den Eindruck, mehr mit Koffern als mit Menschen zu reisen. Meine Aufgabe lautet eigentlich, mich um das Wohl der Touristen zu kümmern, aber dazu komme ich kaum. Meine Gedanken und meine Hände sind voll und ganz mit dem Gepäck beschäftigt. Einen Touristen kann man schlimmstenfalls einen Augenblick sich selbst überlassen. Einen Koffer nicht. Ein Tourist nimmt es sogar übel, daß man sich um ihn sorgt und ängstlich seine Spur verfolgt, falls er sich vorübergehend einmal selbständig gemacht hat. Ein Koffer, den sein Eigentümer vor lauter Koffern für einen Moment aus den Augen verloren hat, wird unverzüglich gemeldet, und ich habe alles andere im Stich zu lassen, um die Fahndung nach ihm aufzunehmen.

Ich muß zugeben, daß ich an dieser Manie mitschuldig bin. Ich schärfe zu Beginn jeder Reise meiner Gruppe ein, daß man sich durch die Sehenswürdigkeiten nicht von seinem Gepäck ablenken lassen dürfe. Man solle sich in regelmäßigen Abständen fragen, ob man noch alles bei sich habe oder ob es sich wenigstens in sicherer Aufbewahrung befinde, «denn im Ausland, meine Herrschaften, wird nun einmal mehr verloren und gestohlen als daheim, und das liegt nicht nur am Ausland und vor allem nicht am Reiseleiter». Ich lehne jede persönliche Verantwortung für verlorengegangene Gepäckstücke und Wertgegenstände ab, fordre zur größtmöglichen Vorsicht auf, warne vor allem vor Dieben und erzähle zur Abschreckung einige drastische Beispiele von Kofferdiebstählen.

Diese Geschichten verfehlen nie ihre Wirkung. Der Erfolg ist, daß niemand mehr seinen Koffer aus der Hand geben will und ihn, sobald er ausgeladen worden ist, wie seinen Augapfel bewacht.

Das kann lästig werden. Einer älteren Dame aus London, aber schottischer Abstammung, hatte ich mit meiner gutgemeinten Warnung solche Angst eingejagt, daß sie durch nichts in der Welt mehr zu bewegen war, sich von ihrem Koffer zu trennen. Nicht nur, daß er in Sichtweite von ihr im Wagen mittransportiert werden mußte anstatt wie alle anderen auf dem Dach. Sie nahm ihn auch zu jeder Besichtigung, auf jeden Ausflug zu Fuß mit. Ich mußte Sondergenehmigung erwirken, daß sie den Koffer in die Uffizien mitnehmen durfte, auf den Campanile, in die Blaue Grotte und die Katakomben, und ich mußte einen Trägerdienst unter den vertrauenswürdigen jüngeren Herren der Gruppe organisieren, denn die alte Dame konnte ihn nicht die ganze Zeit allein schleppen. Großzügig lud sie ihre Gepäckträger zum Essen und Trinken ein, doch ließ sie sich weder durch freundlichen Zuspruch, noch durch scharfen Protest von ihrer krankhaft übertriebenen Sorge um ihren Koffer abbringen. Es blieb nicht aus, daß man über sie lachte, ihr noch größere Angst einzujagen versuchte und die wildesten Gerüchte über den Inhalt ihres – übrigens ganz unauffälligen, mittelgroßen – Lederkoffers in Umlauf kamen. Trotzdem sollte die alte Dame lachen.

An einem Morgen in Rom hatten die Hoteldiener wie üblich die Koffer meiner Touristen schon aus den Zimmern abgeholt und vor der Auffahrt zusammengestellt. Jeden Augenblick mußte unser Omnibus vorgefahren kommen. Ich hatte noch an der Rezeption zu tun und wartete auf die Meldung des Chauffeurs, daß es losgehen könne. Statt dessen kam er, um zu fragen, wo denn die Koffer blieben. Mit einem Satz war ich vor der Tür. Die Koffer waren weg. Allesamt. Vierundfünfzig Stück! Wer konnte die so schnell und unauffällig mitgenommen haben? Römische Spitzbuben? Nein, die hätten aus Höflichkeit* wenigstens drei oder vier zurückgelassen. So gründlich konnte nur eine andere Reisegesellschaft gearbeitet haben. Tatsächlich waren aus unserem Hotel kurz vorher eine Gruppe von mehr als hundert Touristen aufgebrochen. Da war es den Hoteldienern auf fünfzig Koffer mehr oder weniger nicht angekommen. Sie hatten sie einfach mitaufgeladen. Ich erfuhr, daß es Dänen gewesen waren. Das sprach dafür, daß wir unsere Koffer wiederbekommen würden. Die Dänen sind korrekte Leute. Das Unglück war nur, daß sie auf der Heimreise waren und Rom in nördlicher Richtung verlassen hatten, während unser nächstes Ziel

---

* Über die Höflichkeit römischer Spitzbuben siehe auch Seite 82.

Neapel sein sollte. Es ließ sich feststellen, wo die anderen die folgende Nacht verbringen würden. Es war unwahrscheinlich, daß sie die überzähligen Koffer noch vor dem Abend bemerken würden. Also mußten wir schleunigst hinter ihnen herfahren.

Vorher aber galt es noch, meine Leute von dem Zwischenfall zu unterrichten. Das war keine leichte Aufgabe. Schon nach den ersten Worten drang ich mit meiner Stimme nicht mehr durch. Die Panik bei einem Schiffsuntergang kann nicht größer sein. Offenbar hatten meine Touristen keine so gute Meinung von den Dänen wie ich. Und eine noch schlechtere hatten sie von mir.

Plötzlich jedoch trat Stille ein. Ich sah mich überrascht um. Die wunderliche alte Dame, die sich nie von ihrem Koffer trennte, kam langsam die Treppe herunter. Sie hatte ihren Koffer bei sich. Vom Morgenkaffee gestärkt, trug sie ihn selbst.

«Schönen guten Morgen», sagte sie und schritt lächelnd durch die Menge, die sich wortlos und respektvoll vor ihr teilte.

Lieber erinnere ich mich an eine andere Koffergruppe, zu der eine Schar irischer Gewerkschaftsveteranen gehörte. Unsere erste Begegnung fand auf dem Flugplatz Orly statt. Der Jüngste – er war etwa siebzig Jahre alt –, den sie zu ihrem Sprecher gewählt hatten, kam auf mich zu, schüttelte mir die Hand, und ich erwartete, daß er mich nun auch mit seinen Kollegen bekannt machen würde. Da hatte ich mich getäuscht. Zuvor gab es etwas viel Wichtigeres zu begrüßen.

«Monsieur», sagte er, und deutete auf einen Berg, der den Horizont vor mir verdeckte. «Dies sind unsere Koffer.»

«Ist das alles?» fragte ich und maß die Pyramide mit unwohlem Gefühl.

«Ja, das ist alles. Außerdem sind sie leicht zu kontrollieren, weil wir alle dazu angehalten wurden, nicht mehr als zwei Koffer mitzunehmen. Wir haben also im ganzen nur dreihundertsiebzig.»

Sechs Autobusse standen zu unserer Verfügung. Ich ließ alle an Bord gehen, und wir machten uns auf den Weg nach Paris.

Drei Wochen lang sollten wir nun die gleiche Massenansammlung zu den Mahlzeiten, zum Schlafen und zur Weiterfahrt am nächsten Morgen bilden. Natürlich besaß keine der kleineren Industriestädte ein Hotel, das geräumig genug gewesen wäre, um hundertfünfundachtzig Personen aufzunehmen, und man hatte deshalb in einem Dutzend über viele Kilometer im Umkreis verstreute Häuser Zimmer reservieren müssen. Die Schwierigkeit bestand darin, jedesmal wenn eine Handvoll Leute in einem Hotel abgesetzt wurde, die Wagendächer nach den dazugehörigen Koffern abzusuchen.

Der letzte Mann der Gruppe wurde selten vor drei oder vier Uhr morgens in die letzte auf der Liste verzeichnete Unterkunft eingeliefert. Außerdem war es notwendig, daß man schon um sechs Uhr anfing, sie wieder abzuholen, damit wir um acht Uhr weiterfahren konnten. Das heißt: wenn derjenige, der am Abend als letzter in sein Quartier gebracht worden war, das Pech hatte, morgens als erster abgeholt zu werden, dann blieb ihm kaum Zeit, sich aus- und wieder anzukleiden.

Meine Veteranen paßten sich – das muß ich sagen – mit bewundernswürdiger Gefaßtheit dieser Lage an. Nie hörte ich einen klagen oder Protest erheben. Es kam mir sogar so vor, als gingen sie in ihrer Anpassung so weit, daß sie sich nach einigen Tagen immer weniger um ihre Koffer kümmerten und sie manchmal überhaupt vergaßen.

Den Beweis dafür erhielt ich eines Morgens beim Einsammeln meiner Leute. Es kam einer zu mir und sagte, man hätte ihm am Abend versehentlich den Koffer eines Kollegen gegeben.

«Sind Sie dessen sicher?» fragte ich ihn erstaunt. «Das ist doch Ihr Name, L. Wilson, den ich da auf dem Kofferschild lese. Und einen anderen Wilson gibt es in dieser Gruppe doch nicht.»

«Das Schild gehört allerdings mir, aber nicht der Koffer», antwortete er so bescheiden wie zuvor.

Das war merkwürdig. Ich erkundigte mich bei den Chauffeuren. Einer von ihnen erzählte mir, am letzten Abend wären von zwei Koffern die Schilder abgerissen. Er mußte sie verwechselt haben, als er sie wieder befestigte.

«In diesem Falle», wandte ich mich an Mister Wilson, «befindet ein anderes Mitglied der Gruppe sich in derselben Lage wie Sie. Sicher wird er sich gleich melden; dann können Sie die Koffer austauschen.»

Der Tag ging jedoch zu Ende, ohne daß sich die Sache aufklärte. Auch am nächsten Tag geschah nichts. Mister Wilson konnte das nicht verstehen und ich noch viel weniger. Am dritten Tag blieb mir keine andere Wahl: ich mußte einen öffentlichen Aufruf erlassen.

«Mister Wilson und noch einer von Ihnen», sagte ich vor der vollzählig versammelten Gruppe, «bekommt jeden Abend irrtümlicherweise einen Koffer, der ihm nicht gehört . . .»

«Ja, das stimmt, dieses Gepäckstück ist nicht meins», meldete sich einer treuherzig.

«Haben Sie denn das nicht eher festgestellt?» fragte ich etwas ungehalten.

«Nein», sagte er, «ich öffne meine Koffer nie.»

Diese Antwort wunderte mich denn doch. Außerdem war mir aufgefallen, daß bei meiner Mitteilung niemand sonderlich überrascht schien. Im Gegenteil, sie begannen in aller Ruhe, sich ihre Koffer genauer anzusehen. Zweifelten sie etwa, daß es die ihrigen waren? Dann war es vielleicht gar nicht notwendig, sich allabendlich so viel Mühe mit dem Heraussuchen der richtigen Koffer zu machen. Wenn einer drei Tage lang ohne seinen Koffer ausgekommen war, warum sollten es die anderen nicht auch können? So beschloß ich, das Gepäck durch die Chauffeure künftig aufs Geratewohl abladen zu lassen. Jeder Tourist erhielt also zwei Koffer, gleichgültig welche, und niemandem machte es etwas aus.

Am liebsten denke ich im Zusammenhang mit Koffern aber an eine Reise, die ich vor einigen Jahren mit dreißig Kanadiern in den Mittleren Orient unternahm. Auf dem Flugplatz von Istanbul, wo wir, aus der Schweiz kommend, zwischenlandeten, geschah es durch ein peinliches Mißverständnis, daß unser Gepäck nach Genf zurückging, während wir planmäßig nach Damaskus weiterflogen. Ich beeile mich, zu versichern, daß meine Touristen auch diesmal ihr Eigentum bis auf das letzte Stück wiedererhielten – wenn auch erst eine Woche später in Teheran.

Noch nie hatte ich eine so wohltuend sorglose Reise verbracht. Ich fühlte mich beinahe wie ein Tourist. Dank dieses an sich bedauerlichen Zwischenfalls genoß ich sieben unvergleichliche Ferientage. Ich muß allerdings hinzufügen, daß meine Touristen dieses Vergnügen nicht teilten. Sie waren warm angezogen, als wir die Schweiz verließen und mußten nun bei einer Temperatur von 36 Grad Celsius im Schatten in Wollsachen und dicken Überziehern herumlaufen. Womit sich wieder einmal bestätigte, daß man immer das Falsche einpackt, und ich könnte also von vorn beginnen:

Das Reisen wäre vielleicht ein angenehmer Zeitvertreib, wenn man kein Gepäck mitnehmen müßte...

Der Reiseplan
L'Itinéraire
The Time-Table

Die abertausend Touristen, die man in jeder Saison zu den Katakomben hinab- und die Jungfrau hinansteigen, den Rhein hinauf- und die Rhône hinunterfahren sieht, irren nicht etwa blindlings durch die Welt. Das scheint nur so. In Wirklichkeit folgen sie einem wohldurchdachten strengen Reiseplan.

Wenn es bei der Abfahrt am 22. Juni heißt, daß man am 13. Juli abends im Hotel Select in Paris ankommen werde, dann wird die Gruppe, ob sie will oder nicht, die Nacht vom 13. zum 14. Juli auch tatsächlich im Hotel Select verbringen. Die einzige Überraschung, die der Tourist noch erleben kann, mag sein, daß der Blick vom Hotel Select nicht ganz so pittoresk ist, wie es auf dem Prospekt den Anschein hatte.

Das ist ein Umstand, der vielleicht die Laune des Reisenden beeinträchtigt, aber nicht die exakte Einhaltung des Reiseplans. Eine versperrte Aussicht verhält sich zu einem Mittagessen um halb fünf nachmittags wie eine Enttäuschung zu einer Katastrophe.

Es gibt Touristen, die den Reiseplan mit einer Polizeiverordnung vergleichen, bis sie plötzlich entdecken, daß er vielmehr ein Auskunftsbüro und ein Lexikon ersetzt. Ein kurzer Blick auf die Uhr und auf den Plan, und man weiß, in welcher Stadt man sich gerade befindet und in welchem Hotel man abgestiegen ist. Das ist schon viel wert. Seine wahre Unentbehrlichkeit beweist er aber erst dann, wenn man ihn einmal vermißt. Das hat er mit dem Reisepaß gemeinsam und auch mit dem Reiseleiter.

Wie ein Seemann, der seine Navigationsinstrumente verloren hat, ist ein Tourist ohne Reiseplan ein Schiffbrüchiger. Wenn er sich noch an den Namen seines Hotels erinnern kann, ist alles halb so schlimm. Aber das ist es ja eben, man hat sich zu sehr auf den Plan verlassen. Außerdem hat nicht jeder ein gutes Gedächtnis für Namen, besonders für Hotelnamen, die sich alle so schrecklich ähnlich sind. Wie hieß es denn nur? Vier Jahreszeiten oder Imperial, Weißer Elefant oder Schwarzes Lamm? Oder vielleicht ganz schlicht Grand Hotel? Mit der Phantasie der Hotelbesitzer ist es in dieser Beziehung nicht weit her. Dabei kommt ihrer Bequemlichkeit noch entgegen, daß Hotelnamen nicht gesetzlich geschützt sind und jeder, der eine Fünf-Zimmer-Pension betreibt, sein Haus «Ambassador» oder «Palace» nennen darf. Wenn er es gar weiterhin «Bellevue» nennt, obwohl die schöne Aussicht seit zwei Jahren durch den Neubau eines Bürohauses verstellt ist, muß der Tourist ja die Begriffe und die Namen verwechseln. Steigen Sie nacheinandern in einem Dutzend Hotels mit so originellen Namen ab, und ich wette, Sie haben keine Ahnung mehr, wie dasjenige hieß, in dem Sie vorhin nur schnell den Koffer abgestellt haben, um dann auf eigene Faust durch die City zu bummeln.

Nun irren Sie bereits seit drei Stunden in der Stadt herum und versuchen vergeblich, auf den richtigen Namen zu kommen.

In dieser Situation bleibt Ihnen nichts anderes übrig als zu hoffen, daß Sie Ihr Irrweg zufällig an Ihrem Hotel vorbeiführt und Sie es vielleicht an dem steinernen Blick des Portiers wiedererkennen, oder aber zu warten, bis man Sie von einem verstärkten Polizeiaufgebot suchen läßt.

Zu einem kostspieligen Ausweg mußte sich einmal eine Amerikanerin in Paris entschließen. Auch sie hatte den unverzeihlichen Leichtsinn begangen, sich ohne Reiseplan von ihrem Hotel zu entfernen. Mehrere Stunden eilte sie von Hotel zu Hotel und fragte jeden Empfangschef, ob sie nicht bei ihm eingeschrieben sei. Doch nirgends wollte man sie kennen. Nach dem siebenundzwanzigsten Versuch gab sie es auf und ließ sich, halb tot vor Müdigkeit und einem Nervenzusammenbruch nahe, zum nächsten Telegrafenamt fahren.

«Bitte verbinden Sie mich mit San Francisco.»

Eine Stunde später hatte sie ihren Mann am Apparat. «Hallo, bist du es, Daddy? Ich bin in Paris. Ja, Europa ist ganz okay. Nur finde ich mein Hotel nicht mehr. Sieh doch bitte mal nach, wo ich hier wohne ...»

Der Mann in San Francisco nahm den Reiseplan zur Hand und teilte seiner Frau mit, wo sie in Paris abgestiegen war.

Um das Programm, das der Reiseplan vorschreibt, zu bewältigen, verfügt der Tourist nur über ein armseliges Paar Füße, die leider nicht immer das Erforderliche leisten. Da beginnt nun meine orthopädisch-psychologische Aufgabe: der Tourist und seine Füße dürfen nicht einschlafen unterwegs; sie müssen ständig in Bewegung gehalten und dazu angefeuert werden, das Letzte aus sich herauszuholen.

Das gilt natürlich besonders für den Endspurt, also für die letzten Tage der Reise. Diese «letzten Tage» dürfen nicht allzu früh beginnen, wenigstens nicht, bevor der vom Ausgangspunkt am weitesten entfernte Ort erreicht ist. Sonst hält der Tourist nicht durch. Es ist schwer, ihm klar zu machen, daß er den italienischen Stiefel, den er so frohgemut und mit Eifer darauf bedacht, keine Kirche und keine Ruine auszulassen, hinuntergefahren ist, auch wieder herauf muß. Es würde sich lohnen, von Neapel und Palermo aus eine Raketenverbindung zu den nördlicher gelegenen Weltstädten und nach den USA herzustellen. Keine noch so große Beschleunigung könnte den Italienmüden abschrecken, sich kurzerhand nach Hause schießen zu lassen.

Die Diagnose seines Zustands klingt reichlich paradox: er leidet gleichzeitig an Überfütterung und an der Auszehrung. Daß der Unternehmungsgeist die Körperkraft übersteigt, ist eine ganz normale Erscheinung, die sich schon bei den Kreuzfahrern bemerkbar gemacht hat. Nur daß die Reiseleiter jener Zeit drastischere Maßnahmen ergreifen konnten, um die Moral der Leute aufrechtzuerhalten, als uns heute erlaubt ist. Was soll ich machen, wenn meine Leute sich weigern, den Omnibus zu verlassen, um die Steinbrüche von Syracus zu besichtigen, wie es der Reiseplan befiehlt? Auch die Verheißung der schönsten Madonna, des schiefesten Turmes und der reichhaltigsten Souvenirläden vermag sie nicht aus ihrer Apathie zu erwecken. Ohne mit der Wimper zu zucken, überspringen sie mehrere Stationen des Plans und bestehen darauf, nicht alles sehen zu müssen.

Dabei wird es ihnen wahrlich bequem gemacht. Zum Beispiel in Pompeji, dessen Ruinen sicherlich noch nie einen frisch ausgeruhten Touristen gesehen haben. Ich kann es einfach nicht mit meinem Gewissen vereinbaren, daß wir daran vorbeifahren. Mit der Stimme und der Überzeugungskraft eines Demosthenes appelliere ich an den sportlichen Ehrgeiz, an das abendländische Kulturbewußtsein eines jeden. Und ich weiß, daß sie es mir danken werden, wenn sie ihren Kindern zu Hause vom Untergang Pompejis erzählen können, als seien sie selbst dabeigewesen, und insgeheim von den höchst delikaten Wandzeichnungen der Liebestempel träumen werden. Vor allem, da die Anstrengung diesmal wirklich minimal ist.

Die jungen kräftigen Burschen der umliegenden Ortschaften sind nämlich gern bereit, die erschöpften Touristen für einige hundert Lire im Tragstuhl herumzutragen. Sie sind um Kundschaft nie verlegen. Die Pompeji-Pilger, die sich bis hierhin geschleppt haben, fallen in die bereitgestellten Stühle wie reife Früchte.

Ist das nun ein Zeichen dafür, daß die Anforderungen des Reiseplanes zu hoch sind? Keineswegs. Der Tourist hat nicht genug Ausdauer. Daran liegt es. Zugegeben, er geht mit den besten Vorsätzen auf Reisen. Er will nichts auslassen von dem, was ihm geboten werden wird. Wofür hat er schließlich bezahlt! Doch der gute Wille allein macht es nicht, und nach acht Tagen ist er am Ende seiner Kräfte und würde das Rennen am liebsten aufgeben, wenn es das gäbe. Aber eine Gesellschaftsreise ist die einzige Sportart, bei der es kein Auf-der-Strecke-bleiben gibt, und das einzige Geschäft, aus dem man nicht aussteigen kann. Denn wer unterwegs abspringt, bekommt nichts zurückerstattet.

Es ist daher ratsam, daß sich der zukünftige Tourist auf die geplante Reise genauso vorbereitet wie der Bergsteiger auf die Bezwingung eines Himalajagipfels. Deswegen befürworte ich seit langem ein organisiertes Training für Gesellschaftsreisende. Ich stelle mir die Sache etwa so vor:

Wer sich bei einem Reisebüro für eine Gruppenreise anmelden will, wird zunächst aufgefordert, sich zweimal wöchentlich zu bestimmter Zeit auf dem Touristen-Übungsplatz einzufinden, wo sich ehemalige, im Ruhestand lebende Reiseleiter in einer Art Trockenkursus seiner annehmen werden. Es beginnt mit einigen Elementarlektionen: Koffer packen in fünf Minuten, Waschen unter tropfendem Wasserhahn und Trinkgeldberechnung. Dann folgt das Training im Freien. Dazu gehört die sogenannte Louvre-Dressur: in gelockertem Schlendergang ist dreimal die Aschenbahn zu umwandern. Wer zurückbleibt, scheidet aus. Der Fortgeschrittene nimmt an einem Hindernisrennen über nachgebildete römische Säulenstümpfe, Grabstellen und Festungsgräben teil. Danach die Pflichtübung für alle: Treppensteigen. In der darauffolgenden Erholungspause zuerst Höhensonnenbestrahlung auf den ungeschützten Kopf, dann eine halbe Stunde Ruhe auf hartem Lager. Nun mit frischen Kräften wieder hinaus zum Training an der Omnibus-Attrappe (bzw. Schlafwagen- oder Flugzeugmodell). Test auf dem Schleuderapparat, der die grundsätzliche Reisetauglichkeit des Bewerbers anzeigt. Sehr gefürchtet, da nachweislich 25 Prozent aller Kurs-teilnehmer dabei durchfallen! Das Dopen* mit Tabletten gegen Übel-keit und Reisefieber ist nicht gestattet. Zum Abschluß ein Wettessen und Wettrinken, wobei es beim Wettessen darauf ankommt, eine mit-telgroße Portion Spaghetti in möglichst kurzer Zeit zu bewältigen, beim Wettrinken dagegen eine möglichst große Menge Chiantiwein hinunterzuspülen, ohne sich zum Absingen patrio- oder erotischer Lie-der hinreißen zu lassen.

Nach einem solchen Pflichtkurs, der sich über, sagen wir, vier bis sechs Wochen erstrecken sollte, erhält der Touristen-Kandidat eine Eig-nungsurkunde überreicht, den Befähigungsnachweis für die Teilnahme an einer Gesellschaftsreise.

Oder auch nicht.

Dann heißt es etwa: «Sie haben sich für eine ‹Sechs Länder in zwölf Tagen›-Fahrt nominieren lassen. Leider haben Sie im Vorexamen die für dieses Programm vorgeschriebene Mindestpunktzahl nicht erreicht. Wir können Sie daher nur für ‹Loire-Schlösser in vier Tagen› zulas-sen.»

«Aber ich wollte doch nach Rom.»

«Ausgeschlossen! Rom geht über Ihre Kräfte. Sie sind beim ‹Forum Romanum›-Lauf fortwährend über die Mauerreste gestolpert. Sie haben sich im ‹künstlichen Vatikan› verlaufen und vertragen außerdem kein Öl. Sie brauchen deswegen nicht deprimiert zu sein. Trainieren Sie nur weiter! Sie haben gute Anlagen. Ein paar Jährchen, und Sie sind ita-lienreif. Und bedenken Sie: Wie viele kommen nie über ‹Einen Nach-mittag in Versailles› hinaus!»

Hat sich der Absolvent unterwegs bewährt, so kann er sich im näch-sten Jahr um die Zulassung zu einer Italien- oder Spanientour bemü-hen. Verständlicherweise wird die Prüfung um vieles strenger sein. Ein 5000 Meter-Querfeldein-Lauf und eine Geschicklichkeitsübung, bei der es darauf ankommt, einen Straßenhändler (von einem eigens für diese Aufgabe engagierten Original-Neapolitaner dargestellt) um minde-stens siebenhundert Lire herunterzuhandeln, werden darüber entschei-den, ob der Bewerber nach dem Süden mitfahren darf und wie weit. Nur bis Florenz (bzw. Barcelona) oder bis Neapel (bzw. Sevilla). Und nur die Schüler mit den besten Zeugnissen, die mit den stärksten Wa-den und den eisernsten Mägen, werden auch Palermo und Cadiz zu sehen bekommen. Wer beabsichtigt, einen Stierkampf zu besuchen, hat zusätzlich einige Tage im Schlachthof seiner Heimatstadt zu hospitie-ren.

---

*(Vom engl. dop – tauchen, tunken) die unerlaubte Verwendung von Er-regungsmitteln im Sport, besonders bei Rennpferden, um die Leistungsfähig-keit zu erhöhen. *(Der Große Brockhaus III.)*

Nur so, behaupte ich, läßt sich die Leistungsfähigkeit der Touristen steigern und eine unzumutbare Überforderung vermeiden.

Bis die erste Touristenschule ins Leben gerufen worden ist, wird der reibungslose Ablauf einer Gesellschaftsreise weiterhin durch die verhängnisvolle Selbstüberschätzung einzelner Teilnehmer gefährdet sein. Der folgende sachliche Bericht mag Ihnen eine erste Vorstellung davon geben, was Sie unterwegs erwartet. Ich erzähle, wie sich ein ganz normaler Tageslauf auf Reisen abspielt, und Sie fragen sich bei jedem Abschnitt, ob Sie *das* aushalten würden, ohne zusammenzubrechen, und was Sie selbst zur Einhaltung des Reiseplans beitragen könnten.

Nehmen wir einmal an, wir hätten die dreizehnte Nacht der Reise «Zwanzig Tage durch Spanien» in Madrid verbracht. Ein Septembertag dämmert herauf. Um halb sieben wird, auf meine Anweisung hin, geweckt. Das Telefon klingelt. Siebenundvierzig Franzosen heben schlaftrunken und schimpfend den Hörer ab und werden in einer ihnen völlig unverständlichen Sprache angesprochen. Eine monotone Stimme wünscht «Buenos dias», aber nur die wenigsten antworten mit «merci». Viel häufiger bekommt der Nachtportier ein «merde» zu hören, was ja ganz ähnlich klingt. Er nimmt das nicht so tragisch. Peinlicher ist ihm, daß er aus Versehen auch einige solo-reisende Gäste mitgeweckt hat. Sie sind nicht nur verärgert, daß man sie quasi mitten in der Nacht aus dem Schlaf aufschreckt, sondern auch zutiefst beleidigt, daß man sie für Touristen halten konnte.

Inzwischen haben sich diese bereits erhoben und ihre Gesichter angefeuchtet. Zu mehr reicht es nicht. Das liegt entweder an der Wasserversorgung oder an der Zeitknappheit. In Eile steigt man in die Beinkleider und schließt den Koffer, denn schon klopft der Hoteldiener. Er will das Gepäck abholen. Wenn er es jetzt noch nicht mitnehmen kann, muß man es selbst schleppen, oder er holt es später, um es für ein Sondertrinkgeld zu einem falschen Bus zu bringen.

Auf dem Gang herrscht eine beinahe lautlose, nur durch scharfe Kommandorufe unterbrochene Betriebsamkeit. Wie auf einem Schiff, das zur Seeschlacht rüstet. Oder vielmehr wie vor einem Fliegerangriff. Denn aus allen Zimmer stürzen halb angezogene verschreckte Gestalten, laufen Knöpfe schließend, Haare kämmend und bepackt mit den Sachen, die sie vergessen haben, in den Koffer zu tun, den Flur entlang, ergießen sich durch das Treppenhaus und stauen sich vor der Tür zum Frühstücksraum.

Nur keine übertriebene Hast! Ich lasse meinen Leuten volle sieben Minuten Zeit, damit sie in Ruhe ihren Kaffee trinken können. Einige haben Sonderwünsche und warten auf die Zubereitung eines mit bestimmten Kräutern oder Marmeladen gefüllten Omeletts. Sie bekommen es nach sechseinhalb Minuten gleich auf einem Pappteller serviert, den sie in den Omnibus mitnehmen können.

Ich gehe unterdessen zum Chauffeur hinaus. «Das Gepäck ist vollständig, aber zählen Sie es lieber noch einmal nach», sagt er. Ich zähle 48, der Fahrer hatte 52 herausbekommen und der Hoteldiener 53. Diese kleinen Unterschiede bin ich gewohnt, und ich weiß mir zu helfen. Schnell überschlage ich:

$$48 + 52 + 53 = 153$$
$$153 : 3 = 51$$

Das ist genau die Zahl, die wir brauchen. Alles in Ordnung. Wir können aufladen.

Fünf Minuten vor sieben. So leid es mir tut, ich muß das gemütliche Frühstück meiner Leute unterbrechen. An der Tür des Speisesaals klatsche ich laut in die Hände. «Los, Kinder! Es ist höchste Zeit!»

Sie protestieren mit vollem Mund. Natürlich sind sie noch nicht fertig. Es hilft nichts. Ich gebe nicht nach. Wo kämen wir da hin? Im Aufstehen stürzt ein jeder noch einen letzten Schluck Kaffee hinunter. Dann eilen fünfundvierzig Semmel haltende, Krümel abwischende Touristen an mir vorbei dem Ausgang zu. Warum nur fünfundvierzig? Wo sind die anderen zwei?

Ich möchte wetten, sie sitzen schon im Bus. Es ist das berüchtigte Paar, das immer fünf Minuten früher fertig ist, um die besten Plätze im Bus zu belegen. Die anderen machen beim Einsteigen spitze Bemerkungen. «Nicht möglich! Sie übernachten wohl hier!» Das berührt die beiden gar nicht. Sie haben den ganzen Tag über die beste Aussicht, das ist die Hauptsache. (Um den beiden eine Lehre zu erteilen, legte eines Abends einer meiner Touristen einen Zettel auf ihren Platz: «Privatbesitz von Monsieur X. und Gemahlin.» Glauben Sie etwa, die hätten sich am anderen Morgen vor Scham hinter den Rücksitzen verkrochen? Keineswegs. Sie nahmen nicht nur ihre Plätze wieder ein, sie hoben auch den Zettel auf und legten ihn jeden Abend wieder auf ihre Privatbank.) Das Problem der Platzverteilung im Omnibus ist genauso unlösbar wie das der Zimmerverteilung im Hotel. Der Tourist findet nie den idealen Platz. Lassen Sie ihn in einen leeren Bus steigen, und er wird sich sofort in der Mitte hinsetzen. Ist der Wagen aber schon voll und sind zufällig nur noch zwei Plätze in der Mitte zwischen den beiden Radachsen frei, dann fühlt er sich benachteiligt und nimmt dort wie auf einem Notsitz Platz.

Endlich sitzen alle. Um sicher zu gehen, daß es tatsächlich alle sind, zähle ich nach. Ein Wunder, es sind siebenundvierzig. Wir können abfahren!

Nein, das wäre ja beinahe planmäßig. Schon schreit eine Stimme von hinten: «Halt, halt!» Irgendwer ist nicht ganz sicher, ob er nicht irgend etwas im Hotel vergessen hat. Hat er auch wirklich beide Teile seines Schlafanzugs in den Koffer getan? Ja, nein, ja, nein . . . Er will doch lieber noch einmal in sein Zimmer hinaufgehen, um sich zu vergewissern. Weil nun schon einer ausgestiegen ist, möchte der Amateur-kameramann ebenfalls hinaus und zum letzten Male das Hotel filmen, das gerade die richtige Beleuchtung hat. Ein dritter will schnell noch prüfen, ob sein Koffer auch nicht der unterste auf dem Dach ist. Er hat seit Lyon ein Porzellanservice darin, das nicht zerdrückt werden soll. Und im nächsten Augenblick ist die ganze Gruppe wieder draußen und tummelt sich auf der Straße, kauft noch einmal Ansichtskarten und begibt sich auf die Suche nach dem Postamt, das ganz in der Nähe sein soll.

Ich bin mit dem Chauffeur allein im Bus. Wir widmen uns der allmorgendlichen Resignationsübung. Soviel ist sicher, die Durchschnittsgeschwindigkeit ist nicht mehr zu halten. Der Chauffeur wird etwas zulegen müssen, und wir werden einige Besichtigungen unterwegs abkürzen müssen, sonst sind wir nicht pünktlich zum Mittagessen. Wenn wir nicht pünktlich zum Mittagessen sind, werden wir nicht zur vorgesehenen Stunde Kaffeepause machen, sondern sie ausfallen lassen müssen, um nicht zu spät in der Nacht in Córdoba anzukommen. Es ist noch Saison. Betten, die bis zehn Uhr nicht belegt sind, werden anderweitig vergeben. Und das alles, weil jemand nicht weiß, ob er seinen Schlafanzug vollzählig beisammen hat. Ob dieser Mensch daran denkt, daß ein verlorener Schlafanzug eine Lappalie ist im Vergleich zu einer verlorenen Viertelstunde?

Einer nach dem andern kommen sie zurück. Ich zähle sie wieder, während sie schwatzend einsteigen. Um Zeit zu sparen, warte ich nicht erst, bis alle sitzen. Dabei verliere ich Zeit, denn ich verzähle mich natürlich. Man kann keinen wirbelnden Ameisenhaufen zählen. «Es fehlt einer!» stelle ich fest. Ich hätte das still für mich selbst konstatieren sollen. Denn auf diesen Ausruf folgt unvermeidlich die törichte Bemerkung im Chor: «Wer nicht da ist, soll sich melden!» Darauf unbändiges Gelächter. Über meine Witze lachen die Leute nicht mehrere Male, ihre eigenen können sie nicht oft genug hören.

Als man sich heiser gelacht und wieder beruhigt und der Fehlende sich tatsächlich gemeldet hat, da er gar nicht fehlte, sondern nur vom massiven Rücken eines Reisegefährten verdeckt war, kann es endlich losgehen.

Der Chauffeur gibt Gas, die Touristen winken dem Hoteldiener, der damit beschäftigt ist, sein Trinkgeld zu zählen. Und was macht der Portier? Mit wehenden Frackschößen kommt er durch die Windfangtür gestürzt und springt mit einem Satz auf das Trittbrett des Omnibusses. Der Chauffeur bremst, der Portier reißt die Tür auf. Er vermißt einen Schlüssel, den von Nummer 220. Wer hatte Zimmer 220? «Ich», gibt ein Herr zu und faßt automatisch in seine Taschen. «Aber ich habe ihn bestimmt abgegeben.» Es handelt sich um einen jener winzigen Zimmerschlüssel, die an einem unförmigen Holzkloben oder an einem Eisengewicht von zwei bis drei Kilo befestigt sind. Es scheint unmöglich, so ein Ding mit sich herumzuschleppen, ohne es zu merken. Der Herr von Nr. 220 tritt den Gegenbeweis an. Verschämt zerrt er den Klotz aus der Tasche und gibt ihn mit der vielsagenden Erklärung, er habe ihn für seine Geldbörse gehalten, zurück.

Der Portier entfernt sich befriedigt, und sogleich nimmt ein anderer seinen Platz auf dem Trittbrett ein: der Zahlkellner. Er schwingt eine Rechnung in der Hand. Da sei noch ein «Extra» von Nummer 328 zu bezahlen. Wer hatte 328?

«Ich glaube, das war ich», meldete sich einer. «Aber ich habe alle Rechnungen bezahlt.»

«Tut mir leid, aber es sind noch fünfundvierzig Peseten offen, Señor!»

Es folgt ein endloser Disput zwischen dem Zahlkellner und dem vermeintlichen Schuldner, bei dem ich als Dolmetscher fungieren muß. «Vielleicht liegt ein Irrtum vor», gebe ich zu bedenken. Man befragt also die Bewohner von Nummer 318 und 329, geht dann über zu 327 und 338, und so geraten nach und nach alle in Verdacht, ohne daß sich der Schuldner findet. Um der Sache ein Ende zu machen, zahle ich die Peseten schließlich aus eigener Tasche.

Es ist acht Uhr fünfzehn, als wir uns wieder in Bewegung setzen. Wir haben eine Stunde Verspätung. Der Chauffeur möchte das Gaspedal durchtreten, um die verlorene Zeit einzuholen, aber er tritt vielmehr das Bremspedal, weil gerade um diese Stunde Stoßverkehr herrscht. Die Bewohner von Madrid begeben sich an ihre Arbeitsplätze und verursachen dabei dasselbe Chaos wie in allen anderen Weltstädten. Ich rechne aus, wann sich unsere Verspätung verdoppelt haben wird, und überlege, wie ich meine Leute am schnellsten durch Toledo schleuse. Nicht daß ich Angst hätte, sie würden sich zu lange im Hause des Malers El Greco oder beim Anblick des Alcazars aufhalten. Gefährlich sind vielmehr die Geschäfte mit Toledaner Arbeit. Ich werde jeden einzeln vom Ladentisch oder vom Schaufenster weg und in den Bus hinein komplimentieren müssen.

Meine Leute lassen noch einmal Madrid an sich vorbeigleiten und formulieren dabei ihr endgültiges Urteil über die Stadt.

«Anfangs mochte ich Madrid gar nicht. Aber zum Schluß hatte ich mich schon ganz schön eingewöhnt», höre ich.

Anderen geht es gerade umgekehrt. «Zuerst war ich ganz begeistert. Aber als ich dann einen tieferen Einblick gewonnen hatte, war ich doch enttäuscht.»

Man muß wissen: wir hatten für Madrid genau achtundvierzig Stunden Zeit.

Mir fällt auf, daß es nicht nur ein Madrid gibt, sondern siebenundvierzig, denn jeder macht sich sein eigenes Bild von der Stadt und sieht das des anderen nicht.

Nur in einem Punkt sind sich alle einig: dem Stierkampf! «Ein abscheuliches Gemetzel! Wie kann man nur so grausam sein. Und das im zwanzigsten Jahrhundert. Einfach unverständlich!» Ich mache schon lange nicht mehr den Versuch, dem Touristen klarzumachen, daß die Menschheit seit dem finsteren Mittelalter durchaus nicht humaner geworden sei. Kein Beispiel aus der jüngsten Geschichte wäre stark genug, um ihr Mitleid mit den armen unschuldigen Stieren auf ein normales Maß zu beschränken.

Vielleicht hilft ihnen etwas Radiomusik darüber hinweg. Ich drehe am Apparat herum, suche «Musik, die jedem gefällt»*. Um diese Zeit gibt es aber auf der ganzen Welt anscheinend nur Werbesendungen oder spezielle Informationen für irgendeinen Berufszweig, der unter meinen Touristen ausnahmsweise nicht vertreten ist. Also macht man selbst ein bißchen Musik.

Einer beginnt zu summen. Da wir in Madrid sind und eben vom Stierkampf gesprochen wurde, ist es natürlich das Torerolied aus «Carmen». Die Melodie wird aufgenommen, der Gesang schwillt an, und mit einem markerschütternden «Auf in den Kampf» verlassen wir die Stadt.

Welche Lieder passen noch nach Spanien? «Die Mädchen von Cadiz», – das ist richtig. Man trällert die berühmte Habanera von Delibes. Dann «Valencia», auch das ist zweifellos am Platz. Aber wie steht es mit «O sole mio», das jetzt erklingt? Man ist sich nicht ganz einig, ob das nicht ein Stilbruch ist. Jemand, der schon in Neapel gewesen ist, möchte beschwören, daß das «Sole mio» dorthin gehöre. Und wenn schon! Auch das «Wolgalied» singt man ja in den seltensten Fällen an der Wolga.

Eigentlich müßte ich jetzt langsam mit meinem Einführungsvortrag über Toledo beginnen. Aber wehe, wenn ich es wagen sollte, das Mikrofon in die Hand zu nehmen, um mit einem diskreten Hüsteln meine Anwesenheit in Erinnerung zu bringen und den Gesang zu unterbrechen. Das wäre glatter Stimmungsmord. Aus eigenem Interesse hüte ich mich, ihnen die Laune zu verderben. Möglicherweise sind sie hinter Toledo zugänglicher. Wenigstens werden sie nach der Besichtigung im Eiltempo so müde sein, daß sie nicht gleich wieder zu singen anfangen, sondern eine Weile stumm vor sich hindösen. Auf diese Weise werde ich dann zu Wort kommen.

Jemand kommt zu mir nach vorn und flüstert mir etwas ins Ohr. Nein, er hat nichts in Madrid liegengelassen. Er hat dort etwas vergessen, das ist ein großer Unterschied. Und das behauptet er nun schleu-

---

* Ein segensreiches Programm, in dem man hintereinander «Ave Maria» und «Santa Lucia», «Orpheus und Eurydike» und «Orpheus in der Unterwelt» hören kann.

nigst nachholen zu müssen. Er will telefonieren.* Sogar ein dringendes Gespräch meldet er an. Ausgerechnet jetzt, wo wir uns auf freier Strecke zwischen zwei Ortschaften befinden. Kein Baum, kein Strauch in der Nähe. Was ist da zu machen? Der Tourist stellt mir ein Ultimatum. Fünf Minuten wird er noch warten können. Das bedeutet, daß der Chauffeur die Geschwindigkeitsgrenze überschreiten muß. Er tut sein Möglichstes. Während der verhinderte Telefonist blässer und blässer wird, fährt der Bus wie ein Überfallkommando in das nächste Dorf ein und hält dort vor der einzigen Taverne.

«Aber beeilen Sie sich bitte», sage ich zu dem, der aussteigt.

Er verspricht es mir. Aber was nutzt das? Inzwischen sind durch die hintere Tür ein paar andere ausgestiegen, die ebenfalls die Gelegenheit zu telefonieren wahrnehmen wollen. Und die haben mir nichts versprochen. Geduldig bilden sie vor der Tür der einzigen Telefonzelle des Ortes eine Schlange. Das ist für denjenigen, der wieder herauskommt, ein Zeichen dafür, daß es mit dem Einsteigen keine Eile hat. Um sich die Zeit nutzbringend zu vertreiben, spaziert er auf der Dorfstraße entlang, beginnt ein Gespräch mit den neugierigen Einwohnern, das heißt: er fuchtelt mit großen Gesten vor ihnen herum und baut sie, da sie ihn nicht verstehen wollen, vor einem halbverfallenen Schuppen mit einigen kräftigen Handgriffen zu einer fotogenen Gruppe zusammen. Das gibt eine Aufnahme für den Fotowettbewerb einer Illustrierten, die originelle Schnappschüsse aus dem Urlaub prämiiert. (Soziale Motive bevorzugt.)

Wie wäre es, wenn die Gänseherde noch mit auf das Bild käme? Das makellose Weiß gäbe einen raffinierten Kontrast zu den zerlumpten schwarzen Kitteln der Bauersleute. Der Fotograf treibt die Gänse in seine Schußlinie. Aber sie sind nicht so gehorsam wie die Menschen. Sie schießen übers Ziel hinaus und der Ganter, der die Schar anführt, beißt meinem Touristen ins Bein.

Es genügt nicht, daß die Aufnahme nicht zustande kommt, ich muß auch noch den Sanitäter spielen. Die Wunde ist nicht groß und sicherlich auch nicht gefährlich. Aber die hilfreichen und von der Schimpferei des verhinderten Fotografen eingeschüchterten Landleutchen lassen es sich nicht nehmen, ihm einen besonders bewährten Balsam gegen Tierbisse und Blutvergiftung zu bereiten. Es ist ein Absud auf vielerlei Kräutern, und er muß selbstverständlich erst noch gekocht werden.

Nach einer guten Stunde ist der Verletzte wieder auf den Beinen, dafür ist der Reiseplan für diesen Tag zusammengebrochen. Nur noch ein Sprung kann ihn retten. Wir werden Toledo übergehen! Damit würde viel Zeit gespart werden, und wir kämen wenigstens zum

* In der internationalen Touristensprache die Bezeichnung für ein menschliches Bedürfnis.

Abendessen pünktlich. Der Verzicht ist schmerzlich, am schmerzlichsten für mich. Denn ich allein weiß, was meine Leute nicht sehen werden. Sie ahnen nicht, was ihnen da entgeht, und sind ja so bescheiden! Man ist schon zufrieden, wenn der Chauffeur kurz anhält, damit man den Alcazar und eine malerische Seitengasse fotografieren kann, ohne die Aufnahme zu verwackeln. Das genügt vollkommen. Eine genaue Besichtigung wäre auch viel zu strapaziös. Man muß sich erst einmal von Madrid erholen. Der letzte Tag dort war ein sogenannter «Tag zu Ihrer freien Verfügung» gewesen, das heißt also: besonders anstrengend.

Diese freien Tage, die in sparsamen Dosen über den Reiseplan verteilt sind, sollen der Erholung des Touristen dienen und ihm das Gefühl geben, mit Muße und ganz privat zu reisen. Er kann diesen Tag verschlafen oder auf dem Boulevard und in Souvenirläden verbringen, mit Kartenschreiben oder um Beziehungen zu den Einheimischen und anderen Touristen anzuknüpfen. Mancher verwendet ihn auch zum Besuch eines entfernten Verwandten, den man noch nie gesehen hat und vermutlich auch nie wieder sehen wird, denn, wie sich bald herausstellt, ist er, obwohl er exzentrischerweise im Ausland lebt, genauso wie alle anderen Verwandten.

Kurz gesagt, es ist schwer, den freien Tag vernünftig zu verbringen. Anstatt neue Kräfte zu sammeln, verschwendet der Tourist seine letzten Reserven bei überflüssigen und ungesunden Unternehmungen auf eigene Faust, als hätte er an den übrigen Tagen noch keine Gelegenheit gehabt, seinen Mann zu stehen.

Es ist statistisch nachgewiesen, daß die meisten Zwischen- und Unglücksfälle auf Gesellschaftsreisen an den Tagen passieren, an denen der Tourist tun und lassen kann, was er will. Deshalb schätze ich sie nicht besonders. Ich ziehe die ausgefüllten vor, an denen nichts dem Zufall und dem Reisenden überlassen bleibt. Da habe ich die Gruppe einigermaßen an der Hand und kann so manche todsichere Katastrophe im letzten Augenblick verhindern.

Am Abend der freien Tage dagegen stehe ich machtlos vor einem Berg von Hiobsnachrichten, nehme am laufenden Band Beschwerden, Verlustanzeigen und Beleidigungsklagen entgegen, spende wie nach einer verlorenen Schlacht mit vollen Händen Beruhigungsmittel und Verbandsmaterial aus der Reiseapotheke und bekomme mit Behörden zu tun, von denen die Verkehrspolizei noch die harmloseste ist.

Nicht in allen Fällen fühlen sich die Touristen von den Einheimischen bedroht. Beinahe genauso oft ist es umgekehrt. Vor allem die sogenannte bessere Gesellschaft scheint den reisenden Ausländern nicht sehr gewogen zu sein. Merkwürdig, daß gerade Menschen, denen, ihrer Bildung nach, Erkenntnisdrang nichts Fremdes sein dürfte, für die Neugier der Touristen wenig Verständnis aufzubringen vermögen.

Diesen Vorwurf kann ich auch der Königin von England nicht ersparen.

Nach einem «freien Tag» in London wurde ich eines Morgens gegen drei Uhr aus dem Buckingham Palace angerufen. Ich nahm im Bett unwillkürlich Haltung an.

«Sie müssen sich irren, Hohes Haus», sagte ich mit ersterbender Stimme und imitierte reinstes Oxford-Englisch. «Leider habe ich nicht die Ehre, Ihre Majestät zu kennen.»

«Aber Sie sind doch der Führer der französischen Touristengruppe, die im Hotel Dorchester wohnt, nicht wahr?»

«Of course, Majesty», sagte ich, verwundert darüber, daß die Königin sogar meine Adresse kannte.

«Hier ist nicht Her Majesty, sondern die Palastwache, haben Sie verstanden? Wir müssen Ihnen mitteilen, daß man in einem der intimeren Gemächer der Königlichen Familie eine gewisse Antoinette Duchesne, Versicherungsangestellte aus Saint Quentin, aufgegriffen hat. Nach erfolgter psychiatrischer Untersuchung soll sie nunmehr ihrem Erziehungsberechtigten übergeben werden. Kommen Sie sie abholen.»

Eine Stunde später wurde ich, von Gardesoldaten eskortiert, durch einen Seitenflügel des Königsschlosses in die Arreststube geführt, wo meine Mademoiselle Duchesne zusammengesunken wie jemand, der noch vor Morgengrauen an den Strang gebracht werden soll, auf einem Schemel saß. Als ich ihr mit gutem Zureden auf die Beine half und sie in den Hof hinausführte, schluchzte sie: «Ich hätte nicht gedacht, daß man jetzt auch in England die Monarchisten verfolgt.»

Auf andere Weise kam mit den englischen Gesetzen ein junger Mann in Konflikt, dessen Einzelgängertum und Fotografiersucht mir schon öfter zu ernsten Ermahnungen Anlaß gegeben hatte. In London hatte er sich vor der gemeinsamen Besteigung des Big Ben gedrückt, um dann an dem freien Tag allein hinaufzuklettern. Nachdem er von oben seine Kamera leergeschossen hatte, wollte er wieder hinuntersteigen. Zu seinem Schreck stellte er nun fest, daß man den Ausgang bereits geschlossen hatte. Die Besuchszeit war längst zu Ende. Der junge Mann, der keine große Lust hatte, die Nacht auf dem Turm zu verbringen, verfiel auf den an sich guten Gedanken, seinen Mantel auszuziehen und ihn aus dem Fenster zu schwenken, um sich so den Passanten bemerkbar zu machen. Tatsächlich hatte man ihn bald entdeckt. Es bildete sich eine Menschenansammlung; man starrte zu ihm hinauf. Die Touristen unter den Zuschauern liehen den Einheimischen in schöner Kameradschaft ihre Ferngläser aus. Nach kurzer Zeit traf auch das erste Polizeikommando ein.

Der Mann auf dem Turm versuchte es mit der Zeichensprache. Er deutete mit dem Finger auf sich, dann in die Tiefe. «Ich möchte hinunter», sollte das heißen. Natürlich über die Treppe, wie es sich gehört.

Die Menge unten, vor allem die Polizei, die Feuerwehr und die Männer vom Roten Kreuz faßten es anders auf. Sie glaubten, er wolle den kürzeren und verbotenen Weg über die Brüstung nehmen. Mit Hilfe eines Lautsprechers machte man ihn darauf aufmerksam, das Selbstmord strafbar sei, fügte aber mit pastoraler Stimme hinzu, er habe ein mildes Urteil zu erwarten, wenn er von seinem Vorhaben abließe und brav die Treppe herunterkäme. Es folgten einschlägige Bibelzitate und Kirchenliedertexte.

Der junge Mann verstand kein Wort. Er war des Englischen nicht mächtig, wie das bei Nicht-Engländern zuweilen vorkommt. Aber darauf kam natürlich kein Mensch, ich meine: kein Engländer. Es wurde auch niemand zu ihm hinaufgeschickt. Man hatte Angst, der Mann würde hinunterspringen, sobald er Schritte auf der Treppe hörte.

Unter dem gellenden Aufschrei der Zuschauer fiel dann wirklich etwas herunter. Es war aber nur der Mantel des Eingesperrten. In einer Tasche steckte ein Zettel, auf dem zu lesen stand, daß der Unterzeichnete nichts anderes wünsche als von diesem verdammten Turm herunterzukommen, und zwar unbedingt über die Treppe. Er teilte das auf französisch mit. Eine Stunde verging, bis man den Zettel in der Tasche gefunden, ihn entziffert und übersetzt hatte. Inzwischen wurde das Bombardement von Ermahnungen, Drohungen und frommen Sprüchen in voller Lautstärke fortgesetzt. Dann nahte die Befreiung in Gestalt des Turmwächters in Morgenrock und Pantoffeln.

«Warum sind Sie denn nicht heruntergesprungen?» brummte er, wütend über die Störung nach Feierabend. «Keinen Mut, was? Das ist die Jugend von heute. Mein Gott, da waren wir früher andere Kerle.»

Der junge Mann verstand wiederum kein Wort. Ich dafür um so mehr. Er hatte auf seinem Luftpost-Zettel gebeten, mich zu benachrichtigen. Man hatte mich mit dem Überfallkommando herbeigeholt, und nun erfuhr ich, daß man meinen Touristen wegen versuchten Selbstmords und Erregung öffentlichen Ärgernisses anzeigen wollte. Es war nicht so einfach, nachzuweisen, daß er keines von beiden im Sinn gehabt hatte. Erst nach stundenlangem Verhör kam mir die rettende Idee.

«Meine Herren, glauben Sie, daß jemand, der soeben mit mehr als vierzig Aufnahmen alle Aspekte, Blenden und Momente erschöpft hat, um London vom Big Ben herab so wirkungsvoll wie nur möglich zu fotografieren, aus dem Leben zu scheiden wünscht, ehe er noch den Film entwickelt hat?»

«Jawohl», war die unerwartete Antwort eines Detektivs, der endlich das Motiv gefunden zu haben meinte. «Nämlich dann, wenn der Mann beim Herausnehmen den Film verdorben hat.»

Dieser Verdacht war schnell entkräftet. Im Labor der Kriminalpolizei wurde der Film entwickelt. Die Aufnahmen waren glänzend gelungen. Der Fotograf und vermeintliche Selbstmörder war rehabilitiert.

Nach einem fachmännischen Erfahrungsaustausch mit dem Polizeifoto-
grafen und anerkennenden Worten von Seiten der Amateure wurde er
freigelassen. Ich hatte weniger Respekt vor seiner Kunst, wie man sich
denken kann. Aber es war keine Zeit für eine Gardinenpredigt.

«Kommen Sie», sagte ich. «Die Gruppe wartet schon an der King's
Cross Station auf uns. In zwanzig Minuten geht unser Zug nach Edinburgh.»

«Und meine Koffer?» fauchte er mich an.

Seine Koffer! Anstatt froh zu sein, daß er sich wieder auf freiem
Fuß befand, verlangte er auch noch nach seinen Koffern. Ich hatte, ehr-
lich gesagt, gar nicht daran gedacht, daß der junge Mann außer den
Fotoapparaten auf dem Leib noch anderes Gepäck haben konnte.

«Beruhigen Sie sich», sagte ich. «Ich werde vom Bahnhof aus im
Hotel anrufen und veranlassen, daß man Ihre Sachen mit dem nächsten
Zug nachschickt.»

Am verabredeten Treffpunkt wartete meine Gruppe geduldig auf
ihren Führer. Ich war nicht wenig stolz auf sie, als ich sie so vollzählig
versammelt sah. ‹Du hast sie gut erzogen›, sagte ich mir. ‹Man könnte
sie jetzt beinahe allein reisen lassen.›

Es war gerade noch Zeit, um unser Hotel anzurufen und die Nach-
sendung des Gepäcks anzuordnen. Ich bat meine Leute, noch einen kleinen Augenblick zu warten, und begab mich in eine Telefonzelle.

Als ich wieder in die Halle trat, war von meiner Gruppe nichts mehr
zu sehen. Ich lief eine Weile ratlos auf und ab, zu den verschiedenen
Ausgängen und zu den verführerischen Kiosken, ohne irgendwo ein
vertrautes Gesicht zu entdecken. So blieben nur noch vier Minuten bis
zur Abfahrt des Zuges.

«Haben Sie vielleicht eine Gruppe von sechsundachtzig Reisenden
gesehen?» fragte ich einen Beamten. «Ich habe sie eben verloren.»

«Das Fundbüro ist im Westflügel», antwortete der Mann zerstreut.

Ich raufte mir die Haare. «Es handelt sich um Menschen. Ich habe
sechsundachtzig Menschen verloren, und in drei Minuten geht unser
Zug!»

Der Beamte fuhr erschrocken auf. «Was haben Sie gesagt? Wieviel
Menschen haben Sie verloren? Sechsundachtzig? Und wie haben Sie
sie verloren: Stück für Stück oder alle auf einmal?»

«Alle auf einmal! Und ich verstehe nicht, wo sie so schnell hinge-
kommen sein können, zum Teufel. In zwei Minuten geht unser Zug.»

Der Beamte zog mich am Ärmel mit sich fort. Ich mußte wohl den
Eindruck eines Irrsinnigen machen. Jedenfalls war ich im Begriff, ein
ähnliches öffentliches Ärgernis zu erregen wie der junge Mann auf dem
Big Ben. Wir zwängten uns durch die Menschenansammlung zum Büro
des Bahnhofsvorstehers.

Ich wiederholte den traurigen Tatbestand. Es fehlte noch eine Minute bis zum Abgang des Zuges, und man reichte mir erst einmal ein Glas Wasser.

«Ah, Sie meinen die Schlachtenbummler für das Fußballspiel in Manchester!» rief der Bahnhofsvorsteher aus. «Da kann ich Sie beruhigen. Die sind im Zuge nach Manchester und eben abgefahren.»

«Im Zug nach Manchester! Aber das ist ja ein Wahnsinn!» schrie ich ihn an.

«Warum? Weil Sie den Zug verpaßt haben? Na, Sie können das Spiel ja im Fernsehen verfolgen.»

«Aber es sind ja gar nicht Schlachtenbummler, sondern Touristen, die ich nach Edinburgh bringen muß.»

«So, das ist etwas anderes. Warum haben Sie das nicht gleich gesagt? Ich habe mich im übrigen schon gewundert, daß die Leute so unsportlich aussahen», meinte der Vorsteher gelassen.

In diesem Augenblick fuhr der Zug nach Edinburgh ab. Ich bat um ein neues Glas Wasser.

«Es gibt noch eine Chance», überlegte der Beamte.

«Glauben Sie, Herr Inspektor?» fragte ich zerknirscht.

«Ja. Der Zug hält in einigen Minuten in Luton. Ich werde dort anrufen, daß man die Leute herausholen und nach Edinburgh weiterleiten soll.»

«Das wäre großartig von Ihnen», sagte ich dankbar, «aber wie komme *ich* heute noch nach Edinburgh?»

«Mit dem Flugzeug! Das ist die einzige Möglichkeit.»

So kam ich unverhofft zu meiner ersten Flugreise.

Vier Stunden vor meiner Gruppe war ich bereits am Ziel. Der Reiseplan war wieder einmal gerettet.

Reisepässe
Passeports
Passports

Ich höre noch die verzweifelte Stimme der holländischen Juwelierswitwe, die den österreichischen Grenzpolizisten am Brenner anflehte, ihr ausnahmsweise einen Stempel in den Paß zu drücken. «Wie kann ich sonst beweisen, daß ich auch in Österreich gewesen bin?» jammerte sie. Der Grenzer ließ sich nicht erweichen. Für einen holländischen Staatsangehörigen sähen die Verordnungen keine Paßstempelung mehr vor. Ja, wenn sie eine Sowjetbürgerin wäre, dann könnte er ihren Wunsch erfüllen. Für den Reiseverkehr zwischen den meisten westeuropäischen Ländern sei seit geraumer Zeit kein Vermerk mehr erforderlich. Es genüge das Vorweisen des Passes oder sogar nur des Personalausweises.

Ich meine, wir sollten diesen seltenen Fall einer Formalitätsvereinfachung, diesen hoffnungsvollen Schritt vorwärts in Richtung auf ein vereinigtes Europa begrüßen. Statt dessen ist unter meinen Touristen die Enttäuschung groß, wenn der Grenzbeamte nicht das ganze Buch durchblättert, nicht sämtliche Eintragungen liest, sondern es nach flüchtigem Blick und ungestempelt zurückreicht. Man fühlt sich nicht ernst genommen und benachteiligt gegenüber den Ausländern, für die es noch Grenzübergangsbestimmungen gibt, die so kompliziert und aufregend sind, wie es sich gehört.

«Wozu brauche ich das Ding eigentlich?» fragte mich die beleidigte Juweliersgattin.

«Den Paß, gnädige Frau, brauchen Sie, damit Sie ihn nicht verlieren», antwortete ich salomonisch, und ich wußte, was ich sagte.

Tatsächlich erlangt so ein Paß seine wahre Bedeutung erst dann, wenn man ihn nicht mehr hat. Hundertmal frage ich deshalb unterwegs, vor und nach jeder Grenzkontrolle, am Morgen, am Abend: «Haben Sie Ihren Paß zur Hand? – Haben Sie Ihren Paß zurückbekommen? – Haben Sie sich vergewissert, ob Sie Ihren Paß eingesteckt haben?» Und jedesmal schlagen sich meine Leute an die Brust – links, wo der Paß sitzt –, klopfen gegen die Handtasche oder überhören hochmütig die lächerliche Fragerei. Natürlich hat man seinen Paß! Ich habe noch nie erlebt, daß ein Tourist seinen Verlust in dem Augenblick feststellte, da ich ihn danach fragte. Das wäre zu einfach. Man vermißt ihn erst, wenn man zu Bett geht, wenn man abreist, wenn man sich an dem Punkt befindet, der vom nächsten zuständigen Konsulat am weitesten entfernt ist.

Der Statistik nach verliert – oder besser: verlegt – jeder 167. Tourist seinen Paß einmal jährlich (gemeint ist selbstverständlich: im Ausland); aber nur jeder 11 307. Tourist findet ihn nicht wieder. Das ist eine ganz beruhigende Ziffer. Trotzdem werden mir die Knie weich, sooft mir einer meiner Schützlinge mit umgestülpten Taschen und Unschuldsmiene berichtet, daß ihm sein Paß abhanden gekommen sei. ‹Vielleicht hast du Pech gehabt, und es ist ein 11 307ter, der vor dir steht›, sage ich mir. Nein, das darf nicht sein. Das wäre eine Katastrophe. Und ich sende ein Stoßgebet zum Himmel, daß es nur der 167. sein soll. Mit mühsam beherrschter Stimme frage ich den Unglücklichen: «Sind Sie ganz sicher, daß Sie ihn verloren haben?»

Und ob er sicher ist! Schließlich ist es nicht das erste Mal, daß er etwas verliert. Es liegt in der Familie. Er zählt auf, was er in seinem Leben schon alles verbummelt hat. Demnach muß ich froh sein, daß er selbst noch da ist und nur sein Paß verschwunden. Nur!

«Nicht wahr, Sie besorgen mir ein Duplikat», sagt er treuherzig. Er hat keine Ahnung, was er von mir verlangt. Lieber besteige ich barfuß den Vesuv, als daß ich mich in das Labyrinth eines Konsulatsgebäudes wage, um einen neuen Paß zu erbetteln, zu erschimpfen, zu erkaufen.

Ich kann nicht glauben, daß meine Sterne so ungünstig stehen, und bitte den Verlierer um die Erlaubnis, noch einmal sein Zimmer durchsuchen zu dürfen. Er ist eingeschnappt. Ob ich denn kein Vertrauen zu ihm hätte?! Was er weiter sagt, höre ich nicht mehr, denn ich stecke schon mit dem Kopf unter seinem Bett, fege mit den Armen unter den Schrank, leere Schubladen, Taschen und Koffer aus und wühle in schmutziger Wäsche. Ich finde allerhand, nur nicht das, was ich wie besessen suche. Der Paß scheint wirklich verloren zu sein. Die Tortur kann beginnen.

Der Kampf um die Neuausstellung eines Reisepasses im Ausland sollte in einer Heldenballade besungen werden. Er erinnert mich an den historischen Marathonlauf. (Bekanntlich brach der Läufer am Ziel tot zusammen.) Er erfordert eine unerschütterliche Geduld, die List eines Odysseus, die Spürnase eines Sioux und die Waden eines Weltmeisters im Wettgehen.

Wie oft habe ich in dieser Situation von einer großzügigen Botschaft in einem großzügigen Land geträumt, wo mehrere Angestellte sogar feiertags als erste Hilfe für Paßverlierer zur Verfügung stehen, vor Mitleid hinschmelzen und mir, während ich mich an einem freundlich spendierten Kognak stärke, innerhalb einer halben Stunde das gewünschte Dokument ausstellen.

Doch zwischen Traum und Wirklichkeit besteht auch in diesem Fall ein gewaltiger Unterschied. Gleichgültig, wie ich es auch anfange, zunächst gerate ich unweigerlich an falsche Türen. Es scheint, als gäbe es überhaupt nur solche. Und komme ich, mehr durch Zufall als folgerichtig, doch endlich an die richtige Tür, dann muß ich erfahren, daß soeben geschlossen wurde oder daß der zuständige Sachbearbeiter abwesend ist. Auf diese Weise habe ich schon zahlreiche Konsulate von Zimmer zu Zimmer durchlaufen. Das ist nicht uninteressant. Man kann dort Dinge beobachten, die jeder Botschafter gern kennenlernen und doch nicht zugeben würde, wenn er sie kennengelernt hätte. Aber ich bin nicht hergekommen, um Erfahrungen in der Unterwelt der Diplomatie zu sammeln, sondern um einen Paß zu besorgen.

Seit einiger Zeit wende ich eine neue Taktik an, um zum Ziel zu gelangen. Ich bin längst kein Neuling mehr, der mit der Tür ins Haus fällt. Nur keine falsche Hast. Ich schaue mich erst einmal ein bißchen in den Gängen um, bis ich ein Schild entdecke mit der Aufschrift «Paßstelle». Nun weiß ich, was ich zu tun habe. Ich begebe mich schleunigst nach der entgegengesetzten Richtung.

In einem anderen Stockwerk angekommen, grüße ich höflich die erstbeste Sekretärin, die meinen Weg kreuzt. Ich sage: «Pardon, Mademoiselle. Kennen wir uns nicht von der Universität her?»

Wenn sie gar nicht studiert hat, schmeichelt es sie, für eine Akademikerin gehalten zu werden. Hat sie studiert, dann überlegt sie eine Schrecksekunde lang, ob sie mich nicht tatsächlich kennt. Inzwischen sage ich: «Es ist ein Glück, daß ich Sie treffe. Stellen Sie sich vor, was mir passiert ist. Geben Sie mir einen Rat, Mademoiselle.» Ich erzähle meiner alten Bekannten die traurige Geschichte von dem verlorenen Paß, die sehr lang wird, damit sie auch gewiß das Mitleid meiner Zuhörerin erweckt. Wie alle Konsulatsangestellten geht sie mit ihm nicht gerade verschwenderisch um. Sie tritt von einem Fuß auf den anderen, hat keine Zeit, will mich unterbrechen und den Irrtum aufklären, daß wir miteinander bekannt seien, aber ich lasse sie nicht zu Worte kommen, ehe sie alles weiß.

Und dann weiß ich auch auf einmal alles. Um mich loszuwerden, sagt sie mir, wohin ich mich zu wenden habe. Sie nennt nicht nur eine Abteilung, ein Zimmer, sondern sogar den Namen eines Herrn, der mir weiterhelfen wird.

Ich suche Herrn A. auf und preise mich unterwegs schon glücklich. Jeder andere wäre an meiner Stelle von Zimmer zu Zimmer gegangen, hätte sich links erkundigt, wäre rechts hinausgewiesen worden. Ich aber gehe direkt auf mein Ziel los.

Herr A., der gerade Akten zu kleinen schiefen Türmen aufstapelt und über die Ablenkung sichtlich erfreut ist, empfängt mich mit ausgesuchter Zuvorkommenheit und geht dann gleich in medias res, indem er mich fragt: «In welcher Eigenschaft vertreten Sie den Verlierer des Passes?»

«Er gehört zu einer Reisegesellschaft, deren Betreuer ich bin.»

Was habe ich da gesagt! Herr A. horcht auf. Seine Augen werden groß. «Sie haben es gut!» ruft er aus. «So viele schöne Länder zu sehen, immerfort reisen zu können, während andere in ihren dumpfen Büros dahinsiechen! Ach, ich beneide Sie um Ihren herrlichen Beruf!»

Unter anderen Umständen hätte ich diesem Mann den Neid schnell ausgetrieben. Aber ich darf es nicht mit ihm verderben. Also stimme ich ihm matt zu und nehme mir nur vor, ihm später ein Exemplar dieses Buches zu schicken.

Er möchte wissen, wie lange wir in der Stadt zu bleiben gedenken.

«Drei Tage», sage ich unsicher.

«Drei Tage! Unmöglich!» schreit er empört.

«Wenn die Ausstellung des Passes länger als drei Tage dauert, können Sie ihn uns vielleicht nachschicken», schlage ich vor.

Aber er ist bei einem ganz anderen Thema.

«Drei Tage in dieser Stadt, zu der Sie zwanzig, nein, hundert brauchten! Monsieur, das ist ja ein Verbrechen an Ihren Touristen. Wie kann man eine solche Stadt in drei Tagen besichtigen!»

Er ergeht sich in Schmähungen gegen die Reisebüros und den Ungeist der Zeit, für dessen Verkörperung er mich offenbar hält.

«Haben Sie Ihre Gruppe wenigstens schon in das Museum für Stadtgeschichte geführt?» fragt er mich.

Ich murmle eine undeutliche Antwort.

«Sehen Sie, das ist das Deprimierende: Alles stürzt ins Museum der bildenden Künste, weil es in jedem Reiseführer steht. Dabei muß man im Museum für Stadtgeschichte gewesen sein. Nur dort erfahren Sie etwas über die Bedeutung unserer Stadt in der Römerzeit.»

Es kostet Mühe, den heimatverbundenen Herrn A. auf das Anliegen zurückzubringen, das mich hergeführt hat.

Die Sache mit dem verlorenen Paß amüsiert ihn königlich. «Wie zerstreut sind doch die Touristen! Merkwürdige Typen müssen Ihnen da begegnen. Erzählen Sie mal! Sie könnten sicher einen Roman darüber schreiben. Das würde ein Erfolg werden – Sie sind ein Erfolgsmensch!»

«Gewiß», sage ich ohne Überzeugung. «Wenn Sie mir jetzt vielleicht sagen wollen, wie ich zu einem neuen Paß komme.»

«Ja, das ist nicht so einfach. Da wenden Sie sich am besten an meinen Abteilungschef, Herrn B. Aber vergessen Sie nicht», fügt er hinzu, während er mich zur Tür geleitet, «das Museum für Stadtgeschichte zu besichtigen. Sie werden es nicht bereuen.»

Dann stehe ich im Büro des Abteilungschefs. Ich finde Herrn B. ganz in die Lektüre seiner Zeitung versunken. Seine Zeit sei kostbar, ich solle zur Sache kommen, sagt er, noch bevor ich überhaupt begonnen habe. Wenn ich warten wollte, bis der den Kopf aus der Zeitung erhebt, wäre ich am Abend noch hier. Ein Reiseleiter ist es gewohnt, zu sprechen, ohne daß einer zuhört.

Nach dem ersten Satz weiß Herr B. bereits genug. «Wenden Sie sich an Herrn C., der wird Ihnen sagen, welche Formalitäten notwendig sind», ist alles, was ihm dazu einfällt.

Ich fange an zu zweifeln, daß meine neue Taktik die richtige ist. Ich hätte doch gleich zur Paßstelle gehen sollen, in der ich jetzt Herrn C., einer Gogolschen Bürokratengestalt mit krummem Rücken und Ärmelschonern, gegenüberstehe. Er macht einen Diener vor mir und greift sich an die Brust, also wolle er mir seinen eigenen Paß zur Verfügung stellen. Aber nein, er ringt nur die Hände und bedauert, daß sie ihm gebunden seien. Er sei nur der Schönschreiber, der die Pässe, wenn alle Unterlagen eingereicht und geprüft seien, ausschreibt. Diese Unterlagen liefere ihm ein Herr D., der in einem Zimmer mit der Aufschrift «Kein Eintritt» sitze. Zu ihm müßte ich gehen.

Zwei Stunden später bin ich an der richtigen Stelle, nachdem ich die Bekanntschaft des gesamten Konsulatspersonals gemacht habe. Herr Z. versichert mir stolz, daß er der einzige sei, der in dieser Angelegenheit Bescheid wisse und helfen könne. Ich verbeuge mich respektvoll.

«Zunächst», sagt er mir, «müssen Sie nun zur Polizei gehen und ein amtliches Protokoll über den Paßverlust aufnehmen lassen. Damit kommen Sie wieder. Ohne dieses Protokoll kann ich gar nichts in die Wege leiten.»

Das ist zumindest eine klare Auskunft. Ich bedanke mich dafür so überschwenglich, als hielte ich schon den Paß in den Händen. Dann frage ich mich zu dem für unser Hotel zuständigen Polizeirevier durch. Mit dem Protokoll, das den Umfang einer kleinen Broschüre hat, kehre ich zum Konsulat zurück, um zu erfahren, daß sich der «Verlustträger» schleunigst fotografieren lassen müsse (von vorn mit rechtem Ohr). Mit den Bildern, auf die weder der Fotograf noch mein Tourist sehr stolz sein kann, eile ich zurück zum Konsulat. Ich habe den Abgebildeten und zwei seiner Reisegefährten bei mir, die bezeugen müssen, daß der Herr auch der ist, der er vorgibt zu sein. Danach brauche ich nur noch an die Behörde zu telegrafieren, die den verlorenen Paß ausgestellt hat – sie ist zweitausend Kilometer entfernt, was man an den Gebühren spürt –, um per Antworttelegramm die Daten bestätigt zu bekommen, die der Tourist angegeben hat.

Nach drei Tagen endlich ist der große Augenblick gekommen. Herr Z. händigt mir feierlich das heißerkämpfte Dokument aus. Ich nehme es wie eine Siegesurkunde in Empfang. Beinahe vergesse ich, daß es auf einen anderen Namen ausgestellt ist, und gebe es an den Eigentümer nur schweren Herzens weiter. Aber es ist keine Zeit für Sentimentalitäten. Die Koffer sind gepackt. In einer Stunde verlassen wir das Land. Ich werde meine Gruppe vollzählig heimbringen.

Mein Tourist strahlt. Ich nehme an, vor Dankbarkeit für die wiedererlangte Identität. Da platzt er heraus: «Was meinen Sie, was ich eben beim Kofferpacken gefunden habe? Raten Sie!»

Ich brauche nicht lange zu raten. Er hält mir seinen Fund schon unter die Nase. Es ist ein blauer Paß. Ich sehe rot.

«So etwas Komisches! Ich hatte überall nachgeschaut, nur nicht im Schuhputzbeutel.»

Ich habe nicht einmal die Kraft, laut loszubrüllen, sondern schüttele nur stumm den Kopf.

«Das war doch ein gutes Versteck, nicht wahr!» meint dieser Mensch. «Nicht einmal Sie haben ihn dort vermutet. Hahaha . . .»

Ich muß mich besinnen, daß die körperliche Züchtigung der Touristen verboten ist. Also beschränke ich mich darauf, ihm den Titel eines bekannten Romans von Dostojewski* an den Kopf zu werfen.

Nun gehört der neue Paß doch mir!

Einmal habe ich die Unvorsichtigkeit begangen, einen wiedergefundenen Paß auf der Botschaft abzuliefern. Diesen unglückseligen Entschluß werde ich mir nie verzeihen. Denn, so merkwürdig das auch scheinen

* Dostojewski schrieb den «Idiot» im Jahre 1868.

Wenn jemand eine Reise tut ...

. . . dann kann er viel bezahlen – um den berühmten Vers von Asmus zu variieren.

Die Art, wie ein Reisender bezahlt, läßt Rückschlüsse auf Temperament und Charakter zu:

Der Heuchler drückt dem Hotelpersonal mit der Bemerkung «leider kein einheimisches Geld mehr» alte Biermarken in die Hand;

der Geizige greift in die hingehaltenen Hände in der Hoffnung, eine Münze zu finden;

der Angeber lädt das gesamte Personal zu einem Umtrunk ein, schreibt einen ungedeckten Scheck aus und läßt sich die Restsumme herausgeben;

der Schüchterne wartet im Hotel ab, wie's die anderen machen, geht dann als letzter raus und drückt errötend jedem, der außen steht, unbesehen ein Geldstück in die Hand;

der Sparsame gibt genau am letzten Tag im letzten Hotel den letzten Groschen seines exakt kalkulierten Reisegeldes aus und sagt auf der Heimfahrt zu seiner Ehehälfte: «Macht ja nichts; wenn wir heimkommen, ist Zinstermin.»

mag: Sie werden die Angestellten eines Konsulats oder einer Botschaft nicht erschüttern, wenn Sie den Verlust eines Passes melden. Dagegen werden Sie sie buchstäblich aus der Fassung bringen, wenn Sie einen zurückbringen wollen.

Vor kurzem verlor ein amerikanischer Tourist seinen Paß in Nizza. Es gelang mir mit Mühe und Not, durch die Amerikanische Botschaft in Paris eine Abschrift zu bekommen, und der Mann war gerettet. Zwei Tage später wurde ich in Paris vom Hotel Plaza in Nizza angerufen und erfuhr, daß sich der Paß wieder eingefunden habe. Ich beeilte mich also, das überflüssig gewordene Duplikat am Place de la Concorde zurückzugeben. Das war ein kapitaler Fehler.

Die Herren von der Botschaft, die noch zwei Tage zuvor den Verlust des Passes mit vollständiger Gleichgültigkeit und so, als spräche ich von einem Gegenstand, der nur Liebhaberwert besitzt, hingenommen hatten, wurden auf einmal mißtrauisch. Ich kam ihnen verdächtig vor. Im Handumdrehen hatte ich die ganze Botschaft auf dem Halse. Ich wurde von Abteilung zu Abteilung gereicht, unter Bewachung, versteht sich, mußte aussagen, unzählige Fragen im Kreuzverhör beantworten und eidesstattliche Versicherungen abgeben. Als man mich am Abend schließlich freiließ, hieß es noch, ich könnte von Glück reden, so ungeschoren davongekommen zu sein.

Es interessierte mich zu wissen, wie viele Reisepässe jährlich in Frankreich verloren werden, und man sagte mir, daß während der Saison, also zwischen April und September, täglich zwei Reisepässe abhanden kämen. Macht ungefähr dreihundertsechzig Stück. Die Hälfte davon wird von den Touristen selbst wiedergefunden, im Koffer, im Mantelfutter oder, wie wir eben gesehen haben, im Schuhputzbeutel. Bleiben hundertachtzig. Von denen werden zwei Drittel im Fundbüro abgegeben. Straßenkehrer, Kellner und Animiermädchen stecken sich den Finderlohn ein. Bleiben noch etwa fünfzig. Wo mögen die wohl landen?

Es heißt, amerikanische Pässe seien besonders begehrt und gewisse Leute würden sie mit Gold aufwiegen. Ich wollte der Sache doch einmal nachgehen und lief den ganzen Montmartre ab und dreimal nach Mitternacht um die Bastille, wobei ich ununterbrochen «Amerikanischen Paß zu kaufen gesucht» vor mich hinmurmelte. Umsonst. Man bot mir alles mögliche an, nur keinen Paß. Alles was ich fand, war ein Paßsammler, der nicht nur *einen* amerikanischen besaß, sondern sogar zwei. Den zweiten wollte er zwar hergeben, aber nur im Tausch gegen einen argentinischen, der ihm in seiner Sammlung noch fehlte. So erfuhr ich, daß Reisepässe ebenso wie Briefmarken einen Sammlerwert haben und die amerikanischen gar nicht einmal sehr hoch im Kurs stehen, weil zu viele davon auf dem Markt sind. Das kommt daher, erklärte man mir, daß die Amerikaner zehnmal so kopflos – oder wie der

Fachausdruck lautet: verlierfreudig – seien wie die Deutschen und die Skandinavier. Diese wiederum seien dreimal verlierfreudiger als die Franzosen. Kurz, es stellte sich heraus, daß die Pässe der Südsee-Insulaner und nicht etwa die amerikanischen die wertvollsten sind.

Einen guten Rat zum Schluß: Wenn Sie es nicht vermeiden können, daß Ihnen Ihre Brieftasche gestohlen wird, dann richten Sie es wenigstens so ein, daß es nicht in London oder Madrid geschieht, sondern in Rom. Sie werden es nicht bereuen. Die Diebe von Rom sind zweifellos die ehrlichsten der ganzen Welt. Diese Erfahrung verdanke ich einem Rompilger, der die römische Straßenbahn auch von innen kennenlernen wollte.

Von den heiligen Stätten, die er schon besucht hatte, an Massenandrang gewöhnt, benutzte er die Straßenbahn seelenruhig in der verkehrsreichsten Tageszeit und stieg an der Via Veneto um seine Brieftasche erleichtert wieder aus.

Daß er dabei seine Fahrschein- und Eintrittskartensammlung verloren hatte, war traurig; daß er ohne Bargeld dastand, war schlimm! Aber das Unangenehmste war, daß er nun keinen Paß mehr hatte. Ich mußte ihn zur Polizei begleiten, um ein Protokoll anfertigen zu lassen.

Der Kommissar zeigte sich über die Verlustmeldung ehrlich niedergeschlagen. Rührend, wie sehr die Italiener sich die kleinen Schwächen ihrer Landsleute zu Herzen nehmen. Wäre er selbst der Bestohlene gewesen, ich glaube, er hätte nicht bekümmerter dastehen können.

«Ich fürchte, ich fürchte, daß Sie das Geld nie mehr wiedersehen werden», seufzte er.

«Gut, also das Geld schreiben wir ab», sagte ich resigniert, «aber wie steht es mit dem Paß?»

«Oh, was den Paß betrifft», sagte er ganz zuversichtlich, «da kann ich Sie vollkommen beruhigen. Sie werden ihn im Laufe von vierundzwanzig Stunden wiederhaben.»

«Wieso?» fragte mein Rompilger verblüfft. «Wer wird ein Wertobjekt wie einen Reisepaß freiwillig zurückgeben!»

Der Kommissar schien gekränkt. «So schlecht dürfen Sie von unseren Taschendieben nicht denken, mein Herr», sagte er. «Man müßte ja ein Verbrecher sein, wenn man den Touristen *das* antun wollte. Nein, ein anständiger Dieb liefert einen versehentlich mitgegriffenen Paß unverzüglich ab. Seien Sie versichert, daß Sie schon morgen früh Ihren Paß wiederfinden, und zwar in dem Briefkasten, der eigens zu diesem Zweck an der Stazione Termini angebracht ist.»

Ich konnte an so viel Gewissenhaftigkeit von seiten der Taschendiebe nicht recht glauben. Um nichts unversucht gelassen zu haben, gingen wir am nächsten Morgen dennoch in Begleitung eines Gendarms zur Stazione Termini. Er schloß den besagten Briefkasten auf, und ein Dutzend Pässe aller Nationalitäten fiel uns entgegen. Mein Rompilger fand den seinen schnell heraus, dankte Gott und pries die Großmut der römischen Spitzbuben.

Ist es nicht geradezu eine Lust, so zuvorkommend bestohlen zu werden! Oder kennen Sie einen anderen Ort, an dem die Diebe in der Achtung vor ihrem Opfer so weit gehen?

Hotelzimmer
Chambres d'Hôtel
Bedrooms

Mancher liebenswürdige und dankbare Tourist fragt mich nach der Rückkehr beim letzten Händeschütteln, ob ich nicht einen Lieblingswunsch hätte, dessen Erfüllung in seiner Macht stünde. Darauf muß ich leider jedesmal antworten: «Sie sind zu gütig, aber dafür ist es jetzt zu spät.»

Was ich mir am meisten wünsche, ist nämlich, eines Abends mein Hotelzimmer zu betreten, ohne daß man mich vor dem nächsten Morgen wieder herausriefe. Aber dieser Wunsch scheint unerfüllbar zu sein. Denn noch habe ich die Schwelle meines Zimmer nicht überschritten, da klingelt schon das Telefon. Herr K. verlangt ungeduldig nach mir. Ich steige also wieder hinunter in die Halle, wo Herr K. wie ein Löwe im Käfig auf- und abläuft.

Was ist passiert?

Ich werde es gleich erfahren. Zunächst fragt mich Herr K., ob ich mich über ihn lustig machen wolle. (Dumme Frage! Ich möchte wissen, ob derjenige, der sie stellt, tatsächlich mit einer bejahenden Antwort rechnet.) Natürlich verneine ich entschieden.

«Sie haben mir Zimmer fünf gegeben», fährt Herr K. mich an. «Das schäbigste des ganzen Hotels. Ich denke nicht daran, da drin zu bleiben. Haben Sie verstanden? Besorgen Sie mir gefälligst ein anderes.»

«Wieso? Was ist denn los mit dem Zimmer?»

Was los ist? Das ist es ja eben: gar nichts. Es hat keinen einzigen Kleiderbügel, weder Tisch noch Sessel, der Schrank geht nicht auf, das Fenster nicht zu, und was das Bett betrifft . . . Sprechen wir lieber nicht davon. Aber all das wäre noch nicht so schlimm, wenn das verwünschte Zimmer nicht über der Bar gelegen wäre, in der unermüdlich eine Band jazzt, und neben dem Aufzug, der noch lauter summt als der Mückenschwarm im Zimmer.

Ich weiß, was ich jetzt zu tun habe, und ich weiß, daß es vergeblich sein wird. Es ist nur eine Geste, um Herrn K. zu beruhigen. Ich trete auf den Empfangschef zu, der sich seinerseits mit einem Sprung in die Rezeption zurückzieht und seine unnahbarste Miene aufsetzt. Ich kenne seine Antwort im voraus. Es ist das erste Mal, daß ihm über dieses Zimmer eine Klage kommt. Er gibt es eigentlich nur bevorzugten Gästen. Viele Gäste möchten es immer wieder haben. Wenn alle Zimmer den Komfort von Nummer fünf bieten würden, müßte das Hotel mindestens vier Sterne haben. Außerdem sei alles belegt.

«Entweder Sie nehmen das Zimmer, mein Herr, oder Sie lassen es bleiben!»

Bei einer solchen Alternative erübrigt sich jede Diskussion. Nummer fünf ist immerhin besser als gar nichts, und wer in der Hauptsaison reist, muß sich glücklich schätzen, wenn er überhaupt noch einen Unterschlupf findet. Das versuche ich Herrn K. klarzumachen, wobei ich ihn sanft zum Aufzug zurückdränge, mit dem er schließlich wieder zu seinem Zimmer fünf hinauffährt. Allerdings nicht ohne mir vorher noch zu versprechen, daß er sich bei der Agentur beschweren werde.

Wozu die ganze Aufregung? Herr K. wird in besagtem Zimmer nur eine einzige Nacht zubringen müssen. Man fragt sich, wie der Tourist noch die nötige Kraft aufbringt, sich so zu exaltieren, wenn man bedenkt, welches strapaziöse Tagespensum er hinter sich hat.

Betrachten wir einmal das Programm eines beliebigen Reisetages:

15. Tag. (Der Tourist dürfte bereits nicht mehr in allerbester Form sein.)

NAUPLIA – ATHEN:

7.30 Uhr Frühstück. – 8.00 Uhr Abfahrt nach Epidaurus, mit dem schönsten erhaltenen antiken Amphitheater und dem Tempel des Äskulap (Besichtigung). – 11.00 Uhr Weiterfahrt nach Mykene. Löwentor und Grabmal des Agamemnon (Führung) – 13.30 Uhr Mittagessen. – 14.15 Uhr Abfahrt nach Athen über den Isthmus von Korinth. Stadtrundfahrt durch die griechische Hauptstadt, die von der berühmten Akropolis beherrscht wird. Besichtigung des Parthenon, des Odeon, des Erechtheion, der Pinakothek, der Propyläen, der Siegestempel, der Tempel Minervas, Jupiters etc. – 19.00 Einweisung in das Hotel. – 19.30 Uhr Abendessen. – 20.30 Uhr hinauf zum Lykabettos: Blick auf die angestrahlte Akropolis und das Meer. Anschließend Besuch in einer Taverne zur Retzina-Probe. – Übernachtung.

So, und nun stellen Sie sich diese antike Landschaft unter glühender Sonne bei 40 Grad Celsius im Schatten vor. Aber es gibt wenig Schatten auf den steilen Hügeln und den endlosen Treppen. Die Eindrücke sind überwältigend und der Retzina auch. Man sollte also annehmen können, daß der Tourist dankbar ist, wenn er nach einem solchen Tag nur irgendwo irgendeine Lagerstatt vorfindet, auf die er niedersinkt, ohne Bett und Raum nach ästhetischen Prinzipien zu untersuchen.

Aber dem ist keineswegs so. Pünktlich eine Viertelstunde nach der Zimmerverteilung beginnt das Konzert der Reklamationen und Notrufe. Der eine hat anstatt einer Badewanne nur eine Dusche; der andere wohl eine Wanne, aber kein fl. warmes Wasser; beim dritten fließt aus allen Hähnen eine lauwarme Brühe, und der vierte schließlich hat heißes und kaltes Wasser, Badewanne und Dusche, aber die Abflüsse sind verstopft. Die Installation des Hotels scheint aus der Antike zu stammen. Auch die Beleuchtungseinrichtung ist nicht viel jüngeren Datums. Das beweisen schon die Brandlöcher im Lampenschirm und die Patina aus Fliegenschmutz auf der Birne, die mit ihren 25 Watt das Zimmer in kaschemmenhaftes Dämmerlicht taucht.

Es gibt Touristen, die ihr Zimmer, aus dem sie nach sieben Stunden wieder ausziehen werden, mit der Lupe untersuchen, als sollten sie sich bis ans Ende ihrer Tage darin einrichten. Dabei entdecken sie zwar den Steckkontakt hinter dem Kleiderschrank, die Staubflocken unter dem Bett, und beides mit sichtlicher Befriedigung. Dann heißt es, zu prüfen, ob das Fenster schließt, alle Schlösser auszuprobieren, sämtliche Wasserhähne, Lichtschalter und Signalknöpfe. Nachdem dies geschehen ist, ruft man mich an, um mir vorwurfsvoll das Ergebnis der Untersuchung mitzuteilen.

«Probieren Sie einmal mein Bett aus! Das ist kein Bett, das ist ein Betonklotz!»

«Versuchen Sie einmal, sich bei mir zu duschen! Das ist keine Dusche, sondern eine tropfende Wasserleitung!»

Wozu das alles? Der Hotelier hat mich bereits gewarnt: «Sie nehmen die Zimmer, oder Sie lassen es bleiben.» Trotzdem lasse ich mich in vier oder fünf Betten fallen und schlage mir an der gußeisernen Federung die Knochen blau. «Was ist denn mit dem Bett?» heuchle ich. «Ist doch ganz in Ordnung.»

«Finden Sie! Sie sind vielleicht ein Spartaner. Und der Sessel – setzen Sie sich nur mal rein.»

Soll ich der Dame sagen, daß sie gar nicht dazu kommen wird, sich darin auszuruhen? Sie drückt mich schon hinein. Dem Sessel fehlt ein Bein, das ist nicht zu leugnen. Ich versuche krampfhaft, das Gleichgewicht zu halten.

«Nun, was sagen Sie jetzt?»

«Ja, er wackelt ein bißchen», gebe ich zu und schlage vor, sich auf den Stuhl zu setzen.

Darauf hat sie nur gewartet. «Der Stuhl! Daß ich nicht lache!» triumphiert die Dame. «Der ist noch schöner. Der hat ein Polster wie ein Kugelkaktus. Und dann das Fenster – versuchen Sie mal, es zuzumachen!» Ich stemme mich mit aller Kraft dagegen. Umsonst. Der rechte Flügel klemmt.

«Ein Skandal!» meint die Dame. Es hört sich schadenfroh an und so, als müßte *ich* in dem Zimmer wohnen.

«An Ihrer Stelle», sage ich ihr im Vertrauen, «würde ich mich nicht beklagen. Sie sollten das Zimmer von Ihrer Nachbarin sehen. Es ist nur halb so groß wie Ihres und hat doppelt so viele Fehler. Die Dame hat kein warmes Wasser und nur einen rostigen Spiegel. Und was das Fenster angeht: Ihres schließt nicht, aber mit dem nebenan ist es noch schlimmer: es läßt sich nicht öffnen.»

Das dieser Vergleich der Dame ein Lächeln entlockt, wage ich nicht zu behaupten. Immerhin beruhigt sie sichtlich das Gefühl, daß ihre Nachbarin noch schlechter dran ist. Und auch die Nachbarin, die schon lange nach mir gerufen hat, kann ich mit den gleichen Argumenten – «an Ihrer Stelle würde ich mich nicht beklagen. Sie sollten das Zimmer Ihrer Nachbarin sehen . . .» – für dieses Mal beschwichtigen.

Manchmal hat mir ein Hotelier in Luzern, Neapel oder woanders einige Zimmer an der Vorderseite des Hauses reserviert, mit Blick auf den See, das Meer oder die Jungfrau, und die anderen zum Hof hinaus. Jetzt stehe ich vor dem Dilemma: wer soll ein Zimmer mit Ausblick bekommen? Ja, wenn die Auserwählten wenigstens schweigen könnten! Aber nein, die hübsche Schallplattenverkäuferin mit den wunden Füßen, der ich etwas Gutes tun will, hat kaum das Zimmer betreten, als sie schon wieder in die Halle gehinkt kommt, um mit lauter Stimme ihre Begeisterung zu verkünden und aus Mitleid mit den Gefährten ohne Ausblick alle zur Bewunderung des Panoramas auf ihren Balkon einzuladen. Sie ahnt nicht, daß sie sich damit nur unbeliebt macht: bei den Neidern und auch bei mir. Zur Strafe wird sie das nächste Mal eine Brandmauer vor ihr Fenster gesetzt bekommen.

Mit Diskretion darf man bei einer Reisegesellschaft nie rechnen. Jeder Tourist trägt sein Herz auf der Zunge. Oder er hat keins.

Vorigen Sommer, als ich zum zehnten Male innerhalb weniger Wochen im Royal Danieli in Venedig ankam, nahm mich der Direktor gleich im Foyer beiseite.

«Sie haben wirklich Glück», flüsterte er mir zu. (Wenn ein Hotelier beteuert, daß ich Glück hätte, werde ich mißtrauisch. Bestenfalls handelt es sich um ein Glück im Unglück.) «Ich habe für Ihre Gruppe ein wundervolles Zimmer frei, das Dichterzimmer, in dem George Sand und Alfred de Musset geweilt haben. Sie wissen schon . . .* Wem wollen Sie es geben?»

«Um Gottes Willen!» antwortete ich entsetzt. «Behalten Sie es, und lassen uns alle zum Hof hinaus wohnen, wie gewöhnlich.»

«Das geht nicht. Dann habe ich eins zuwenig für Sie.»

Wen sollte ich vorziehen, ohne den Haß der übrigen auf mich zu laden? Ich überlegte rasch. Eine einzige Lösung fiel mir ein. Und aus

---

* ‹Geweilt› ist nämlich ein sehr unschuldiger Ausdruck für das, was sich, der Literaturgeschichte nach, einst in diesem Zimmer abgespielt haben soll.

reinem Gerechtigkeitssinn entschloß ich mich, diese Nacht selbst im Zimmer des romantischen Paares zu schlafen.

Dafür habe ich oft genug auf den Ledersitzen des Autobusses übernachtet, während meine Leute unter Steppdecken und Chintzbezügen in einem Grand Hotel schliefen, in dem genau ein Zimmer zuwenig reserviert war.

Nur ein einziges Mal hat meine ganze Gruppe mit mir das Notlager teilen müssen, und nicht einmal auf Lederpolstern die Nacht verbracht.

Als ich eines späten Abends mit sechzig Touristen in einem kleinen jugoslawischen Badeort ankam, erhielt ich von dem Empfangschef den grausamsten Urteilsspruch, der mir in meiner Laufbahn zuteil geworden ist.

«Nein, das kann nicht sein. Das ist nur ein schlechter Scherz», stammelte ich mit belegter Stimme. «Verweigern Sie mir drei, vier, zehn Betten, aber nicht sechzig!»

«Tut mir leid. Ich habe kein einziges Zimmer für Sie», sagte er. «Die russische Delegation, die heute morgen hätte abreisen sollen, hat beschlossen, ihren Aufenthalt noch um einen Tag zu verlängern. Ich kann sie nicht hinauswerfen. Das würde zu diplomatischen Verwicklungen führen.»

Ich war völlig niedergeschlagen. Was tun? Nach Paris zurückreisen? Der nächste Zug ging erst am andern Morgen. Und wo sollten wir so lange bleiben? Es hatte auch keinen Zweck, in den nächsten Ort zu fahren. Denn welches Hotel an der Küste würde mitten in der Hochsaison und mitten in der Nacht unvorbereitet sechzig Personen unterbringen können?

Noch hatte ich meiner Gruppe die Hiobspost nicht weitergegeben. Sie wartete in der Halle brav darauf, daß ich die Schlüssel verteilte. Irgendeiner mußte jedoch etwas gehört haben, und er beeilte sich, das Gerücht auszustreuen, das nur allzu wahr war. Ich beobachtete aus den Augenwinkeln, wie sie die Köpfe zusammensteckten und immer dichter aufrückend in Verteidigungsstellung gingen. Ich beschloß, es kurz zu machen, drehte mich rasch herum und schleuderte ihnen die Schreckensnachricht schonungslos entgegen. Die Gruppe brach auseinander, als wäre eine Bombe in ihrer Mitte geplatzt. Zwei Parteien entstanden: die einen brachen in eine Schimpfkanonade gegen den Hotelbesitzer, die Politiker im allgemeinen und die kommunistischen im besonderen, das Reisebüro und den Reiseleiter aus; die anderen drängten sich um mich wie ängstliche Schafe um den Hirten, und ihre treuen Augen zeigten, daß sie fest auf mich bauten. Ich durfte sie nicht enttäuschen. Es mußte eine Lösung gefunden werden. Aber wie?

Es war schon zu spät in der Nacht, um zu versuchen, in Privatquartieren unterzukommen. «Hören Sie», sagte ich zu dem Empfangschef, «auch unser Fall könnte zu diplomatischen Verwicklungen führen. Bedenken Sie ferner, daß wir zweiundsechzig Mann sind (mit Chauffeur, Frauen, Kindern und Greisen), eine Kompanie Franzosen, die mit dem Mut der Verzweiflung um einen Platz zum Schlafen kämpfen wird. Ich frage Sie: welches öffentliche Gebäude Ihrer Stadt – eine Schule etwa oder eine Kaserne – könnte meine Leute für diese Nacht aufnehmen?» Ich zählte alle Möglichkeiten auf: die jugoslawische Armee? (Gab es hier nicht.) Die Heilsarmee? (Auch nicht.) Ein Kloster? (Die Nonnen, hieß es, wirkten in anderer Weise caritativ.) Die Bahnhofshalle? (Wurde nur geöffnet, wenn ein Zug kam.) Ein Gefängnis vielleicht? Nicht einmal ein Gefängnis gab es in diesem kleinen Strandbad in der Nähe von Split.

Gott sei Dank aber ein Krankenhaus.

Das war meine Rettung. Der diensthabende Arzt, dem ich unsere Lage auseinandersetzte, nahm mir vierzig Frauen und Kinder ab. Die übrigen beschlossen nach kurzer Beratung, mit mir am Strand zu kampieren, wo sie ohne weitere Beanstandung ihrer Liegestatt (Kies), der Installation (fl. Salzwasser und Brausebad) und Beleuchtung (Halbmond) von den Wellen sanft in den Schlaf gewiegt wurden. Überflüssig zu sagen, daß es die empfindsamste Nacht der ganzen Reise war.

Besichtigungen
Excursions
Sightseeing

Wie es der Reiseplan vorschreibt, versammle ich auf der Paßhöhe meine Leute um mich und deute mit großer Gebärde in die Landschaft.

«Ladies and Gentleman! Hier können Sie eines der großartigsten Panoramen der Welt bewundern . . .»

Als ich mich umschaue, um zu kontrollieren, ob man meiner Aufforderung auch nachkommt, stelle ich fest, daß die schöne Aussicht vor mir einen Rivalen hat, dem sich viel mehr Augen zuwenden, obwohl er sich an Erhabenheit keineswegs mit dem Blick ins Tal und auf die schneebedeckte Bergkette dahinter messen kann. Es ist ein Hausierer mit bunten Töpferwaren, der sich bescheiden im Hintergrund hält. Er kennt die Menschen und seine Anziehungskraft und braucht die Konkurrenz der Natur nicht zu fürchten. Schon umlagern ihn die Touristen und drehen dabei einem der großartigsten Panoramen der Welt den Rücken zu. Wegen ein paar irdener Töpfe, unregelmäßig gebildet, primitiv bemalt! Die hellen Begeisterungsrufe, die nicht meinem Panorama gelten, sondern dem Vertreter einer Firma, die Volkskunst en gros herstellt, klingen mir schmerzlich im Ohr.

«Ladies and Gentleman! Die Aussicht ist dort!»

Ein kurzer nervöser Blick in die angegebene Richtung. ‹Na, und? Die Landschaft läuft uns doch nicht weg, aber Miss Thompson hätte mir beinahe dieses reizend deformierte Milchkännchen weggeschnappt.›

Mir bleibt nichts anderes übrig, als die Gegend allein zu betrachten. Erst wenn die für diesen Aufenthalt vorgesehenen sieben Minuten herum sind und ich zum Einsteigen mahne, wird man sich erinnern, warum hier angehalten wurde, und die Fotoapparate zücken. Zum ruhigen Betrachten ist ja leider nie Zeit.

So ist der Tourist nun einmal: Aus Furcht, nicht genug bleibende Erinnerungen an seine Reise mitheimzubringen, kauft er lieber zerbrechliche Souvenirs, statt unvergeßliche Eindrücke zu sammeln. Um so dankbarer gedenke ich an dieser Stelle der wenigen Getreuen, die allen Verlockungen der Andenkenindustrie tapfer widerstehen und mit rührendem Eifer meinen kleinen Vorträgen zu lauschen bereit sind. Wie dankbar sind sie für jedes Wort und wie schadenfroh sehen sie das unwissende Vollk der Postkartensammler an, das sich mir erst dann zuwendet, wenn ich am Schluß meiner Ausführungen angelangt bin: «Ach bitte, wie war das doch?» flehen sie mich an. «Können Sie nicht noch einmal erklären . . .»

Damit haben sie bei mir kein Glück.

Ich nehme mir seit einiger Zeit ein Beispiel an einem Fremdenführer in Kairo, den kein Tourist um alles in der Welt dazu bringt, seine Reden zu wiederholen. «Bedaure», pflegt er zu sagen. «Ich spiele nicht zweimal hintereinander dasselbe Lied. Das nutzt die Platte ab.»

Aber nehmen wir einmal an, es wäre ausnahmsweise nichts da, was sie von der Betrachtung der Landschaft ablenken könnte: kein Straßenhändler, kein soziales Elend vor einer Köhlerhütte und keine andere Attraktion. Auch dann habe ich nicht immer die Zuhörer auf meiner Seite. Mit platonischen Empfindungen sehen sie in die Gegend, die ihnen nicht halb so viel bedeutet, wie ich erhofft hatte. Vielleicht liegt es am trüben Wetter, vielleicht daran, daß meine Leute mit schönen Aussichten schon überfüttert worden sind. Jedenfalls treten sie von einem Bein aufs andere und schielen sehnsüchtig zum Omnibus hinüber.

Das kann ich nicht dulden. Ich muß sie zwingen, den Ausblick so zu würdigen, wie er es verdient und wie es vorgesehen ist. Da hilft nur eine kleine unschuldige List. Ich sage: «An dieser Stelle, meine Herrschaften, stand vor nunmehr . . . Jahren der große . . . und tat den berühmten Ausspruch . . .» Das tut unfehlbar seine Wirkung. Ich brauche nur jeweils nach der Nationalität der Reisenden die kreditwürdigsten Namen, ein glaubwürdiges Datum und ein passendes Zitat einzusetzen, und schon verbreitet sich das Gefühl, auf geweihtem Boden zu stehen und in eine historische Landschaft zu schauen. Je dramatischer die Szene war, die sich hier einst abgespielt haben soll, desto größer ist die Ergriffenheit. Wenn man schon nicht der erste an diesem Ort sein kann, möchte man sich wenigstens der Vorstellung hingeben, auf den Spuren der Großen der Geschichte zu wandeln, selbst dann, wenn von diesen Spuren nichts mehr zu sehen ist. Eine wertvolle Unterstützung ist es für mich, wenn eine verwitterte Erinnerungstafel noch die Stätte kennzeichnet, wo, sagen wir, Byron seine schöne Seele aushauchte, wo Shelley ertrank, wo der heilige Franz von Assisi mit den Tieren sprach, Goethe einen Akt der «Iphigenie» schrieb und irgendwer irgendwen in blutiger Schlacht besiegte. Und sei der Ort heute ein öder Weideplatz, ein Haus ohne architektonischen Reiz oder ein Tal im Nebel, — niemand läßt es sich nehmen, in Andacht vor ihm zu erschauern.

Nirgends sonst beweist der Tourist so viel Erfindungsgabe wie in der Technik, sich unmerklich von der Gruppe wegzustehlen, um allein auf Entdeckungsreise zu gehen. Ich gebe zu, daß mich dabei schon so mancher mit Bravour überlistet hat. Besonders in einem Fall konnte ich denen, die mich hinters Licht führten, meine Hochachtung nicht versagen.

Es war in Venedig, dem von allen Reiseführern am meisten gefürchteten Ort Italiens. Die Verlockungen, sich auf eigene Faust in das Labyrinth der Gassen und Kanäle zu stürzen, und die Möglichkeit, sich darin hoffnungslos zu verirren, sind zu groß, als daß man erwarten dürfte, seine Leute über die gemeinsame Fahrt auf dem Canal Grande zum Markusplatz hinaus noch zusammenhalten zu können. Man muß froh sein, wenn sie bis zum Abend wieder zu ihrem Ausgangspunkt zurückgefunden haben, denn wer Venedig kennt, weiß, daß es seiner besonderen Anlage wegen nicht möglich ist, mit dem Omnibus die bei den Touristen besonders beliebten Ladenstraßen entlang zu fahren und — wie es allnächtlich in den historischen Stadtteilen und den Vergnügungsvierteln der Weltmetropolen geschieht — die versprengten und sich nicht mehr des Vollbesitzes ihrer körperlichen und geistigen Kräfte erfreuenden Bummler einen nach dem anderen wieder aufzulesen.

Ich hatte mich längst damit abgefunden, daß sich meine Gruppe, kaum auf dem Markusplatz angekommen, in kleinere Patrouillen und in Pärchen auflöste, die sich während meiner Erläuterungen über die Baugeschichte des Doms nach und nach unauffällig davonstahlen, sei es, um über die Postkartenverkäufer herzufallen oder nur, um irgendwo im Gedränge einen günstigen Platz zum Fotografieren, womöglich sogar noch einen originellen Schußwinkel zu finden. Die meisten, wußte ich, würde ich an diesem Tage nicht mehr wiedersehen. Um so mehr fühlte ich mich den letzten sechs oder sieben Zuhörern verbunden, die wie gebannt an meinen Lippen hingen. ‹Das ist noch Treue und Pflichtbewußtsein›, dachte ich und sah jedem einzelnen dankbar, aber auch ein bißchen mißtrauisch in die Augen. ‹Wenn ich sie doch nur hypnotisieren könnte, damit ich sie nicht auch noch verliere», wünschte ich mir. Ich kämpfte um ihre Anhänglichkeit, indem ich die grausigsten und pikantesten Details zur Lebensgeschichte der venezianischen Dogen dazu erfand, aber ich konnte doch nicht verhindern, daß mein Auditorium nach einiger Zeit nur noch aus zwei Zuhörern bestand. Gerade wollte ich meinen Vortrag mit einer Einladung der beiden vorbildlichen Bildungsreisenden zu einem Espresso beenden, da fragte mich der eine unvermittelt:

«Wie groß ist eigentlich der Markusplatz?»

Zum Teufel, danach hatte mich noch niemand gefragt. Ich murmelte etwas von «-zigtausend Quadratmeter». Doch das ließ er nicht gelten. Er wollte die genaue Zahl wissen.

«Vielleicht so siebzehntausendfünfhundertfünfzig», schätzte er.

Sein Gefährte widersprach. «Mindestens neunzehntausendeinhundert, wetten wir?»

Wer von beiden hatte recht? Ich vermochte es nicht so ohne weiteres zu entscheiden.

«Das werden wir gleich haben», meinten sie.

Und ich mußte mitansehen, wie sie sich, den Platz abschreitend – der eine in die Länge, der andere in die Breite –, von mir entfernten. Überflüssig zu sagen, daß sie am Ende des Platzes nicht etwa umkehrten, um mir das Ergebnis der Messung mitzuteilen. Ich trank meinen Kaffee zusammen mit anderen vereinsamten Reiseführern und erzählte ihnen, unter welchem Vorwand sich meine letzten Zuhörer aus dem Staube gemacht hatten. Sie lobten die diskrete und einfallsreiche Art. Es gäbe doch noch feinfühlige Menschen, hieß es, ich könnte stolz sein auf diese zwei, und das war ich dann auch nach einigen Gläsern Campari Bitter.

Da wir gerade in Italien sind, scheint es mir angebracht, meinen jüngeren Kollegen etwas von meinen Capri-Erfahrungen mitzugeben. Sie müssen wissen, meine Herren, daß Capri keinerlei Problem darstellt, wenn Sie sich längere Zeit dort aufhalten werden, also vierundzwanzig Stunden oder gar noch mehr. Dann haben Sie genug Muße, die Insel in Ruhe kennenzulernen. Sind Sie jedoch ein wenig gehetzt, kommen vormittags mit dem Schiff von Sorrent an, um am Nachmittag mit einem Schnelldampfer direkt nach Neapel zurückzufahren, von wo sie der D-Zug unverzüglich nach Rom bringt, damit Sie den Anschluß nach Paris nicht versäumen, – so werden Sie die Besichtigung der Insel auf die Blaue Grotte, die Villa San Michele und ein Dutzend Souvenirstände beschränken müssen.

Merke: von einem Touristen, der nicht in der Blauen Grotte war, kann man nicht verlangen, daß er das Gefühl hat, auf Capri gewesen zu sein. Dann hätte er ebensogut nach Madeira oder nach England fahren können, das sind auch Inseln. Ich habe von einem exzentrischen deutschen Reisebüro gehört, das Reisen nach «Capri ohne Blaue Grotte» und «Paris ohne Eiffelturm» ausgeschrieben haben soll. Als ob sich das verwirklichen ließe! Ich möchte wissen, wer es drei Tage auf Capri aushält, ohne in Versuchung zu geraten, doch noch in aller Heimlichkeit einen Abstecher zu der unter Tabu gestellten Blauen Grotte zu machen. Und wer bekäme das Kunststück fertig, acht Tage lang Paris zu durchwandern, ohne den Eiffelturm zu sehen? Niemand. Darum nicht lange sich zieren: Schließen Sie sich gleich nach der Ankunft auf Capri der Menge an, die auf die Überfahrt zur Grotte wartet. Es muß nun einmal sein!

Das Motorboot, das Sie nach einigen Stunden geduldigen Wartens aufnimmt, bringt Sie mitnichten direkt zum Ziel. Es ist viel zu groß für die enge Öffnung der Grotte. Eine kleine Flotille von schmalen Ruderbooten tummelt sich vor dem Eingang, und Sie müssen umsteigen. Immer zwei oder drei in einen Kahn. Es ist unvermeidlich, daß man dabei für kurze Zeit die Übersicht über seine Gruppe verliert. Lassen Sie das ängstliche Ausschauen nach Ihren Schäfchen. Ich habe selbst miterlebt, wie ein Reiseführer, der die Augen überall hatte, nur nicht dort, wo sie im Augenblick am wichtigsten waren, beim Wechseln des Bootes mit flottem Satz nach backbord ins Wasser sprang, während der kleine Kahn steuerbord lag. Touristen haben einen gesünderen Egoismus und sind daher meines Wissens beim Besuch der Blauen Grotte noch nie zu Schaden gekommen.

Mit einer Ausnahme. Aber daran waren allein die Launen der Elemente schuld.

Das Meer war noch ganz glatt, als wir an jenem Tag vor der Grotte ankamen. Plötzlich jedoch wurde es so unruhig, daß der Eingang von der Brandung überspült wurde. Wir konnten nicht mehr einfahren. Aber was geschah mit denen, die schon in der Grotte waren? Zwei von meinen Leuten, die unbedingt hatten die ersten sein wollen, waren nun in ihr eingeschlossen. Besorgt fragte ich einen der Ruderer, was man dagegen unternehmen werde.

«Nichts», sagte er gelassen. «Wir müssen warten, bis sich das Meer beruhigt hat.»

Drei Stunden später warteten wir immer noch. Nur wenige von uns hatten noch ihren Mageninhalt bei sich. Aber sie ließen sich nicht dazu bewegen, zum Hafen umzukehren. Vor der Blauen Grotte macht man nicht kehrt und schon gar nicht, wenn zwei Kameraden darin eingesperrt sind.

Zwischen zwei Wellenschlägen riefen wir in die Höhle hinein und bekamen zur Antwort, daß alles wohlauf sei. Aber man kenne nun die Grotte zur Genüge, blau sei sie übrigens nicht, und man wolle schleunigst wieder hinaus. Dann brach sich die nächste Welle vor der Öffnung, und die Verbindung zu den Eingeschlossenen war wieder abgerissen.

«Können Sie denn gar nichts tun?» fragte ich die Männer von der Blaue Grotte-Reederei. «So viel Zeit war für diese Etappe gar nicht vorsehen.»

«Was erwarten Sie von uns? Sollen wir Ihretwegen den Eingang sprengen? Warum, glauben Sie, achten wir so streng darauf, daß die Öffnung sich nicht von selbst vergrößert?»

«Warum? – Das weiß ich wirklich nicht», sagte ich fassungslos.

«Es würde den Touristen nur noch halb soviel Spaß machen, wenn sie sich nicht flach auf den Bauch legen müßten, um in die Grotte einzufahren. Wofür haben sie schließlich bezahlt?! Haben Sie schon einmal etwas von Psychologie gehört?»

Ich nickte beklommen. – «Na, also!»

Eine Stunde später riefen die beiden Gefangenen verzweifelt, sie könnten es nicht mehr länger in der verdammten Grotte aushalten, und bevor sie wahnsinnig würden, hätten sie ihrem Ruderer befohlen, auf ihr eigenes Risiko einen Ausbruchsversuch zu wagen.

Schweren Herzens gab auch ich mein Einverständnis zu dem tollkühnen Wagnis. Wie gebannt starrten wir auf die Öffnung, in der alsbald der Kiel des Bootes auftauchte. Aber ehe es sich ganz durchgezwängt hatte, rollte eine neue Welle heran. Ich hörte einen heftigen Krach und schloß die Augen, überzeugt, daß das Boot zerschellt sei.

Glücklicherweise war es nicht das Boot, das gegen den Felsen geschleudert worden war, sondern nur der Kopf des einen Touristen. Und er war, wiederum zum Glück, ein Amerikaner irischer Abstammung, mit einem Schädel von der Qualität, wie man sie sonst nur noch bei Ausgrabungen findet.

Im Gegensatz zu den Tausenden von Touristen, die Capri mit Strohhüten, Halstüchern und Spieldosen beladen verlassen, brachte er als ganz individuelles Andenken zwei fingerlange Nähte am Hinterkopf und die Genugtuung mit, als erster Reisender der Neuzeit mehr als zehn Minuten in der berühmten Grotte verbracht zu haben. «Drei Stunden und sieben Minuten! Dieser Rekord ist schwerlich zu brechen», tröstete sich der Mann und nahm ohne Groll Abschied von Capri.

Angenommen, Sie haben die Blaue Grotte ohne unvorhergesehene Zwischenfälle hinter sich gebracht und sind wieder im Hafen gelandet, so warten bereits die bekannten droschkenähnlichen Vehikel auf Sie, die nach Anacapri hinauf fahren. Auf dieser Fahrt über die steilste Straße Europas empfehle ich meinen Leuten stets, die Augen zu schließen. Gern nehme ich es auf mich, sie für sie offen zu halten und ihnen zu berichten, was ich sehe. Es sind auf diesem Wege mehr Menschen vor Furcht gestorben als durch Verkehrsunfälle umgekommen. Man hat das

Gefühl, unfreiwillig bei einem Balanceakt mitzuwirken. Noch der letzte unter den Chauffeuren von Capri könnte sein Publikum zu Begeisterungsstürmen hinreißen, wenn er seine Kunststücke im Zirkus vorführen würde.

Wer bei der Ankunft auf dem Gipfel noch bei Sinnen ist, wird die Villa San Michele besichtigen müssen. (200 Lire für Erwachsene, 100 Lire für Kinder, freier Eintritt für das Militär.) Ich muß gestehen, daß ich bis heute noch nicht weiß, warum man San Michele nicht auslassen darf. Eher verzichtet der Tourist auf zehn Dome und doppelt so viel Museen als auf das Haus von Axel Munthe. Auf meine Frage, warum das so ist, bekomme ich immer nur zwei Antworten: entweder hat man das «Buch von San Michele» gelesen und will nun auch den Ort der Handlung kennenlernen, oder man hat das Buch nicht gelesen und will sich auch für die Zukunft die Lektüre ersparen, indem man den Fall in einer Zehn-Minuten-Besichtigung erledigt.

Alles, was es sonst noch auf Capri zu sehen gibt, ist auf Postkarten zu haben. Die Postkarte ist das bedeutendste Industrie- und Kulturprodukt der Insel, und jeder verkauft sie. Ich erwerbe meine immer in der Apotheke.

Sie müssen sich vorher gut überlegen, ob Sie Ihren Touristen erlauben, an diesem Ort Postkarten zu kaufen oder welche zu schreiben. Für beides zusammen ist keine Zeit. Haben Sie in Pompeji den Postkartenkauf zugelassen, dann wäre jetzt das Schreiben und Abschicken an der Reihe, damit die Taschen wieder leer werden. Dürfen auf Capri Karten gekauft werden, dann wird man in Neapel oder spätestens in Rom für ihren Versand Zeit opfern müssen.

Es ist ratsam, mehrmals unterwegs den gemeinsamen Besuch eines Postamtes einzuschieben, wofür Ihnen besonders die Briefmarkensammler dankbar sein werden.

Damit kommen wir zu den Innenbesichtigungen, die sich von den sogenannten Freilandexkursionen dadurch unterscheiden, daß man weniger Bewegungsfreiheit hat und schneller ermüdet, daß Rauchen und Fotografieren meistens verboten sind und man entweder einen Katalog kaufen oder seine Phantasie anstrengen muß. Obendrein wird einem noch gutes Benehmen abverlangt und bisweilen in sieben Sprachen das Tragen von saloppen Kleidungsstücken, von Kopfbedeckungen oder unbedeckten Köpfen und von schmutzigen Schuhen untersagt.

Trotzdem drängt es die Touristen in Kirchen und Museen, Paläste und Aquarien («Bitte nicht an die Scheibe klopfen!»). Nicht nur, um ab und zu unter sich, von den Einheimischen und ihren Handelsangeboten für kurze Zeit unbehelligt, zu sein. Sie möchten doch sehen, ob die berühmten Gemälde und Altäre auch den Abbildungen auf den Postkarten ähneln, die sie gerade verschickt haben. Außerdem gibt es in Bil-

dergalerien und Sälen mit ägyptischen Mumien interessante Meß-
instrumente an den Wänden und in den Fensternischen, ganz zu schweigen von den bequemen Polstersesseln, in denen man unbeobachtet vor
sich hinträumen kann, denn alle anderen Besucher sind ja ganz in das
Betrachten der Kunstgegenstände vertieft. In den Kirchen sind die Sitz-
gelegenheiten zwar weniger komfortabel, dafür ist es dort auch während der heißesten Zeit angenehm kühl.

Niemand bestreitet, daß es für den Besuch einer sakralen und muse-
alen Stätte auch seriöse Beweggründe gibt. Nachdenklich macht bloß,
daß nur wenige der Touristen, die sämtliche Kirchen der Toscana und
alle Galerien von Florenz kennen, seit ihrer Schulzeit noch einmal den
Fuß in ein Museum ihrer Heimatstadt gesetzt haben.

Zugegeben, darin unterscheiden sich die Reiseleiter nicht von den
Touristen. Ich weiß von einer ganzen Reihe von Kollegen, die zwischen
dem Nordkap und der Cheops-Pyramide jedes Kreuz am Weg kennen,
bei sich zu Hause aber nicht um drei Straßenecken gehen können, ohne
sich zu verlaufen. Sie sind imstande, die Öffnungszeiten aller Museen
des Abendlandes im Schlaf aufzusagen, nur wenn man sie fragt, wann
man die Sehenswürdigkeiten ihrer Vaterstadt besichtigen kann, ver-
stummen sie. Sie haben sogar eine triftige Entschuldigung für ihre
Unwissenheit. «Ein Reiseleiter ist kein Fremdenführer», sagen sie
pikiert.

Auch ich geriet in Verlegenheit, als man mir am Anfang meiner Laufbahn zumutete, eine Gruppe von Ausländern durch Paris zu führen.
Davon habe ich schon erzählt. Ich muß nur noch nachtragen, wie es
mir bei meiner ersten Führung durch den Louvre erging.

Eben hatte ich vergeblich versucht, die Teilnehmer der Stadtrundfahrt «Das historische Paris» von den Schaufenstern der Rue de Rivoli
abzulenken und auf die Tuilerien hinzuweisen*, als sich der Chauffeur
an mich wandte: «Jetzt mußt du mit ihnen in den Louvre, aber mach
schnell. Wir haben schon Verspätung.»

«*In* den Louvre?» Mir wurde unbehaglich. «Genügt es nicht, wenn
ich ihn von außen zeige?»

«Eigentlich schon. Aber es steht nun mal so auf dem Programm.»

«Es ist nur – weißt du –.» Ich schämte mich, es zu gestehen: «Ich war
nämlich noch nie im Louvre.»

«Das macht nichts», tröstete mich der Chauffeur. «Du brauchst nur
hinter den Touristen herzugehen. Sie haben einen sicheren Instinkt dafür, wo sich die wichtigsten Sachen befinden. Du kannst dich darauf

* Wer sich mit seiner Gruppe dem Louvre zu Fuß nähert, meide tunlichst
die Rue de Rivoli. Die Anziehungskraft aller Kunstschätze Frankreichs ver-
blaßt gegen die berühmte Ladenstraße der Haute Couture und des Kunst-
gewerbes.

verlassen, sie zeigen dir die Mona Lisa und die Venus von Milo, und das genügt schon. Für mehr ist sowieso nicht Zeit.»

Mich von den Touristen führen lassen? Nein, das ging gegen meine Ehre. Ich mußte an der Spitze der Gruppe bleiben, und wenn ich sie einen halben Tag im Kreis herumführen sollte. Schließlich kannte ich die beiden berühmtesten Kunstwerke von Ansichtskarten her und würde sie wohl wiedererkennen. Es galt also nur, die Augen offen zu halten und den Selbstsicheren zu spielen.

«Ladies and Gentleman!» sagte ich vor dem Portal, «ich habe jetzt das große Vergnügen, Sie durch eine der reichsten Kunstsammlungen der Welt führen zu dürfen, durch den Louvre. Zu seiner gründlichen Besichtigung brauchte man mindestens eine Woche. Leider müssen wir uns mit etwas weniger Zeit begnügen. In einer Viertelstunde fahren wir weiter. Das reicht aber vollkommen, um wenigstens die wichtigsten Meisterwerke in Augenschein zu nehmen –»

«Die Mona Lisa und die Venus von Milo», tönte es im Chor.

«Und den Sieg von Samothrake», ergänzte eine einzelne Stimme, und gleich fielen die anderen ein: «Ja, den Sieg von Samothrake wollen wir auch noch sehen.»

«Den Sieg von Samo–», ich schluckte verzweifelt. Natürlich hatte ich davon schon gehört. Aber ich konnte mir im Augenblick nicht vorstellen, wie das Ding – war es ein Gemälde oder eine Skulptur? – aussah. «Bitte sehr, ich werde Ihnen alles zeigen, was Sie sehen wollen», sagte ich gefaßt und schritt mutig voran, hinein in den ersten Bildersaal.

Ein rascher Blick in die Runde. In diesem Raum hing die Lächelnde nicht. Wenn mir das Bild selbst nicht aufgefallen wäre, hätte ich doch nicht die Menschenmenge davor übersehen können. Aber vielleicht war der Sieg von Samothrake in der Nähe? Wie beneidete ich die Besucher, die mit unschuldigen Mienen an einen Aufseher herantreten und ihn um eine Auskunft bitten konnten. Ich mußte weitersuchen. Ein Führer, der sich nach dem Weg erkundigt, untergräbt seine Autorität.

Manchmal blieb ein Tourist vor einem Bild stehen und bat um eine Erklärung. Ich sah nur geringschätzig zur Seite. «Pardon, das ist eine andere Venus. Wir sehen uns die von Milo an. Für die anderen reicht die Zeit nicht.» Und schon spähte ich wieder nach so etwas aus, was ich Sieg von Samothrake nennen konnte. Dabei war ich ständig von der Furcht besessen, daß plötzlich einer hinter mir ausrufen würde: «Aber da ist er ja. Beinahe wären wir daran vorbeigelaufen!»

Zunächst drohte mir jedoch von anderer Seite Gefahr. «Aha! Die Venus von Milo!» hörte ich jemand murmeln.

Was? Sollte ich auch die nicht erkannt haben? Verstohlen schaute ich mich um. Es war aber nur ein Pfeil, der uns die Richtung zu ihr wies.

«Ja, ja, ich weiß», sagte ich obenhin. «Zuerst wollen wir aber den Sieg von Samothrake sehen.»

Ich hoffte auf ein Wunder. Und wenn sich dieses Standbild oder Gemälde nun gar nicht im Louvre befand? Ich beschloß, in diesem Fall, kurz bevor unsere Zeit für die Besichtigung abgelaufen war, einfach das nächstbeste imposante und einigermaßen antik wirkende Kunstwerk zum Sieg von Samothrake zu erklären.

Dem Himmel sei Dank! Ich hatte diesen Betrug nicht nötig. Denn auf einmal erblickte ich das gesuchte Bild. Es war eine Statue. Natürlich! Wie hatte ich das nur vergessen können. Jetzt, als ich sie vor mir sah, war mir alles wieder gegenwärtig. Wir standen am Fuß einer Treppe, und am oberen Ende erblickten wir ihn, den Sieg von Samothrake: auf einem Steinsockel in Form eines Schiffsschnabels, die Göttin Nike in vorwärtsdrängender Bewegung, die Flügel entfaltet und bereit zum Flug. Ich pries die Umsicht des Museumsdirektors, dem schönen Torso einen so augenfälligen Standort gegeben zu haben. Meine Entdeckerfreude inspirierte mich zu den wärmsten Worten und zu einem langen Bericht über die Auffindung der Skulptur vor hundertzwanzig Jahren, dem meine Touristen atemlos und mit Tränen in den Augen folgten.

Zu dem Pfeil zurückzufinden, der den Weg zur Venus von Milo wies, war dann ein leichtes. Ich nahm allmählich die blasierte Selbstsicherheit eines alten Louvreführers an, der sich in dem labyrinthischen Bau wie in seinem Kleingarten auskennt.

Meine Erläuterungen zur Göttin Nike hatten etwas länger gedauert als vorgesehen. Die Zeit mußte ich wieder einholen. Mir fiel ein, daß der Kenner die besagte Venus zu betrachten pflegt, indem er sie gemessenen Schrittes umkreist. Diese Umwanderung würde wohl im Laufschritt vor sich gehen müssen; daran war nichts zu ändern. Zumal, wenn wir noch lange nach ihr würden suchen müssen. Ich war enttäuscht von meinen Touristen. Von dem untrüglichen Instinkt, der sie geradenwegs zu den Hauptwerken eines Museums führen soll, war nichts zu merken.

Und dann sahen wir sie alle zugleich. Das heißt: wir sahen nicht die Venus, sondern lediglich eine Kolonne von Besuchern, die sich in Spiralen um einen für uns noch verdeckten Mittelpunkt wand. Zweifellos war es die gesuchte Statue. Wir schlossen uns an und trieben in kurzen gesetzten Schritten wie bei einer Polonäse, dann aber immer schneller, als wäre man zu einer Mazurka übergegangen, an der wunderbaren Marmorfigur vorbei.

Nun noch Nummer drei. Ich hatte mir gemerkt, wo es zum Saal der Italienischen Malerei ging, und steuerte im Eilmarsch darauf zu. Es war, als käme man in eine überfüllte Bahnhofshalle oder in eine Börse an einem schwarzen Freitag. Wir mußten unser Tempo so verlangsamen, daß die Gruppe beinahe vor jedem Bild zu kurzem Stillstand kam. Die Namen Raffael und Tizian umschwirrten mich. Fragen prasselten auf mich nieder, deren Beantwortung ich mich durch die ungestümen Bemühungen, eine Passage für mich und meine Leute zu finden, halbwegs motiviert entziehen konnte. Ab und zu warf ich meinem Gefolge einen Brocken hin wie: «Natürlich Renaissance!» oder «Venezianische, Florentinische, Sienische Schule». Im übrigen suchte ich über die Köpfe der Menge hinweg die Wände nach der Mona Lisa ab. Ohne Erfolg. Ich fand sie nicht vor lauter Madonnen und Menschen. ‹Du mußt doch einen Wärter fragen›, sagte ich mir resigniert. Ich schlich mich an einen heran, der von den Besuchern beiseite gedrängt, hilflos auf seinem Stühlchen saß, und überlegte gerade, wie ich ihm mit Zeichensprache verständlich machen konnte, was ich von ihm wissen wollte, da vernahm ich den Aufschrei:

«Da hängt sie ja!»

Rasch drehte ich mich um. Tatsächlich, nun sah ich sie auch. Wie hatte ich sie nur übersehen können! Der schwarze Velour, der ihren Hintergrund bildete war doch groß genug.

«Sieh an», tat ich erstaunt. «Man hat sie umgehängt!» Damit war die Situation gerettet. Ich brauchte nur noch ein paar Worte über das turbulente Schicksal des Bildes zu machen, von dem übrigens den eifrigen Illustriertenlesern unter meinen Touristen viel mehr bekannt war als mir, dann waren wir mit dem Louvre fertig, machten auf der Stelle kehrt und strömten in breiter Phalanx dem Ausgang zu.

Der Chauffeur klopfte mir wohlwollend auf die Schulter. «Gratuliere, du hast es in zwanzig Minuten geschafft!* Wenn ich das dem Chef sage, nimmt er dich als Louvreführer in Dauerstellung.»

Ich beschwor den guten Mann, nichts von dieser meiner besonderen Fähigkeit verlauten zu lassen, und weiter ging es zum Palais Royal.

Die Omnibusse, die am Abend von den Stadtrundfahrten und aus den Vororten Versailles und Chantilly zurückkommen, fahren nicht gleich in die Garage. Chauffeure und Reiseführer haben noch nicht Feierabend, die Touristen ebensowenig. Nach einer kurzen Pause trifft man sich zum obligatorischen Ausflug «Paris bei Nacht».

Als mich die Agentur das erste Mal für ein «Paris bei Nacht» abkommandierte, war ich hocherfreut. ‹Endlich eine kleine Entspannung›, sagte ich mir. Kein Salbadern von historischen Ereignissen, Baugeschichten und statistischen Daten mehr, sondern hinein in die Bohème

---

* Den Rekord in der Durchquerung des Louvre habe ich einige Jahre später in Begleitung einer Gruppe Amerikaner aufgestellt, die in Paris nur fünfzig Minuten Aufenthalt hatten. Die drei Zwischenlandungen vor der Mona Lisa, der Venus von Milo und dem Sieg von Samothrake miteingerechnet, brauchte ich acht Minuten und zwei Sekunden. Ich glaube nicht, daß diese Leistung so bald überboten werden wird. Jedenfalls nicht, solange man in den Museen nicht Rollschuh laufen darf.

vom Montmartre! Das war meine Domäne. Darum hatte ich mich ja unter die Reiseleiter begeben. Ich würde eine ganze Nacht lang von Lokal zu Lokal ziehen, Champagner, Pernod und Wein trinken, Tanz- und Jazzmusik hören, und für das alles auch noch bezahlt werden.

«Sie nehmen den Bus Sechs», sagte der Chef. «Hier haben Sie eine Liste der Lokale, die Sie zu besuchen haben. Es sind vier. Achten Sie genau auf die Reihenfolge, sonst entsteht eine heillose Verkehrsstokkung. Zehn Minuten bleiben Sie im ersten, zwanzig im zweiten, dreißig im dritten, das ist sehr leicht zu merken, und im letzten dann eine ganze Stunde. Aber keine Minute länger, denn es sind heute neun Gruppen unterwegs, die alle hintereinander herziehen, aber nirgendwo zugleich sein dürfen. Dazu reicht der Platz in den Lokalen nicht aus.»

Ich machte ein enttäuschtes Gesicht. So streng hatte ich mir die Organisation nicht vorgestellt. «Aber wo bleibt denn da das Ungezwungene, das für das Pariser Nachtleben so typisch ist?» wagte ich zu fragen. Ich war eben noch ein Anfänger in meinem Beruf.

«Ich höre immer ‹ungezwungen›?» schnauzte mich der Chef an. «Im Tourismus ist nichts ungezwungen, merken Sie sich das, junger Mann. Wo kämen die armen Touristen da hin?»

Ich zog den Kopf ein und sprang in meinen Bus Nr. 6, in dem schon etwa fünfzig «Paris bei Nacht»-Teilnehmer aller Nationen in freudiger Erregung zitterten.

«Wo fangen wir diesmal an?» fragte mich der Chauffeur.

Ich warf einen Blick auf das Programm. «Am Place de la Bastille ... Was, zum Teufel, haben wir an der Bastille zu suchen?»

«Wir müssen den Ganoven einen Besuch abstatten.»

«Aber die kommen doch zu so früher Abendstunde noch gar nicht hervor!»

«Deshalb fangen wir ja auch an der Bastille an. Du mußt den Leuten die Atmosphäre glaubwürdig schildern. Ich hoffe, du hast Simenon gelesen!»

Das konnte ich bejahen. Zum Beweis erzählte ich den Inhalt des letzten Kriminalromans, den ich gelesen hatte, ins Mikrofon. Er strotzte nur so von Rauschgift, Erpressung und Mord. Ich bekam selbst eine Gänsehaut und ein unwohles Gefühl, je mehr wir uns der berüchtigten Gegend näherten.

Wir mußten immer langsamer fahren. Die Straßen waren überfüllt von Menschen, die alle demselben Ziel zustrebten.

Ein neuer Sturm auf die Bastille? Ein Heer von Ganoven?

Nein, ein Pilgerzug von Touristen. Wenn es in den Seitengassen wirklich noch zünftige Gangster gab, so würden Sie sich jetzt gewiß nicht hervorwagen, sagte ich mir.

«Dort hinten ist es», sagte der Chauffeur und wies auf ein leuchtendes Wirtshausschild. «Beeil dich beim Aussteigen. Wenn du nach den anderen ankommst, kriegst du keinen Platz mehr.»

Ich wiederholte in drei Sprachen ins Mikrofon, daß höchste Eile geboten sei, und die aufgeregten Touristen versprachen, ihr möglichstes zu tun. Trotzdem trat eine ärgerliche Verzögerung ein. Eine rundliche Engländerin blieb mit ihrem Absatz im Drahtgitter des Trittbrettes hängen . . .

Fünf Minuten Aufenthalt.

In der Bal-musette-Kneipe, in der wir angemeldet waren, gab es keinen Fußbreit Boden mehr zu besetzen. Ich hatte noch nie zuvor so viele Menschen auf so engem Raum gesehen und noch nie so schlechte Luft eingeatmet. Angesichts dessen kam mir der Louvre zur betriebsreichsten Stunde wie eine Eremitage vor.

Gerade wollte ich den Rückzug befehlen, da stürzte ein Kerl, den man mit einiger Phantasie für einen Ganoven halten konnte, auf uns zu. Ich breitete heldenmütig die Arme aus, um meine Leute zu beschützen. Aber es war nur ein Platzanweiser des Lokals.

«Keine Angst, Kleiner. Wir werden dich schon noch unterbringen», sagte er zu mir und zog mich an der Krawatte hinter sich her. Einer hielt den anderen fest, und so stießen wir im Gänsemarsch in das Innere des Tingeltangels vor.

Wahrhaftig hatte man uns in der entlegensten Ecke einen Tisch reserviert, an dem leicht fünfzig Personen Platz finden konnten, wenn immer zwei auf einem Stuhl saßen. Erschöpft ließen wir uns nieder und brachten unsere Kleidung wieder in Ordnung. Ich sah auf die Uhr. Von den zehn Minuten, die für den Aufenthalt in diesem Lokal vorgesehen waren, blieben uns noch drei, nicht mitgerechnet die Zeit, die wir für den Rückweg durch das Gedränge brauchen würden. Ich wischte mir den Schweiß ab und bestellte über die Köpfe meiner Touristen hinweg, die sich über die ihnen unverständliche, handgeschriebene Getränkekarte beugten, ein Viertel Roten für jeden.

«Aber etwas fix, mein Lieber!»

Es dauerte dennoch drei Minuten, bis der Wein kam. Ich stand auf, als wollte ich einen Toast ausbringen. Ich hatte Glück. Die anderen erhoben sich aus Höflichkeit auch. So tranken wir die Gläser im Stehen und in einem Zug leer, und als man sich gerade wieder setzen wollte, war auch schon der Platzanweiser da, der uns so freundlich durch die Menge geschleust hatte, packte mich an der Krawatte, ich packte den Rock meines Nachbarn, und wir kämpften uns wieder zum Ausgang durch.

«Daß es in Paris noch so viele Gangster gibt!» sagte einer respektvoll, als wir wieder im Bus saßen und in Richtung Quartier Latin abfuhren.

«Oh, es waren schon einmal viel weniger, mein Herr. Sie waren sogar vom Aussterben bedroht. Da wurden sie schnell unter Naturschutz gestellt. Voilà!» antwortete ich. Ich fand es selbst ziemlich dreist. Aber hätte ich den Mann etwa darauf aufmerksam machen sollen, daß die meisten der vermeintlichen Gangster waschechte Amerikaner waren und Touristen wie er? Schließlich hatte er dafür bezahlt, Ganoven zu sehen, nicht Amerikaner.

Wir kamen ins Quartier Latin. ‹Hier›, dachte ich, ‹werden meine Leute schon eher auf ihre Kosten kommen.› Ich konnte ihnen die lässige Lebensart dieses Milieus aus eigener Anschauung schmackhaft machen. Eine ganze Nacht lang hätte ich davon erzählen können: von Modigliani, Sartre, den Existentialisten und den Clochards.

Ich sang ihnen ein altes Scholarenlied vor und ein freches Chanson, und führte sie dann in bester Stimmung in eine Studentenkneipe der Rue de la Huchette. Dort hatte ich früher oft gesessen. Aber ich konnte mich nicht entsinnen, diesen Keller je so leer gesehen zu haben. Ich prallte an der Tür genauso zurück wie zuvor in der Bal-musette-Bude. Nur daß mir diesmal die gähnende Leere einen Schock versetzte. Was sollten meine Leute von mir denken, wo ich ihnen doch turbulenten Studentenulk versprochen hatte? Ich mußte ihnen unbedingt eine Erklärung liefern.

Da mir nichts Besseres einfiel, sagte ich, daß ausgerechnet heute an der Sorbonne ein Ball gegeben werde und alle Studenten dorthin gegangen seien.

Unterdessen erschienen drei Studenten an der Tür. Aha, jetzt würde uns also doch noch etwas geboten werden. Bereitwillig machten wir ihnen Platz.

Anders der Portier. Er stellte sich ihnen in den Weg und sagte: «Kommen Sie nach elf Uhr wieder. Jetzt ist alles belegt für ‹Paris bei Nacht!›»

Ich muß ein verdutztes Gesicht gemacht haben. Und doch hatte der Portier recht. Denn schon kam eine neue Karawane von Touristen die schmale Stiege herunter, und einen Augenblick später war wirklich der ganze Studentenkeller bis auf den letzten Platz besetzt. Die Vorstellung konnte beginnen.

Da wir nur noch dreizehn Minuten für diese Station hatten, bestand das Programm für uns bloß aus einer Nummer. Die allerdings verfehlte ihre Wirkung nicht. Man schob eine Guillotine in die Mitte des Raumes, ein Original-Schafott aus der Großen Revolution. Ein Mann in Henkerskleidung erklärte die Konstruktion, und für einen kleinen Obolus durfte nun jeder, der wollte, sein kostbares Haupt unter das Fallbeil legen. Probeweise nur, versteht sich. Die Mechanik wurde weder an diesem, noch, soviel mir bekannt ist, an anderen Tagen ausgelöst. Die Sache war also garantiert ungefährlich, und deshalb wagten es zumindest alle männlichen Gäste. Keiner wollte dem anderen nachstehen. Die Zeit reichte gerade, daß jeder einmal seinen Kopf auf den

Block legte und ihn danach aufrechter als sonst und unter dem Applaus der Zuschauer dankbar lächelnd wieder zu seinem Platz trug. Dann brachen schon die nächsten Gruppen in den Keller. Unter Absingen sämtlicher Strophen der «Gentile Alounette» auf la-la-la zogen wir wie bei einer Wachparade aneinander vorbei. Die Guillotine hatte die Touristen für die vorhergehenden Enttäuschungen reichlich entschädigt. Trotzdem stellte man mir jetzt die Frage, auf die ich schon lange gewartet hatte:

«Trifft man im Laufe dieser Tour ‹Paris bei Nacht› wohl auch einmal einen Pariser?»

«Warten Sie, bis wir zur Magnifique-Bar kommen, da finden Sie Pariser en masse», vertröstete ich den Mann mit gutem Gewissen. Und ich behielt diesmal sogar recht. Dort gab es echt Pariser Damen. Bereitwillig setzten sie sich an unsere Tische, übernahmen die Bestellung, wobei sie alle Wünsche der Touristen mit Champagner übersetzten, und sorgten mit dem Spiel ihrer Reize dafür, daß den Herren die gesalzene Rechnung schließlich doch nicht zu hoch erschien.

Die Damen der Gruppe stimmten allerdings dafür, daß wir diesen Ort noch vor Ablauf der vorgesehenen dreißig Minuten wieder verließen. Ungeduldig verlangten sie nach dem Moulin Rouge, der letzten Station der Rundfahrt. Mit dem gleichnamigen Lied auf den Lippen und nicht mehr ganz nüchtern zogen wir dort ein. An die einstündige Show, die nun folgte, habe ich keine Erinnerung mehr. Schon bei der ersten Nummer war ich vor Erschöpfung eingeschlafen.

Als ich wieder erwachte, drückte man mir von allen Seiten Trinkgelder in die Hand. Also schien es meinen Leuten gefallen zu haben. Ich war mit Paris und mit mir zufrieden.

«So ist eben Paris», sagte ich stolz.

«Nicht wahr, es ist furchtbar», war die Antwort. «Es hat uns so leid getan, daß Sie mit uns durch diese elenden Kneipen ziehen mußten. Kein Wunder, daß Sie zuletzt einschliefen.»

Ich blieb mit offenem Mund stehen.

So sind eben die Touristen. Sie selbst sind die eigentliche Attraktion und die größte Überraschung, die eine Reise zu bieten hat. Sie sind so menschlich, das ist das Außergewöhnliche an ihnen.

Ich hielt es für meine Pflicht, meinen Chef davon zu unterrichten, daß die Touristen «Paris bei Nacht» im allgemeinen nicht so genießen würden, wie er nach seiner Bilanz annehmen könnte.

«Machen Sie nicht die Reisebüros dafür verantwortlich», sagte er mir. «Der eigentliche Schuldige ist der Tourist selbst. Wenn er auf Reisen genauso zeitig zu Bett gehen würde wie bei sich zu Hause, dann wäre alles in Ordnung. Aber nein, wenn er einmal im Ausland ist, dann fühlt er sich verpflichtet, auch ein Nachtleben zu führen. ‹Jede Minute der Reise kostet mich viel Geld›, sagt er sich, ‹warum soll ich sie im Bett verschwenden?› – Sehen Sie, und was tut man nicht alles für den Touristen! Bedenken Sie: er ist die einzige Handelsware, die ihre Transportkosten selbst trägt!»

Seitdem ich weiß, daß sehenswerte berühmte Städte, die nur den einen Fehler haben, daß es bei ihnen kein Nachtleben gibt, auch bei Tage nicht für voll genommen und von den Touristen links liegengelassen werde, sehe ich ein, daß es ohne ein «Rom bei Nacht», «London bei Nacht» etc. nicht geht. Denn wer würde noch die Sehenswürdigkeiten dieser Städte bewundern, wenn keine Touristen mehr kämen? Wie eintönig wäre das Straßenbild ohne sie. Es sollte uns wirklich nicht zuviel sein, auch weiterhin ein gewisses Nachtleben für sie bereitzuhalten. Zur Entlastung der überfüllten Lokale und des überforderten Personals und in Anbetracht des noch ständig anwachsenden Touristenverkehrs möchte ich jedoch eine Reorganisation der nächtlichen Vergnügungsfahrten vorschlagen:

Man sollte mit «Paris bei Nacht» bereits um die Mittagszeit beginnen. Dann würden sich die Massen besser verteilen, und die Lokale könnten abends eher schließen. Was spricht denn dagegen? So viele Menschen müssen nachts arbeiten. Warum sollen sich andere nicht am Tage amüsieren?

Lokalkolorit
Couleur Locale
Local Colour

In der Psyche eines Touristen wirken die widersprechendsten Kräfte. Das macht den Umgang mit ihm so interessant und so schwierig. In dem Bewußtsein, daß Reisen sowohl bildet als auch entspannt, besteigt er das modernste und bequemste Fortbewegungsmittel der Straße, der Schiene oder der Luft und fährt los, um sich zu überzeugen, daß in der Fremde alles beim alten geblieben ist. Ein Tourist will immer in die Vergangenheit reisen: durch eine klassische Landschaft zu antiken Städten mit urwüchsigen Einwohnern und historischen Bräuchen, wo es «noch nicht so überlaufen» ist und wo man noch gastfreundlicher als geschäftstüchtig denkt. Er hat bestimmte Vorstellungen von Land und Leuten, die er sich unterwegs nicht korrigieren lassen, sondern bestätigt sehen will. Vom Forschungsreisenden unterscheidet er sich dadurch, daß er nur nachprüfen will, ob die Verhältnisse da draußen noch genauso sind, wie sie die Entdecker zuerst beschrieben haben und wie er in der Schule gelernt hat. Wehe, wenn das Leben dort an Originalität eingebüßt hat!

Und natürlich hat es das. Verächtlich schaut er zu dem Wolkenkratzer im Zentrum von Salzburg auf, und unter Protest verläßt er die Taverne, in der ein Zigeuner auf einer elektrischen Gitarre spielt. Dabei hat der Tourist im Prinzip gar nichts gegen Wolkenkratzer und elektrische Gitarren einzuwenden. Im Gegenteil, er bewundert sie, wie alle genialen Erfindungen seiner Zeit, – aber bei sich zu Hause! In bezug auf andere Länder ist er konservativ und duldet keine Veränderung. Es sind die Naturschutzgebiete seiner Phantasie, in der alle Holländer in Holzschuhen, alle Schotten in Schottenröcken und alle Tiroler in Krachledernen herumlaufen. Er, der es als Beleidigung empfinden würde, «typisch» genannt zu werden, sucht auf Reisen vor allem «das Typische».

Wir sind in Rom. Einer meiner Touristen fragt mich nach einem guten Restaurant. «Aber bitte nennen Sie mir nicht ein Lokal für Touristen», sagt er gleich vorweg. «Ich will dort essen, wo die Römer essen.» Ich empfehle ihm ein luxuriöses Restaurant, das gerade in Mode ist. Die oberen Zehntausend pflegen dort in großer Abendtoilette bei einer Lichterflut von Kristallüstern zu soupieren. Dort trifft man das elegante Rom. Aber man findet ähnliche Restaurants und eine ähnliche Gesellschaft freilich ebenso in London, Paris oder New York.

Der Tourist ist außer sich. Er hat nur einen Blick in den Saal geworfen und ist sofort wieder umgekehrt, um sich bei mir über den falschen Tip zu beschweren.

«Sie wollten mich wohl auf den Arm nehmen, wie? Was soll ich in diesem vornehmen, unpersönlichen Restaurant? Ich will mit dem Mann von der Straße essen, mit typischen Römern, verstehen Sie?»

Ich führe ihn also in ein billiges Lokal, eine dieser Massenabfütterungsstätten, wo die Berufstätigen in Eile und Gedränge ihre fettarmen Abonnementsmahlzeiten einnehmen. Dort ist er mitten unter dem einfachen Volk, das ihn so zu interessieren scheint. Aber nein, es interessiert ihn keineswegs. Er hält sich sogar die Nase zu.

«Nur heraus hier», stöhnt er. «Das erinnert mich an meine Werkskantine daheim.» Ich sehe ihn etwas ratlos an. Möchte er noch tiefer hinab, zu den frommen Brüdern, die die Bettler und Invaliden beköstigen, oder höher hinauf, in das Hotel Hassler Villa Medici zu Austern und Kaviar?

«Begreifen Sie doch: ich möchte dorthin, wo mich echt-römische Atmosphäre umgibt!» sagt er.

Ich begreife. Er will dorthin, wo alle hin wollen. Schade, ich hatte gedacht, er sei eine Ausnahme. Was bleibt mir anderes übrig, als ihn am Abend in die bewußte, von allen Reisebüros und Touring-Clubs empfohlene, sozusagen altrömische Schenke zu führen, die von einem Deutschen geleitet wird und deren Personal ausschließlich aus der Schweiz stammt. Das Lokal ist so römisch eingerichtet, wie man es sich nur wünschen kann, und das Publikum ist bunt zusammengewürfelt. Hindus sitzen dort neben Neuseeländern, Amerikaner neben Belgiern und Ägyptern. Nur Italiener fehlen natürlich. Und was die Atmosphäre betrifft, die hängt in Form von Salamiwürsten, Maiskolben, Pfefferschoten und Chiantiflaschen von der Decke herab in einen nur spärlich von Kerzen und Petroleumlampen beleuchteten und verräucherten Raum.

Der Tourist ist am Ziel und hellauf begeistert.

«Ja, so etwas habe ich gesucht!» jubelt er und steckt seine Gabel in eine zünftige Portion bayerisches Sauerkraut. «Das nenne ich Lokalkolorit!» Lokalkolorit: das Wort hat für ihn einen betörenden Klang. Aber klingt es bei genauerem Hinhören nicht vielmehr hohl, und was bedeutet es überhaupt? Ist es nicht eher die Imitation als das Vorbild der Bilderbuchvorstellungen, die der Tourist vom Wesen der fremden Nation hat? Und findet es sich nicht nur an solchen Orten, die jeden Einheimischen abschrecken? Das sind ketzerische Fragen, auf die ich lieber keine Antwort geben will. Denn noch sind nicht alle Nordeuropäer im Süden gewesen.

Um als stilecht empfunden zu werden, muß das Lokalkolorit auf jeden Fall von Fortschritt und Moderne weit entfernt sein. Es kann aus ein paar verwegen oder pittoresk drapierten Ortsansässigen bestehen, aus einem Lokal, einem Stadtteil oder einer ganzen Stadt. Immer ist es seinem Wesen nach ein Anachronismus, ein Stück konservierter Vergangenheit.

Auf der ganzen Welt kämpfen Fremdenverkehrsbüros und andere gemeinnützige Interessenverbände mit wechselndem Erfolg um die Erhaltung des Lokalkolorits. Das ist kein leichtes Unternehmen. Schon trifft man in allen Breitengraden auf Selbstbedienungsgaststätten, und ob am Fudschijama, in Jerusalem, in Lappland oder im Safarigebiet von Kenya, überall werben die vertrauten Reklameschilder für ein gewisses internationales Erfrischungsgetränk, spielt man die gleichen Welt-Schlager, trägt man die gleichen völkerverbindenden Nietenhosen.

Diese Vereinheitlichung ist eine große Gefahr für den Fortbestand des Tourismus. Wer mag noch reisen, wenn er sich in der Fremde nicht mehr fremd fühlen kann, weil er überall dieselben Leitbilder einer Schablone-Zivilisation antrifft? Man ist sich in den meisten europäischen Ländern höheren Orts längst im klaren darüber, wohin das führen kann, und geht mit strengen Maßnahmen gegen die Demontage des altbewährten Lokalkolorits vor.

In Spanien zum Beispiel bemüht sich jede Stadt ernsthaft, ihr Elendsviertel zu erhalten, um dem Touristen auch in Zukunft ein echtes Carmen-Milieu bieten zu können.

Ähnlich ist es in Holland, wo die Regierung die Einwohner der Stadt Volendam dazu verurteilt hat, bis ans Ende des touristischen Zeitalters ihre traditionelle Tracht zu tragen. Sobald der Tourist in Volendam ankommt, wird er von einem besonderen Kaufhaus angelockt und regelrecht eingefangen. Im Handumdrehen zieht man ihn aus, um ihn, bevor er noch weiß, wie ihm geschieht, im Fischerkostüm, eine Pfeife zwischen den Zähnen und ein Paar Holzschuhe an den Füßen, wieder auf die Straße zu setzen. So trägt er dann ungewollt selbst zum Lokalkolorit bei und kann sich einen Begriff davon machen, wie den Einheimischen zumute ist, die von Kodakbatterien regelrecht zusammengeschossen werden.

Schließlich frage ich mich, ob nicht auch die Pariser Liebespaare vom Staat unterstützt werden, nur damit sie sich weiterhin bei Tag und Nacht zur Freude der Touristen am Seineufer und in den Gängen der Métro küssen. Jedenfalls kann man rund um die Bastille und auf dem Montmartre beobachten, wie honette Bürger sich abends in aller Eile von ihren Arbeitsplätzen nach Hause begeben, um eine halbe Stunde später als Ganove oder als Malermodell verkleidet wieder auf dem Boulevard zu erscheinen.

Und wenn ich sehe, wie sich die Touristentrupps zu Hunderten vor dem Buckingham Palace drängen, um die Ablösung der Wache in ihren Bärenfellmützen mitzuerleben, kommt mir der Gedanke, daß die Monarchie ihren Fortbestand nicht zuletzt vielleicht den emsigen Bemühungen der staatlichen Behörde zur Förderung des Fremdenverkehrs verdankt.

Auf einer Rundreise durch die Schweiz besichtigten wir einmal eine mittelalterliche Käserei. Aufmerksam betrachteten wir die merkwürdigen historischen Gerätschaften, und man konnte sich tatsächlich ausmalen, wie die Zeitgenossen von Wilhelm Tell hier gewirkt hatten. Nur sahen wir weder Kühe noch Milch. Auf unsere Frage, wo denn nun der Käse gemacht werde, führte man uns in einen modernen Bau aus Beton und Glas, wo uns ein Ingenieur von einem riesigen Schaltpult aus den ganzen Herstellungsvorgang erklärte. Eine Tür ging auf, und aus dem angrenzenden Stall, einer Art Grand Hotel für Rindvieh, kamen die Kühe hereingetrottet. Gleich wurden sie von mechanischen Armen erfaßt und auf die elektrischen Melkapparate verteilt. Die Milch wurde herausgepumpt und in große Bassins geleitet, wo sie mit den verschiedensten Werkzeugen maschinell bearbeitet wurde. Das Endprodukt, der berühmte Käse, kam uns fertig verpackt auf dem Fließband entgegen.

Wozu aber unterhielt man noch die alte Käserei nebenan? «Weil sie so typisch ist», war die Antwort. Man kann den Konservatoren und Imitatoren der guten alten Zeit keine Vorwürfe machen. Die Welt will betrogen sei. Wie kalt und nüchtern wäre die supermoderne Käsefabrik gewesen, in der es nicht einmal typisch roch, wenn sie sich nicht dieses Relikt aus den Tagen des Rütlischwurs bewahrt hätte!

Gern tauscht der Tourist die Wirklichkeit gegen den Schein ein. Er ist sogar bereit, nicht nur hohe Preise dafür zu zahlen, sondern auch noch anzuerkennen, mit wieviel Originaltreue und Erfindungsgabe das längst verblichene Lokalkolorit extra für ihn wieder aufgefrischt wird, wenn es nur mit etwas mehr Liebe als Berechnung geschieht.

Diese Bereitschaft, zwischen krasser Gegenwart und inszenierter Vergangenheit nicht so genau zu unterscheiden, kann allerdings zu bösen Irrtümern führen. So wurde eine Gruppe amerikanischer Nachwuchs-Ingenieure eines Nachts im Verlaufe der unvermeidlichen «Paris by Night»-Tour in einer wenig renommierten Kneipe, in der tatsächlich noch alles echt und die Ganoven noch Ganoven waren, von einer Razzia überrascht. Während ich mich beeilte, vor den Polizisten den seriösen Eindruck zu machen und die Anwesenheit meiner Amerikaner als völlig harmlos zu erklären, hatten diese sich schon mit Begeisterung in die allgemeine Stuhlbeinschlacht gestürzt und dabei, ohne es zu wissen, den fliehenden Gangstern den Rücken gedeckt. Daß es sich nicht um eine besonders attraktive Programmnummer mit der beliebten Aufforderung «Alle mitmachen!» handelte, sondern um wirkliche Ganoven und wirkliche Polizisten, merkten sie nicht einmal, als die Gummiknüppel auf sie niedersausten. Je derber es zuging, desto lebenswahrer fanden sie die Vorstellung. Zum Glück konnte ich wenigstens die Polizisten von dem Mißverständnis überzeugen, ehe es zu ernsten Ausschreitungen kam. Sie zogen sich zurück und warteten geduldig, bis sich die Amerikaner ausgetobt hatten. Nach und nach krempelten sie ihre Ärmel wieder herunter, wischten sich den Schweiß von der Stirn und kamen zu uns herüber.

«Very nice, dieses kleine Match», beglückwünschten sie den Polizeioffizier und den inzwischen arretierten und verzweifelt dreinblickenden Wirt. «Machen Sie das alle Abende?»

Vergeblich beschwor ich sie, zu begreifen, daß diese Szene eben kein Theater gewesen sei, sondern blutiger Ernst. Sie glaubten mir kein Wort. Sie kniffen vielsagend ein Auge zu und meinten, es sei eine großartige Show gewesen, typisch Paris von anno dazumal, und sie bedankten sich bei allen mit Händedruck für die Mühe, die man sich gegeben hätte. Es half nichts, daß man ihnen die Polizeiausweise unter die Nase hielt. Sie fanden sie gut nachgemacht, die Uniformen stilecht und die Ganoven naturgetreu. Unmöglich, sie von ihrem Irrtum abzubringen. Da verstanden sie keinen Spaß. O nein, sie waren nicht auf den Kopf gefallen und stolz darauf, alles durchschaut zu haben.

Der Tourist, der einmal am Tourismus zu zweifeln angefangen hat, hört nicht mehr auf damit. Er weiß nur zu gut, daß er bei allen Einheimischen der Welt als töricht gilt, und versucht diese Behauptung dadurch zu widerlegen, daß er ständig behauptet, man wolle ihn reinlegen, er lasse sich aber nicht reinlegen. Das bringt ihn mitunter um den schönsten Genuß. Selbst den prachtvollen Sonnenuntergang hält er für einen künstlichen Beleuchtungseffekt. Zumindest äußert er zwischen zwei Ausrufen der Begeisterung oder inmitten einer andächtigen Schweigeminute den Verdacht, daß ihm da etwas nicht ganz geheuer vorkomme. Das tut vielleicht der Stimmung ein wenig Abbruch, dafür ist seine Ehre gerettet, wenn sich die Sache als Schwindel herausstellen sollte.

Diese Skepsis wütet wie eine Seuche in der Gruppe. Die vergällt den Touristen das Vergnügen und dem Reiseleiter die Arbeit. Er muß also darauf achten, daß die Unbefangenheit, mit der sie die Reise angetreten haben, so lange wie möglich erhalten bleibt.

Es hat Reisen gegeben, von denen ich meine Leute nach Hause gebracht habe, ohne daß sie «etwas gemerkt» hatten, nämlich den Unterschied zwischen den Attraktionen der Saison und der Wirklichkeit. Dazu gehört viel guter Wille auf allen Seiten. Ärgerlich ist, wenn das Potemkinsche Dorf im letzten Augenblick noch zusammenkracht.

Einmal, erinnere ich mich, war bis zum entferntesten Punkt der Reise alles gutgegangen. Es hatte zwar die üblichen kleinen Enttäuschungen mit den Hotelzimmern gegeben, aber keine von diesen peinlichen Entlarvungen, bei denen sich die Folklore als Erfindung der Kurverwaltung und ein echter Kelim als Made in England entpuppt. Da wäre mir zu guter Letzt beinahe noch ein unverzeihliches Malheur passiert, unverzeihlich deswegen, weil *ich* unschuldig daran war. Aber das glaubt kein Tourist keinem Reiseleiter. Man hatte mir empfohlen, auf der Fahrt von Murcia nach Granada einen Abstecher zu einem maurischen Dorf zu machen, das malerisch in die Felsen der Sierra Nevada gehauen sei und heute nur noch von einem Einsiedler bewohnt werde, dessen einsame Existenz das Unheimliche diese Ortes noch erhöhe.

Nach einer Stunde mühsamen Anstiegs zu Fuß erreichten wir die verlassene Siedlung auf dem Gipfel eines steilen Hügels. Der Eremit erwartete uns schon vor seiner Höhle. Ich sehe ihn noch vor mir, wie er uns, nur mit einem buschigen Bart und einer Fellschürze bedeckt, auf einem groben Knüppel gestützt entgegenhumpelte. Er begrüßte uns mit einer liebenswürdig einladenden Geste und gab uns dann – wie ein geschulter Fremdenführer in mehreren Sprachen – Auskunft über Ursprung und Untergang seines Dorfs und über seine eigene Lebensweise. Er erzählte, daß er Taxichauffeur in Madrid gewesen sei, eines Tages aber den Ruf zur Einsamkeit vernommen und beschlossen habe, bis an sein Ende an diesem vergessenen Ort zu leben.

Wir schwankten zwischen Mitleid und Bewunderung für den frommen Mann, der auf jegliche Zivilisation und Bequemlichkeit verzichtet hatte.

«Wovon ernähren Sie sich denn?» fragte ihn jemand.

«Von Kräutern, gnädiger Herr. Und manchmal, mit Verlaub, lege ich Schlingen ...»

«Gestatten Sie, daß ich Sie fotografiere?» fragte ein anderer respektvoll.

«Aber gern», war die Antwort.

Er stellte sich dabei sogar ganz geschickt an, der Alte, und wußte Posen einzunehmen, die einem Berufsmodell alle Ehre gemacht hätten.

Beim Aufbruch warf jeder von uns diskret eine milde Gabe in den Opferstock neben dem Höhleneingang. Da der Eremit den Mammon gewiß verschmähe, sei das Geld ohne Zweifel zu wohltätigen Zwecken bestimmt, nahmen wir an.

Zwei Stunden später sollten wir eines Besseren belehrt werden.

Beim Mittagessen in einem Hotel in Granada fiel uns ein merkwürdiges Paar auf, das in der Nähe saß: ein alter Herr von distinguiertem Aussehen mit gepflegtem langem Bart, Augenglas und Zigarre, der kalten Braten aß und Champagner schlürfte, und eine junge leichtsinnige Person, die er durch seine Unterhaltung zu lautem Lachen brachte und von Zeit zu Zeit ungeniert tätschelte und küßte. ‹Wahrscheinlich einer der Honoratioren der Stadt›, dachte ich.

Meine Touristen wandten keinen Blick von dem ungleichen Paar. Einer von ihnen meinte, Spanien sei tatsächlich das Land der unbegrenzten Gegensätze. «Dort der fromme Einsiedler und hier der wüste Epikurer ...»

Ich erkundigte mich beim Kellner: «Wer ist denn dieser würdige Señor da drüben? Ein Stadtrat vielleicht? Oder ein Fabrikant?»

Der Kellner lachte laut auf. «Wenn der alte Arturo das hörte, würde er sich geschmeichelt fühlen.»

«Wer ist es denn?»

«Er ist der Eremit vom Felsendorf. Genauer gesagt», erklärte er auf mein verdutztes Gesicht hin, «er ist der eine von beiden. Sie lösen sich ab, wissen Sie. Sonst ist es ja zu anstrengend. Der eine hat Dienst, der andere hat frei. Und wenn sie von da oben herunterkommen, machen sie sich hier einen guten Tag. Warum auch nicht?»

Ich verschluckte mich an meinem billigen Landwein, während der Salon-Eremit am Nebentisch den Champagner wie Wasser trank. Und von unserem Geld! Sollte ich hinübergehen und ihn zur Rechenschaft ziehen? Sollte ich meine Leute gegen ihn und seinen diensthabenden Kumpan aufbringen, zu einem Feldzug gegen die falsche Einsiedlerklause rüsten?

Nein, ich brachte es nicht fertig, meinen gutgläubigen Touristen die furchtbare Wahrheit zu sagen. Ich übersetzte ihnen nicht, was der Kellner mir verraten hatte. Sie hätten weniger den beiden Eremiten als mir die Schuld an diesem Betrug gegeben. Merke: für die Echtheit des Lokalkolorits ist in erster Linie der Reiseleiter verantwortlich. Womöglich hätten sie mich bezichtigt, mit den beiden unter einer Decke zu stecken. Jedenfalls hätten sie mir kein Wort mehr abgenommen, denn, wie gesagt, der Tourist, der sich einmal in seinem Gefühl für das Echte betrogen sieht, glaubt nicht mehr an das Gute im Ausländer und im Reiseleiter.

Die Vorstellung von Lokalkolorit kann sich auch auf Klangfarben beziehen. In der Tat haben jedes Land, jede Stadt ihre individuelle Geräusch-Kulisse. Die Ursache, daß ich nicht schlafen kann, ist in Rom eine andere als in einem Schweizer Alpendorf. Dort versammelt sich ein Moped-Club unter meinem Fenster, hier bimmelt eine einsame Glocke, eine Kleinbahn, eine Kuhherde.

Trotzdem sei der Glockenklang gepriesen. In den Städten, vor allem in Italien, hört man keine Glocken mehr. Sie dringen nicht mehr durch. Ihr harmonisches Geläut wird übertönt von Motoren aller Art. Man nehme Florenz: einst eine der glockenreichsten und klangreinsten Städte der Welt, heute längst vom Verkehrslärm verschlungen. Früher war es ein unvergeßliches Erlebnis, abends am Lungarno spazierenzugehen und den Glocken und Glockenspielen zu lauschen. Man behielt dieses Konzert noch lange als eine überirdische Musik von vollendeter Schönheit im Gedächtnis. Heute dagegen hat man als akustische Erinnerung an Florenz nur mehr das schmerzende Geräusch aufheulender Sportwagenmaschinen und eine Kanonade von Auspüffen im Ohr. Und dazu den Schlager, der gerade Mode war.

Der Tourist kann gewiß sein, auf seiner ganzen Reise von einem eingängigen musikalischen Leitmotiv begleitet zu werden. Welche Entfernung er auch zurücklegen mag, wieviele Grenzen er auch passiert bis in den entlegensten Winkeln unseres Erdballs wird ihn dasselbe kleine Liedchen, das er am Anfang so lustig fand und am Ende so garstig findet, mit erschreckender Anhänglichkeit verfolgen.

Natürlich ist es in jedem Jahr ein anderes. Man könnte eine neue, sehr bildhafte Zeitrechnung einführen nach den Schlagern, die für einen bestimmten Zeitraum im Schwange waren. Da gab es zum Beispiel das Jahr «Granada», dann das Jahr «Ganz Paris träumt von der Liebe», dann «A rivederci, Roma». Nicht zufällig werben alle diese Lieder auch für ein Touristenzentrum. Oder leben sie vielmehr vom Fremdenverkehr? Ich weiß nicht, wer da wem tributpflichtig ist. Ein Außenseiter in dieser Hinsicht war zweifellos der alles bisher Dagewesene übertreffende Erfolg des Jahres 1958, obwohl auch er mit einer konkreten Ortsbestimmung im Titel aufwartet. Aber wer kommt schon bis nach Indochina?

Zum ersten Male hörte ich ihn bei einer Filmpremiere zu Saisonbeginn in London. Es war ein kleiner pfiffiger und auch gepfiffener Militärmarsch, originell und einprägsam im Rhythmus.

Als ich an jenem Abend in mein Hotel zurückkam, ging ich eigens noch einmal in die Bar und bat den Pianisten, mir die Melodie vorzuspielen.

«Die Brücke am Kwai?» sagte er. «Kenne ich nicht.»

Am nächsten Tag besorgte er sich die Noten zu dem Marsch und studierte ihn ein, um mir eine Freude zu machen. Er mußte ihn mir mehrmals hintereinander vorspielen, so gut gefiel er mir. Ich pfiff dazu. Am folgenden Abend hörte ich ihn in einer anderen Bar von einer Fünf-Mann-Kapelle gespielt, am anderen Morgen im Radio. Wirklich, ich mochte diese frische Melodie gern. Ich kaufte mir die Schallplatte. Dann ging ich wieder auf Tour, kam in die Schweiz, nach Deutschland und Österreich, und der Marsch reiste mit mir. Oder er war schon vor mir dort gewesen. Das ließ sich nicht so genau feststellen. Langsam wurde er mir jedenfalls zu aufdringlich. Ich beschloß, ihm die Freundschaft zu kündigen und einfach über die Alpen nach Süden abzudampfen. Ich war überzeugt, daß man in Italien etwas anderes singen würde. Sie hatten den «River Kwai» gewiß nicht nötig.

Das war ein Irrtum. Er hatte Italien schon überschwemmt. Die typisch-italienischen Lieder, die meine Touristen hören wollten, waren entthront. Jede Musikbox, jede Kapelle, alle Straßensänger spielten und pfiffen automatisch und obligatorisch die «Brücke am Kwai».

«Ist es nicht eine teuflische Melodie?» fragte man sich gegenseitig, und niemand stritt es ab. Genauso wie niemand umhin konnte, mitzupfeifen, wenn er nur die ersten Töne hörte. Ich fuhr bis in den letzten Zipfel des Stiefels, und der Marsch marschierte hinter uns her. In Messina wollte ich dieser Verfolgungsjagd endlich ein Ende bereiten. Ich mußte etwas anderes hören. Aber es gab nichts anderes. Ich besuchte eine «typische Taverne», wo, wie man mir geschworen hatte, nur Tarantellen gespielt wurden. Noch keine zehn Minuten war ich dort, als die Gitarristen mit wahrer Besessenheit diesen Teufelsmarsch anstimmten. Da hatte ich genug. Ich stürzte auf die Straße und warf mich in ein Taxi.

«Zum Hotel», sagte ich, «aber schnell.»

«Warten Sie einen Augenblick, mein Herr», bat der Taxichauffeur. «Ich möchte noch den ‹River Kwai-Marsch› zu Ende hören.» Er beugte den Kopf aus dem Fenster und lauschte auf die verfluchten Klänge, die aus der Taverne kamen.

Ich hielt mir die Ohren zu, bis wir vor dem Hotel waren. Der Liftboy sah mir gerade so aus, als wollte er jeden Augenblick anfangen, den «River Kwai» zu pfeifen. Ich machte einen Bogen um ihn herum und ging zum ersten Male die fünf Stockwerke zu meinem Zimmer zu Fuß hinauf. Ich legte mich zu Bett, ohne natürlich ein Auge schließen zu können. Mein Mund spitzte sich unwillkürlich, um zu pfeifen, und meine Finger trommelten den Takt auf die Marmorplatte des Nachttischs. Und als ich verzweifelt den Kopf in den Kissen vergrub, hämmerte der Marsch mir im Gehirn weiter.

Endlich fand ich ein wirksames Gegenmittel. Ich setzte mich im Bett aufrecht und sang aus vollem Halse die Marseillaise. Das half für diesmal.

Am folgenden Abend fiel mir eine originelle Melodie auf, die ein junger Mann zur Gitarre sang. Ich bat ihn, sie zu wiederholen. Sie hieß «Volare» und gefiel mir sehr gut. Endlich wieder etwas Typisch-Italienisches!

Mit «Volare» fuhren wir den Stiefel wieder hinauf und über die Alpen. Mit «Volare» wurden wir in Paris empfangen ...

Liebe inbegriffen
Amour compris
Love included

Dieser junge Mann aus Rochester, den ich ab Amsterdam von einem unheilbaren Leiden befallen meinte, war nicht so krank, wie er aussah. Er war einfach verliebt. Eines Abends in Baden-Baden gestand er es endlich.

«Ich habe während unseres Aufenthaltes in Amsterdam», sagte er, «ein Mädchen getroffen, das ich nicht vergessen kann.»

Nicht zum ersten Male nahm ich Bekenntnisse dieser Art entgegen. Der Reiseleiter ist unter anderem auch der Psychotherapeut, zumindest aber der Beichtvater seiner Gruppe. Im allgemeinen höre ich dabei nur aus Höflichkeit zu. ‹Was›, sage ich mir, ‹kann auf so einer Rundfahrt im Europa-Express, wo man den Anfang der Woche in England und das Wochenende in Italien zubringt, nachdem man am Mittwoch Holland und bis Freitagabend Deutschland gründlich besichtigt hat, von einer zwischen zwei Zollschranken oder vor einem Rubens-Bild angeknüpften Idylle übrigbleiben?› Den jungen Mann aus Rochester aber schien es ganz schön erwischt zu haben. Ich fürchtete schon, er würde mich bitten, ihn nach Holland zurückfahren zu lassen oder überhaupt den ganzen Express rückwärts zu rangieren. Amerikaner mit gesundem Selbstbewußtsein halten so etwas für durchaus möglich.

Aber Percy zeigte sich doch ganz vernünftig. «Mir liegt gar nichts daran, nach Holland zurückzukehren», sagte er traurig. «Das Mädchen reist wie ich mit einer Touristengruppe.»

Das vereinfachte die Angelegenheit sofort. «Mut, junger Mann», sagte ich. «Dann werden Sie sie unweigerlich früher oder später wiedertreffen.»

«Glauben Sie?»

«Selbstverständlich! Europa läßt sich nicht auf fünfzig verschiedene Arten besichtigen. Fast alle Routen berühren dieselben Orte. Wenn auch die Gruppe Ihrer Angebeteten im Norden angefangen hat, sehe ich keinen Grund, warum Sie sie nicht vor dem Löwen von Luzern,

auf dem Markusplatz oder spätestens im Vatikan wiedersehen sollten.»

Und ich erzählte ihm zum Beweis die Geschichte eines seiner Landsleute, der sich eines Tages zu gleicher Zeit wie ein Verwandter von ihm
in Paris aufhielt und untröstlich war, daß er dessen Hoteladresse nicht
kannte. «Wissen Sie, wie es ihm gelang, ihn trotzdem zu finden? – Er
stellte sich jeden Abend vor den Eingang des Moulin Rouge und siebte
den Besucherstrom durch. Eine unfehlbare Methode. Am vierten Abend
erwischte er ihn . . .»

Von da an interessierte sich mein verliebter Europa-Pilger nur noch
für Kirchentore und Museumseingänge. Was dahinter lag, war ihm
gleichgültig. Er baute sich als Schildwache vor Walhalla und San Zeno
auf und kontrollierte mit scharfem Blick die Gruppen, die ins Innere
drängten. Nach Verlauf einer Woche hatte er auf diese Weise beinahe
zwanzig Verwandte und Freunde getroffen, die er gar nicht in Europa
vermutete, aber noch nicht diejenige, die er wirklich suchte.

Sicher sind nicht alle verliebten Touristen so hartnäckig wie der junge
Mann aus Rochester. Dennoch spielt die Liebe auf Reisen eine wesent-
liche Rolle. Die Mehrzahl der männlichen Reiseteilnehmer* wäre enttäuscht, wenn sie außer einem Koffer voll Spirituosen und Souvenirs
nicht auch eine kleine Romanze nach Hause mitbrächte.

Nur selten führen diese harmlosen Abenteuer zum Altar oder zur
Verzweiflung. Aber die Kürze der Begegnung, der der Reiseplan wie
das unerbittliche Protokoll einer Hofzeremonie ein jähes Ende setzt,
läßt so einen Fünf-Minuten-Flirt in der Einbildung oft zu einer großen,
sehnsuchtsvollen Liebe werden, die bald zum Mittelpunkt aller Gedanken und Erinnerungen wird.

Es gibt natürlich auch günstigere Fälle: Häufig spielen sich solche
Episoden zwischen einem Touristen und einer Eingeborenen ab. Dann
dauern sie wenigstens so lange wie der Aufenthalt am Ort; das heißt
manchmal sogar zwei oder drei Tage. (Vorausgesetzt, daß sie am ersten Tag begonnen haben.) Oder es finden sich zwei Angehörige derselben Gruppe zusammen. Das ist dann sozusagen eine Sache von
Dauer (bis zu vier Wochen), und dieses Verhältnis bietet den unschätz-
baren Vorteil, den anderen immer in der Nähe zu wissen, an seinen
Platz im Reisebus vielleicht fester gebunden als später an den heimi-
schen Herd.

Nun kommt es aber auch vor, daß – wie wir eben gesehen haben –
der Tourist einer Gruppe sich in die Touristin einer anderen verliebt.
(Oder umgekehrt.) Dann kommt es zu einem sehr reizvollen Fang-
michspiel. Im Norden sind die beiden Gruppen eine Weile nebenein-

* Von den weiblichen Teilnehmern etwa die Hälfte.

anderhergereist, darauf in südlicher Richtung auseinander gegangen, um sich plötzlich auf der Zugspitze oder im Dom zu Mailand wieder zu treffen, bevor sie sich endgültig voneinander trennen. Manchmal will das boshafte Schicksal das Spiel noch verzwickter machen und läßt zwei Gruppen sich jeweils im Abstand von wenigen Stunden folgen. Man kann sich die seelische Verfassung eines verliebten Touristen vorstellen, der mit seiner Gruppe in einen Zug steigen muß, den die andere eben verlassen hat, oder der eine Stunde nach der Abreise des Wesens, um das seine Gedanken kreisen, in dem gleichen Hotel ankommt und so fort, von einer Etappe zur anderen, von Land zu Land.

Genauso erging es dem jungen Mann aus Rochester. Erst nach zwei Wochen, als er die Hoffnung beinahe schon aufgegeben hatte, geschah das Wunder, und zwar in dreitausend Meter Höhe, in der Eisgrotte der Jungfrau, daß unsere Karawanen sich begegneten. Leider blieb den beiden Turteltauben* kaum Zeit, das freudige Wiederfinden zu feiern, denn schon wurde wieder zum Sammeln gerufen. Beide Gruppen zogen gen Italien, jedoch die eine über den Simplon-Paß, die andere über den St. Gotthard.

Wenigstens hatten die beiden Zeit gehabt, ihre Reisepläne zu vergleichen: Erst auf dem Rückweg, in Paris, sollten sich die Gruppen noch einmal begegnen. Von nun an hatte Italien für Percy jeden Reiz verloren. Er lebte nur noch in der Erwartung unserer letzten Station: Paris. Sie hatten miteinander ausgemacht, an diesem Abschiedsabend gemeinsam «Paris by Night» zu erleben.

Endlich war der Tag da. Percy achtete sorgfältig darauf, beim Bestellen der Karten das Hotel anzugeben, in dem die Dame, die er einladen wollte, abgestiegen sein mußte. Aber wegen des großen Andranges wurde an diesem Abend die Rundfahrt in mehreren Autobussen gemacht. Sie fuhr mit dem ersten, er stieg in den zweiten.

Den Rest kann man sich ausmalen. Beide besuchten dieselben Vergnügungsstätten, doch einer nach dem anderen, so daß der unglückliche Liebhaber jedesmal nur noch das leere Champagnerglas seiner Dame verfand ... Trotzdem trafen sie noch einmal zusammen, nämlich in den Markthallen, um vier Uhr morgens. Und wenn sie auch keinen Champagner dazu tranken, konnten sie doch eine Schale Zwiebelsuppe miteinander essen. Danach lustwandelten sie Hand in Hand die Karottenwege, die Blumenkohlstraßen und die Steinpilzalleen entlang und entdeckten dabei gesprächsweise etwas sehr Komisches: Das Mädchen stammte nicht nur ebenfalls aus Rochester, im Staat New York, sie arbeitete sogar in der gleichen Fabrik wie Percy (Eastman Kodak Company). Somit hätte dem künftigen Glück der beiden nichts mehr im Wege gestanden, wenn sie nicht beim Frühstück auf dem Boulevard

* Auch sie sagte: «Very glad to see you.»

Saint Michel auf die Frage der Rassentrennung zu sprechen gekommen wären. Dabei ergaben sich unversehens unüberbrückbare Meinungsverschiedenheiten, und so kam es, daß Percy um neun Uhr dreißig sich pünktlich zur Führung durch den Louvre einfand, während die Dame seiner Enttäuschung sich zum Invalidendom begab.

Die Liebe auf Gesellschaftsreisen bricht nicht nur Herzen, – was viel schlimmer ist, sie sabotiert auch die exakte Einhaltung des Reiseplanes. Dem Glücklichen schlägt keine Abreisestunde.

Im Foyer des Alhambra-Hotels in Granada stellte ich eines Morgens beim Aufrufen meiner Leute fest, daß einer fehlte. Das Verhör seiner Reisegefährten ergab, daß man ihn seit dem Vorabend nicht mehr gesehen und er die Nacht auch nicht in seinem Bett verbracht hatte. Wo, zum Teufel, mochte er stecken?

Diese Cowboys aus Texas! Denn er war einer von diesen fidelen Kerlen, die Europa in ihrer Nationaltracht besuchen, als wäre das ganze Abendland ein einziges Volksfest, und die in die staubigen Museen einen frischen Windstoß aus der Prärie bringen.

Wütend hielt ich vor dem Portal nach diesem Mister Murphy Ausschau, über den ich inzwischen auch erfahren hatte, daß er als ein besonderer Verehrer der Weiblichkeit galt, und beachtete dabei kaum einen schmächtigen Kerl in Lumpen, der schon seit einiger Zeit um den Bus herumstrich. Plötzlich sah ich, wie er auf die bereitgestellten Koffer losstürzte und einen davon ergriff. Ich packte ihn am Kragen, als er sich mit seiner Beute gerade hinwegstehlen wollte.

Es war niemand anderes als der gesuchte Mister Murphy, nur etwas entstellt, mit geschwollenem Gesicht, blauem Auge, zerquetschter Nase und wie ein eingeborener Landstreicher gekleidet.

«Was ist denn mit Ihnen passiert?» fragte ich, als ich mich vom ersten Schrecken erholt hatte.

Er senkte verstört den Kopf und sagte nichts.

Die ganze Gruppe kam angelaufen. Wir bestürmten unseren Ritter von der traurigen Gestalt mit Fragen. War er das Opfer eines Überfalls geworden? Ich schlug vor, die Polizei zu benachrichtigen, aber da beschwor er mich, nichts dergleichen zu tun, und stürzte ins Hotel, um sich umzuziehen.

Um die Zeit, da wir in Córdoba hätten ankommen müssen, fuhren wir endlich von Granada ab. Mister Murphy hatte sich wieder in einen Cowboy im Sonntagsstaat verwandelt; nur sein Blick war noch immer finster, und es bestand wenig Hoffnung, hinter sein Geheimnis zu kommen.

Erst eine Woche später, in Barcelona, nach ausgiebigen Gelagen in verschiedenen Bars entlockte ich ihm bei einem Krug Sangria seine andalusische Wildwest-Story.

«You must believe me, Boss. She was wonderful!» begann er.

«Okay, Benny! Wo haben Sie sie denn kennengelernt?»

«In einer Taverne im Zigeunerviertel. Eine rassige Andalusierin, sage ich Ihnen, und feurig . . . Mein Gott, wie aus dem Magazin, auf das ich abonniert bin.»

Er war von dieser wilden Schönheit so gefangen, daß er zwei Abende hintereinander in dieselbe Schenke ging. Ein junger Zigeuner, der Bennies Begierde bemerkt hatte, bot ihm seine Vermittlerdienste an. Er schlug vor, der Señorita ein kleines Liebeszeichen zu schicken.

Benny war einverstanden. «Überreichen Sie ihr dieses Armband», sagte er zu dem hilfsbereiten Zigeuner und gab ihm ein Schmuckstück aus massivem Gold, das er kurz zuvor in Toledo für seine Mutter ausgesucht hatte. Der Zigeuner ließ es in die Tasche gleiten und flüsterte Benny ins Ohr:

«Achten Sie gut auf ihr Handgelenk! Trägt sie das Armband beim nächsten Tanz, dann haben Sie Aussicht, sie nach der Vorstellung zu treffen.»

Sie trug es.

«Bravo!» rief ich aus. Ich konnte mir schon denken, wie es weitergegangen war. «Sie hatten also ein Rendezvous mit ihr!»

«Of course. Um drei Uhr morgens. Sie hieß Virginia, so als wäre sie aus Amerika, und äußerte den Wunsch, in der Umgebung von Granada spazierenzufahren. Das war nicht so einfach. Das einzige Taxi, das ich fand, wollte nicht aus der Stadt hinausfahren.»

«Und was taten Sie?»

«Ich kaufte das Taxi.»

So kam die schöne Virginia doch noch zu ihrer Spazierfahrt. Nur vergaß der arme, von Leidenschaft verzehrte Westmann beim Anblick seiner Eroberung völlig, sich ab und zu umzusehen, sonst hätte er bemerken müssen, daß ihnen ein verdächtiges Gefährt folgte. Auf einem von Ölbäumen umsäumten Pfad kam Virginia auf die köstliche Idee, zu Fuß weitergehen zu wollen. Das war mehr, als er erwartet hatte, und er glaubte sich schon am Ziel seiner Sehnsucht. Indessen war das andere Gefährt ganz nahe herangekommen. Eine Schar dunkler Gestalten kletterte heraus und kreiste das Pärchen ein.

Machen wir's kurz: Einer von den Kerlen behauptete, der Verlobte Virginias zu sein, der andere gab sich als ihr Vater aus, und mit dieser Legitimation fielen sie über den armen Cowboy her. Er wurde verprügelt, seiner Brieftasche und seiner Kleider beraubt, dann splitternackt und halb ohnmächtig unter einem Baum liegengelassen.

Als er wieder zu sich kam, war die Sonne schon aufgegangen.

«Trotzdem habe ich noch Glück gehabt», erklärte Benny froh.

«Wieso?» fragte ich, erstaunt, daß man nach solcher Niederlage noch von Glück sprechen konnte.

«Ein Stück weiter im Feld sah ich nämlich eine Vogelscheuche stehen. Der entlieh ich die Lumpen, in denen Sie mich trafen.»

«Hatten Sie viel Geld bei sich getragen?»

Seine Augen wurden feucht. «Oh, das spielt keine Rolle . . . Ich denke vor allem an die arme kleine Virginia. Was mag wohl aus ihr geworden sein?»

Er hatte ein so gutes Herz, der Cowboy Benny. Und er sah genauso traurig aus wie die Lieder von den Cowboys, die wir in Europa singen. Nicht im Traum wäre er darauf gekommen, daß er es mit einer Bande abgefeimter Diebe zu tun gehabt hatte. Und ich klärte ihn nicht auf. Warum sollte ich ihm seine Illusionen nehmen? Hatte er sie nicht teuer genug bezahlt? Sie gehörten ihm. Wenn er durch die weiten Ebenen von Texas reitet, wird sich mein guter Benny in der Vorstellung wiegen, im Herzen einer heißblütigen Andalusierin drüben in Europa eine wilde und unglückliche Leidenschaft entfacht zu haben. Und welcher Cowboy könnte das noch von sich behaupten?

Es soll nicht der Eindruck entstehen, als würden nur die Touristen aus der Neuen Welt der Liebe auf Reisen frönen. Doch wahr ist – und es sei auch zu ihrer Ehre gesagt –, daß sie sie am ernstesten nehmen. Der amerikanische Junggeselle betrachtet Europa von jeher als einen überdimensionalen Heiratsmarkt, auf dem die Frauen nach Temperament und Haarfarbe in verschiedene Länder sortiert sozusagen zur Selbstbedienung ausliegen, und eine Reisegesellschaft als ein rollendes Eheanbahnungsinstitut. Er trifft seine Wahl überlegt, aber wenn er sich einmal entschieden hat, mit frappantem Zugriff.

Das mußte ich mit einem Farmer aus Nebraska erleben, der mit einer Gruppe von Berufskollegen zu einem landwirtschaftlichen Kongreß nach Europa gekommen war. Einige waren in Begleitung ihrer Frauen, die meisten aber Witwer oder Junggesellen. Auf dem Flughafen von Edinburgh nahm ich sie in Empfang. Nachdem die Formalitäten am Zoll überstanden waren, und ich zum zehnten Male ansetzte, die zweihundert Gepäckstücke der fünfunddreißig Reisenden zu zählen, nahm mich einer der Yankees beiseite. Er mußte in den Achtzigern sein und noch ein Veteran aus dem Unabhängigkeitskrieg.

«Höre, mein Sohn», sprach er mich vertraulich an. «Ich habe vor einem Monat meine Frau verloren und würde mir gern eine neue aus Europa mitnehmen.» Bei den Amerikanern weiß man nie genau, wo der Ernst aufhört und der Spaß beginnt.

«Okay», sagte ich. «Warten Sie nur ab, Opa, bis wir in Paris sind. Es steht ein Montmartre-Abend auf dem Programm, und ich bin sicher, daß sich da etwas Nettes aus zweiter Hand für Sie finden wird.»

Mit vier Autobussen traten wir unsere Tour von mehr als tausend Kilometern quer durch England an, um die sagenhaften alten Bauernhöfe zu besuchen. Sobald meine Motorpflug-Spezialisten einen Ochsen, der einen Pflug zog, erblickten, mußte angehalten werden, und alles sprang freudig heraus, um diesen archaischen Anblick mit der Kamera festzuhalten.

Die Begeisterung steigerte sich zum Delirium, wenn hinter dem Ochsen kein Mann, sondern eine Frau schritt, eine reinrassig-angelsächsische Bäuerin mit kernigem Gesicht und Ringkämpfermuskeln. Dann benahmen sie sich wie Kinder, umringten die gute Frau, die ganz kopflos wurde, boxten ihr auf die stämmigen Arme und fotografierten sie unter lauten Ovationen wie einen Filmstar.

Wenn sie sich eine halbe Stunde damit beschäftigt hatten, gab ich das Zeichen zum Sammeln, und sie räumten das Feld (im wörtlichsten Sinn, und nachdem sie es gehörig zertrampelt hatten) und ließen die Bäuerin bestürzt über das Ansehen, zu dem sie so unerwartet gekommen war, zurück. Nach zwei Wochen dieser Art Treibjagd kamen wir eines Abends spät in Brüssel an.

Ich hatte meine Gruppe auf vier Hotels verteilt, die Zimmer zugewiesen, das Programm des nächsten Tages verkündet und wollte gerade zu Bett gehen, als das Telefon läutete.

«Hallo, mein Junge! Ich glaube, ich habe sie gefunden», sagte jemand unvermittelt.

«Wen haben Sie gefunden?»

«Die Frau, die ich nach Omaha mitnehmen werde.» Es war der Farmer-Veteran, der sich wieder verheiraten wollte. Ich war fest überzeugt, daß er von seinem Fenster aus eine jener von Berufs wegen auf den Boulevards promenierenden Damen erspäht hatte, und nahm mir vor, ihm ins Gewissen zu reden.

«Und wer ist die Glückliche?» fragte ich ironisch.

«Das Telefonfräulein des Hotels!»

Ich erschrak. Das schien doch ernst zu werden.

«Das Tele –, aber wie haben Sie denn bis jetzt Zeit gefunden, sich mit ihr zu unterhalten? Wir sind doch eben erst angekommen.»

«Gesprochen habe ich sie noch nicht. Ich habe sie nur gesehen.»

«Das ist alles?»

«Ja, warum? Haben Sie vielleicht etwas gegen sie?»

«Hören Sie, Mister Horsewater», antwortete ich und sprach so dezidiert, wie ich konnte. «Es ist Mitternacht. Warten Sie erst einmal bis morgen. Dann werden wir weiter sehen.»

«Morgen früh ist es zu spät. Das Fräulein hat doch Nachtdienst», schrie er in den Apparat.

«Also gut», schrie ich zurück, «Sie haben das Telefonfräulein in ihrer Kabine gesehen und sich in sie verliebt. Meinetwegen! Aber was hab ich mit der ganzen Geschichte zu tun? Ich bin todmüde. Im übrigen, wenn Sie die Dame heiraten wollen, müssen *Sie* sich an sie wenden.»

«Ich wette, sie versteht kein Amerikanisch. Warum hätte ich Sie sonst wohl angerufen? Kommen Sie, ehe mir jemand das Mädchen wegschnappt.»

Schimpfend zog ich mich wieder an. Wie konnte ich den Alten zur Vernunft bringen? Die Geschichte war zu dumm. Das Fräulein würde sich bei der Direktion beschweren. Wegen dieses senilen Freiers lief ich Gefahr, mich in einen schönen Skandal zu verwickeln. Mister Horsewater wartete schon in der Halle. Er trug seinen Sonntagsanzug mit Stehkragen und schwarzer Krawatte.

«Und wenn sie nun schon verheiratet ist?» flüsterte ich ihm wütend zu.

«Das ist es ja gerade! Wenn Sie sie danach gefragt haben, wissen wir Bescheid.»

Der Mann war wirklich verrückt. Trotzdem machte ich keine weiteren Einwände. Es war nach Mitternacht, und ich wollte diese unerquickliche Affäre so schnell wie möglich hinter mich bringen. Ich öffnete die Tür der Glaskabine ... Eine unscheinbare rundliche Frau von etwa fünfzig Jahren hatte soeben ein Telefongespräch vermittelt und ihr Strickzeug wieder aufgenommen. Es war Mister Horsewaters Auserwählte.

«Verzeihen Sie eine Frage, meine Dame: Sind Sie verheiratet?» begann ich ohne Einleitung.

Ich kann nicht sagen, daß sie über diese Frage erstaunt war. Das wäre zu schwach ausgedrückt. Sie erstarrte einfach vor Entrüstung und blickte über den Rand ihrer Brille hinweg giftig diesen Jüngling an, der es wagte, sie so unverschämt anzureden. Dann hatte sie sich gefaßt und überschüttete mich mit einer Flut von Beschimpfungen, wie sie sich nicht alle Tage über einen Reiseleiter ergießt.

«Ich weiß, gnädige Frau, Sie könnten meine Mutter sein», versuchte ich sie zu unterbrechen. «Aber nicht ich bin es, der sich für Sie interessiert, sondern dieser Herr hier.» Ich deutete auf Mister Horsewater, der mit einer für sein Alter überraschend gelenkigen Verbeugung näherkam. «Er möchte heiraten, und er meint, Sie seien genau sein Typ. Nebenbei bemerkt», fügte ich mit leiserer Stimme hinzu, «er ist ein reicher amerikanischer Farmer; das bitte ich Sie zu bedenken.»

Diese letzten Worte wirkten wie ein Zauber. Im nächsten Augenblick erstrahlte das Gesicht des Telefonfräuleins in grenzenlosem Wohlwollen.

«Ach nein! – Aber ja!» rief sie aus.

Aber meine erste Frage hatte sie noch immer nicht beantwortet. «Also sind Sie verheiratet?» wiederholte ich.

«Gewesen! Ich bin Witwe», sagte sie, ohne Mister Horsewater aus den Augen zu lassen, «und zwar seit über einem Jahr!»

Ich übersetzte meinem Farmer die gute Nachricht, und er nickte befriedigt. Dann stellte ich die beiden einander vor und ließ ihnen Zeit, sich gegenseitig anzulächeln. Die Telefonistin zeigte sich ganz verständig. Der Gedanke, ihre enge Glaskabine mit einem Farmhaus in Nebraska zu vertauschen, schien ihr nicht schlecht zu gefallen. Ich sah ihren Augen an, daß sie schon von Viehherden, Milchkannen, Kornfeldern und einer Altersversorgung träumte, und was sonst noch so im Kopf eines verwitweten Telefonfräuleins herumgeht, das um ein Uhr morgens mit einem Heiratsantrag aus Amerika überfallen wird. Mit raschem Griff steckte sie die Visitenkarte ein, die Mister Horsewater ihr überreicht hatte, und versprach in passablem Englisch, um neun Uhr mit ihm zu frühstücken. Mit einem «Okay Madam, see you later» zu seiner Braut und einem «Thank you, my dear» zu mir verbeugte sich Mister Horsewater noch einmal, wandte sich zur Treppe und ging zu Bett.

Diese kleine Szene hatte kaum zehn Minuten gedauert. Danach bot sich mir keine Gelegenheit mehr, mit Mister Horsewater über unseren nächtlichen Handstreich zu sprechen. Er nahm seinen Platz in der Gruppe wieder ein, als wäre nichts geschehen, und ich selbst war zu beschäftigt, um noch an meine improvisierte Heiratsvermittlung zu denken. Bald darauf gab ich die Führung an einen Kollegen ab, ohne mich vorher noch von allen Schützlingen verabschieden zu können.

Erst ein halbes Jahr später, als ich die Weihnachtsgrüße und Neujahrswünsche las, die ich erhalten hatte, fiel mir Mister Horsewaters Brautschau wieder ein. Mein Veteran-Romeo und seine Telefon-Julia teilten mir mit, daß sie vor vier Wochen geheiratet hätten und die Flitterwochen «marvellous» seien.

Genug von amerikanischer Liebe. Auch wir sind nicht von Stein. Nur benutzten wir eine Gesellschaftsreise nicht unbedingt zur Brautschau. Der Europäer hat viel zuviel Respekt vor seinem Kontinent und der runden Summe, die er, der nicht in Dollar zahlt, für einen Ausflug über die Landesgrenze aufbringen muß, als daß er sich erlaubte, unterwegs etwas anderes als «Studien» zu treiben. Im Gegensatz zu seiner überseeischen Spielart sucht der abendländische Tourist sein weibliches Ideal nicht in einer andalusischen Taverne oder in der Telefonkabine eines Brüsseler Hotels, sondern im Louvre (Mona Lisa, Venus von Milo), in den Uffizien (Madonnen), im Prado (Die nackte Maja), kurz: mehr in der Kunst als in der Natur. Nie wird er zugeben, daß eine dieser Damen, sollte er ihnen einmal auf der Straße begegnen, keinen nachhaltigen Eindruck auf ihn machen würde. Dieser Gedanke wäre Blasphemie. Meine Mit-Europäer suchen auf dem Boulevard und im Nachtlokal keine Kunstfigur und nicht die «passende Frau». Wonach sie allenfalls Ausschau halten, ist die Entspannung in Form einer interessanten Bekanntschaft. Wobei «interessant» schon wieder auf den ernsten Studienzweck dieses an sich harmlosen Unternehmens hindeutet. Daß der Forscherdrang oftmals schneller zum Ziel führt, das heißt: zu gründlicheren Erfahrungen mit dem anderen Geschlecht fremder Nationalität, als die etwas steife Umwerbung des Junggesellen von drüben, ändert nichts an der Tatsache, daß den meisten Damen ein Mister aus New Orleans noch immer lieber ist als ein Monsieur aus Orléans.

Was aber spielt sich innerhalb einer Gruppe ab? In jeder findet sich mindestens eine Umschwärmte – und ich weiß, noch bevor wir starten, welche von den vierzig, fünfzig Frauen es sein wird – und ein halbes Dutzend Verehrer. Man ist allgemein gespannt, wer das Rennen machen wird, schließt Wetten darüber ab und treibt seinen Favoriten zum Angriff an.

Gewöhnlich gehen alle leer aus und – werden alle gleicherweise beschenkt. Die Dame von Welt zeigt ihre Gunst von Tag zu Tag einem anderen; heute dem Galantesten, morgen dem Sprachbegabtesten und übermorgen dem besten Schwimmer. Sie fördert dadurch eine gesunde Rivalität unter den Herren, die der ganzen Gruppe zugute kommt. Man überbietet sich an Tugenden, Besonnenheit und List und spielt den Indifferenten, indem man sich den anderen Damen widmet. Allerdings nur so lange, versteht sich, bis die Umworbene sich endgültig entschieden hat. Doch das wird sie nie wagen. Denn ich gehöre, pardon, auch zu ihren Verehrern, und wehe ihr, wenn sie einem anderen den Vorzug geben sollte! Das dunkelste Zimmer, der ödeste Ausblick würden sie fortan in jedem neuen Hotel erwarten; der sauerste Wein und das zäheste Fleisch würden ihr serviert werden. Es liegt bei ihr, daß die Harmonie erhalten bleibt. Ich bin nicht boshaft, und ich bin nicht verliebt, jedenfalls nicht allzu sehr, – aber ich lasse mir das «Gruppenklima», das so strahlend blau zu sein hat wie das Wetter auf den Prospekten, nicht verderben.

Erst an der Endstation der Reise gebe ich ihr einen freundschaftlichen und verläßlichen Tip, mit welchem der übrigen Kavaliere sie in Kontakt bleiben sollte. Das ist mein Dank dafür, daß sie so standhaft geblieben ist. Gegenüber der Gunst der Herren und der Mißgunst der anderen Damen.

Man spricht Deutsch
On parle français
English spoken

Nach acht Jahren im Dienste des Tourismus bin ich mir noch immer nicht im klaren darüber, ob es für den Gesellschaftsreisenden wirklich von Vorteil ist, wenn er mit der Sprache des Landes, das er besucht, vertraut ist. Die landläufige Meinung ist zweifellos, daß gewisse Sprachkenntnisse in jedem Fall empfehlenswert seien; allein schon, um zum Beispiel die Speisekarte oder die Hinweise auf die verschiedenen sanitären Örtlichkeiten lesen zu können. Zugegeben, dadurch kann manche peinliche Verwechslung vermieden werden.

Nichts ist unangenehmer, als in einem italienischen Restaurant hilflos zwischen den beiden Türen mit den Aufschriften SIGNORI und SIGNORE hinundherzutappen. Ich mache meine Touristen jedesmal kurz nach Überschreiten der italienischen Grenze auf diesen feinen Sprachunterschied aufmerksam.

«Auf -*e* enden die Damen. Höflichkeitshalber kommen sie im Alphabet zuerst dran. Die Herren enden mit -*i*.» Das ist doch nicht schwer zu behalten. Trotzdem ist sich der Mensch in seinem leiblichen Drange dann des rechten Weges oft nicht bewußt. Er kann sich nicht entscheiden, ob -*e* oder -*i* das Richtige für ihn ist und wartet, daß jemand kommt, der sich seiner Sache ganz sicher ist. Dem folgt er dann nach – oder er wählt gerade die andere Tür, je nachdem.

Doch auch dabei ist Vorsicht geboten. In unserer Abfütterungsstätte in Mailand hatte ich schon eine Weile den Herrn einer fremden Reisegruppe beobachtet, der vor den beiden in Frage kommenden Türen mit größter Ungeduld auf ein Zeichen wartete. Schließlich näherte sich eine Dame und ging zielbewußt auf die rechte Tür zu. Als sie die Hand auf die Klinke legte, öffnete der Herr seinerseits die andere Tür.

Nur für wenige Sekunden blieben die beiden verschwunden. Dann wurden die SIGNORI- und SIGNORE-Türen wieder aufgerissen und mit hochroten Köpfen, als wären sie unversehens in eine Lasterhöhle geraten, aber auch mit wissendem Blick, wechselten der Herr und die Dame miteinander die Räumlichkeiten, und jetzt war endlich jeder dort, wo er hingehörte.

Hätten die Herrschaften in ihren Heimatländern einen der beliebten «Sprachführer für Italienreisende» erworben und ein halbes Jahr lang übers Wochenende daraus gelernt, oder hätten sie gar den Kursus «Perfekt Italienisch in zehn Wochen» mitgemacht, den man heute in jeder Stadt Europas außerhalb Italiens absolvieren kann, wäre ihnen der Unterschied zwischen männlich und weiblich südlich der Alpen bekannt gewesen. Mehr noch, sie hätten mit den Straßenhändlern feilschen und sich in den Hotels persönlich beschweren können, anstatt den Reiseleiter in Anspruch zu nehmen. Und allein macht es doch erst richtig Spaß.

Insofern lobe ich mir die Touristen mit Sprachkenntnissen, wenn sie auch nicht umhin können, bereits vom Augenblick der Abreise an mit großem Stimmaufwand ihren Wortschatz auszupacken und herumzureichen wie Süßigkeiten. Sie wissen oft mehr – oder jedenfalls andere – Worte als ich und brennen darauf, sie anbringen zu dürfen. Sie bilden Sätze, die sie selbst in ihrer Muttersprache nie zuvor gesprochen haben, noch jemals sprechen werden: «Fahren Sie auch einen Viertakt-Verbrennungsmotor?» – «Gewiß, zehn Tonnen hebt dieser Flaschenzug mit Leichtigkeit.» – «Würden Sie mir bitte den Weg zum nächsten Handschuhladen weisen!»

Ich lasse den Leuten das Vergnügen. Hier im Bus und im Abteil haben sie ohnehin die einzige Möglichkeit, zu zeigen, was sie gelernt haben. Dort, wo man die Sprache spricht, mit der sie sich redlich abgemüht haben, wird man sie mit den vertrauten Lauten ihrer Muttersprache empfangen. Denn auch im Ausland hat man mit Eifer Ausländisch gelernt, zwar weniger auf der Schulbank oder von der Schallplatte als im Umgang mit den Touristen, aber dafür genau die Worte, die man im Fremdenverkehr braucht.*

Es ist unter den Völkern seit einigen Jahren ein edler Wettstreit im Sprachenlernen entbrannt. Nur eignet sich der Tourist das fremde Idiom aus anderen Motiven an als der Einheimische. Der eine will sich im Ausland nicht übervorteilen lassen, der andere will mit den Ausländern bessere Geschäfte machen. Eine Völkerverständigung also zu aller Nutz und Frommen.

Die Fähnchen mit den Landesfarben, die «English spoken», «On parle français», «Se habla español» oder «Man spricht Deutsch» bedeuten, verdecken in den Läden der Via Veneto und der Galleria Vittorio Emanuele einen Gutteil der Schaufensterauslagen und sind doch eine wirksamere Dekoration als eine Warenauswahl. Ein Ladenbesitzer, der auf Renommee hält, sorgt für einen Fahnenwald wie vor dem UNO-Palast.

Freilich wissen es nicht alle Touristen zu schätzen, wenn man ihnen in ihrer eigenen Sprache begegnet. Hat man sich mit der Fremdsprache etwa herumgeplagt, um dann auch am entferntesten Punkt seiner Reise noch gezwungen zu werden, so zu sprechen wie zu Hause! Nein, man will zu seiner Praxis kommen. Also stellt sich der Franzose taub, wenn ihn der Friseur in Malaga auf französisch fragt, wie er das Haar geschnitten haben wolle. Er sagt statt dessen die eingelernten Sätze 1–10 aus der Lektion XXVI «Beim Friseur» auf spanisch auf, ob er dabei verstanden wird oder nicht, und läßt sich eher den Schädel kahl scheren (weil er aus Versehen auch noch Satz 11 mitgesprochen hat, der nur für Glatzenträger gilt), als daß er von seiner Muttersprache Gebrauch macht. Man hat eben seinen gesunden Ehrgeiz und den Kursus teuer bezahlt.

Vor allem in der Unterhaltung mit der privaten Bekanntschaft, die man abends auf der Promenade gemacht hat, legt man Wert auf Konversation in der Landessprache. Konversation ist das A und O jedes Sprachstudiums, und gerade die Fehler, die einem dabei anfangs noch

---

* Es sind laut amtlicher Zählung etwa 230 bis 245 in jeder Sprache.

unterlaufen, erhöhen ja nur den Charme und die Anziehungskraft auf den Partner, der entdeckt, daß seine Sprache, falsch gesprochen, besonders reizvoll klingt.

Welche Frau bliebe kalt, wenn der Fremdling ihr gesteht: «Ick serr finden du schönn!» Und er selbst weiß genau, welche Wirkung er mit diesem amüsanten leichten Akzent erzielt, und daß er in seiner Heimat nie so schnell eine derart verbindliche Feststellung wagen würde. In fremder Zunge geben sich die Worte so leicht aus wie das Geld in fremder Währung. Man rechnet nicht nach, man denkt nicht um. Das tun auch die amerikanischen und englischen Touristen nicht, nur ist es bei ihnen umgekehrt. Sie bleiben bei Pfund und Dollar, als existiere kein anderer Name für Geld, und sie bleiben bei ihrer Sprache, die sie, dank einer besonderen Bevorzugung des Schicksals, von Kindesbeinen an sprechen dürfen, während die übrige bedauernswerte Menschheit sie erst in der höheren Schule oder von der Besatzungsarmee lernen muß. Was für jeden anderen Touristen im Ausland eine Enttäuschung oder ein Wunder sein kann, nämlich in seiner Muttersprache angeredet zu werden, ist für den Angelsachsen eine Selbstverständlichkeit. Der Gedanke, daß man ihn irgendwo auf der Erde nicht verstehen könnte, ist ihm unvorstellbar. Und damit hat er ja beinahe recht.

Er übrigens liefert den besten Beweis dafür, daß die Unkenntnis der jeweiligen Landessprache einem Touristen oft unschätzbare Dienste leisten kann. Setzen Sie sich im Zuge auf einen reservierten Platz oder parken Sie Ihren Wagen an verbotener Stelle, dann tun Sie gut daran, den Dummen zu spielen, falls man Sie zu vertreiben versucht. Da gegen Dummheit, wie es heißt, selbst die Götter vergebens kämpfen, wird auch der Schaffner oder der Polizeibeamte bald kapitulieren. Je mehr man in Sie eindringt, desto milder werde Ihr Lächeln. Man wird versuchen, Sie bei Ihrer Ehre zu packen, Sie mit Worten beschimpfen, auf die Sie eigentlich nur mit einer Duellforderung erwidern könnten. Aber Sie haben einfach nicht verstanden, und wenn man Sie beleidigen will, soll man es gefälligst in Ihrer Muttersprache tun; denn mit jemand, der nicht einmal auf englisch fluchen kann, läßt man sich sowieso nicht ein. Um sich von Ihrer Verstocktheit nicht infizieren zu lassen, wird der Hüter der ausländischen Ordnung sich bald zurückziehen. Weiß man denn, welche Krankheiten dem Touristen außer dem Leiden, Tourist zu sein, sonst noch anhaften?

Diese Angst vor einer Krankheit, die bei einem Araber nicht geringer ist als bei einem hypochondrischen Schotten, kommt mir auf unseren Orientreisen zustatten. Um die bettelnden und Waren anbietenden Araber, Türken und Zigeuner zu vertreiben, die meine Gruppe umkreisen wie gewisse Raubvögel eine erschöpfte Karawane, brauche ich nur einen meiner fünf oder sechs arabischen Sätze auszurufen, und schon nehmen sie schleunigst Reißaus. Der Satz lautet etwa: «Vorsicht, Seuchengefahr! Eine Gruppe Cholerakranker auf dem Weg in die Quarantäne.»

Dank dieses kleinen Kunstgriffs reisen meine Jerusalem-Pilger ziemlich unbehelligt durch Syrien und den Libanon. Auch dabei zeigt sich, wie segensreich es ist, wenn der Tourist nicht alles verstehen und nicht überall mitreden kann. Ich fürchte, es würde seine Freude am Reisen beeinträchtigen, wenn er wüßte, daß man ihn für aussätzig hält. Europäer sind ja so sensibel. Ein Amerikaner allerdings, dem ich meinen wunderwirkenden Ausruf unter allen Umständen übersetzen mußte, zeigte sich keineswegs betroffen. Im Gegenteil, er schien ganz zufrieden und sagte mit einem geringschätzigen Blick auf seine Reisegefährten: «Soso, die anderen haben also die Cholera. Nun, ich habe mich dagegen impfen lassen.»

Fragen
Questions
Questions

Ich möchte wissen, wer das Gerücht aufgebracht hat, der Tourist reise zu seinem Vergnügen. Das ist eine Verleumdung. Wer den beherzten Entschluß faßt, unter die Touristen zu gehen, der handelt aus reinem Bildungsdrang. Er macht daher auch keine Gesellschaftsreise, sondern eine Studienfahrt, er nimmt an einer Exkursion teil, wenn nicht an einer Expedition, auf die er sich sorgfältig vorbereitet. Zwar weiß er schon viel, doch möchte er natürlich alles wissen und notiert sich deshalb noch zu Hause die wichtigsten Fragen, die es zu klären gilt. Sie beziehen sich zumeist auf soziologische, hygienische und wirtschaftliche Probleme des fremden Landes, und lauten etwa folgendermaßen:

«Kann man dort das Leitungswasser ohne Gefahr trinken?»

«Ist das Trinkgeld inbegriffen?»

«Welche Spezialitäten gibt es in dieser Stadt?»

«Sind die Taxi teurer als bei uns?»

«Warum sind die Lederwaren billiger als bei uns?»

«Wird man als Dame angesprochen, wenn man allein über die Straße geht?»

Lachen Sie nicht! Die Fragen, um die es hier geht, sind ungeheuer wichtig, denn sie bestimmen unweigerlich das gute oder schlechte Andenken, das der Tourist an den jeweiligen Aufenthalt bewahren wird. Ist ihm irgendwo das Wasser nicht bekommen, hat ihn ein Taxichauffeur übers Ohr gehauen oder unsanft um die Kurven gefahren, so wird er daraus sein endgültiges Urteil über die Stadt ableiten. Hat sich so ein Zwischenfall in Rom zugetragen, dann ist Rom erledigt. Siebenundzwanzig Jahrhunderte ruhmreicher Geschichte, die Kunstschätze des Vatikans und der azurblaue Himmel können nichts daran ändern. Der Rom-Heimkehrer sagt zu jedem, der ihn nach seinen Eindrücken von der Ewigen Stadt fragt: «Erinnern Sie mich nicht an Rom!»

Warum ist das so? Diese Frage habe ich mir selbst oft gestellt.

Ich habe die Erfahrung gemacht, daß der Tourist einen noch stärkeren Hang zur Verallgemeinerung zeigt als der gewöhnliche Mensch. Je differenzierter sein Urteilsvermögen bei sich zu Hause ist, wo er niemals behaupten würde, daß der eine Friseur genauso gut sei wie der andere, desto mehr verringert es sich mit wachsender Entfernung von seinem angestammten Lebensbereich, so daß er zum Schluß nur noch die ungerechtesten Noten verteilt und die gröbsten Schlüsse zieht. Ein Beispiel: Gibt es daheim in seinem Stammlokal einen unfreundlichen Kellner, so sagt er sich: «Dieser Kellner ist unfreundlich.» In einem Lokal am anderen Ende seiner Heimatstadt würde er im gleichen Fall konstatieren: «Die Ober in diesem Lokal sind unfreundlich.» Ärgert ihn die Bedienung in einer anderen Provinz seines Vaterlands, meint er: «Die Ober in dieser Stadt sind unfreundlich.» Geschieht es aber gar jenseits der Grenze, so ist er überzeugt: «Die Ober in diesem Land sind unfreundlich!» Und in jedem Fall war der Sündenbock nur ein einziger unkorrekter Kellner.

Ich warte noch immer vergeblich darauf, daß mich einer fragt. «Warum nehme ich so etwas im Ausland ernster als bei uns zu Hause?» Darauf wüßte ich schon eine Antwort. Sie wäre allerdings wenig schmeichelhaft, deshalb müßte ich sie mir leider verkneifen. Der Tourist kann verlangen, daß man ihm keine unangenehmen Wahrheiten sagt.

Wofür hat er schließlich bezahlt!

Diese Frage gehört zu den sogenannten rhetorischen. Selbst der Tourist erwartet auf sie keine Antwort. Leider kommen sie seltener vor als solche, die beantwortet werden müssen, obwohl sie eigentlich unbeantwortbar sind. Etwa: «Wieviel wiegt der Invalidendom?» oder «Konnte man sich in den Thermen des Caracalla auch duschen?» oder «War die Lorelei verheiratet?»

Ob ein Psychologe oder Psychiater mir erklären kann, welcher Mechanismus im Gehirn des Fragestellers da defekt ist? Feststeht, daß es sich um anomale Erscheinungen handelt, und darum ist es ratsam, auf diese Art von Fragen genauso einzugehen wie auf alle anderen. Sich an den Kopf zu fassen und die übrige Gruppe zu Zeugen zu rufen, weil einer von ihnen sich eben erkundigt hat, ob Pompeji im ersten oder im zweiten Weltkrieg zerstört worden sei, wäre unmenschlich, wenn nicht gefährlich. Was tut man also? Man bittet sich eine Bedenkzeit aus, woraus der Fragende gleich schließen kann, wie hochgescheit seine Frage war. Anderen Tags kommt man dann freudestrahlend mit der Lösung an: Der Invalidendom ist nach der letzten Wiegung vom 1. März

1955 – bekanntlich werden die französischen Dome alle fünf Jahre am 1. März gewogen – ungefähr 1 648 597 Tonnen schwer.

Meinen Erfahrungen nach wird die Richtigkeit dieser Angabe nur in den seltensten Fällen bestritten.

Eine andere Methode wäre die, den Fragesteller selbst raten zu lassen, wie die Antwort lauten müßte, und ihm erst kurz bevor er ganz verzagt, also etwa nach dem siebenundzwanzigsten Rateversuch, zu verkünden, daß er nun endlich das Richtige getroffen habe. Dieses Prinzip hat den Vorteil, daß es unfehlbar frage-abschreckend wirkt. Der so Behandelte wird Ihnen in den nächsten achtundvierzig Stunden nicht mehr zur Last fallen. Es sei denn, er ist ein passionierter Rätselrater.

Eines Tages kam ich auf die Idee, eine kleine Statistik aufzustellen. Ich wollte genau wissen, in welchem Verhältnis die dummen zu den vernünftigen Fragen, die man mir unterwegs vorlegte, zueinander standen. Ich machte also jedesmal ein Kreuz in mein Notizbuch, wenn eine dumme Frage kam und einen geraden Strich für eine brauchbare. Ich konnte das Ergebnis kaum fassen: Nach einer Tour «Sechs Länder in achtzehn Tagen» ergab sich, daß auf neun dumme Fragen nur eine andere gekommen war. Ich glaubte, mich verrechnet zu haben, und erkundigte mich bei meinen Kollegen, die ähnliche Forschungen getrieben hatten. Sie meinten, ich müßte es da noch mit einer überdurchschnittlich geistreichen Gruppe zu tun gehabt haben. Bei vielen sähe es weit schlechter aus, und der Rekord läge zur Zeit bei 67:1.

Daraus darf man nicht folgern, daß ein Tourist, der eine dumme Frage stellt, auch sonst nicht auf der Höhe sein kann. Um Himmels willen, nein. Man muß ihm zugute halten, daß er Tag für Tag dem unerbittlichen Drill des Reiseplans ausgesetzt ist und dem Zwang, sich beeindrucken zu lassen. Er überlegt einfach nicht genug. Der Klimawechsel macht ihm zu schaffen, das Lokalkolorit verwirrt ihn und einem schlecht durchbluteten Gehirn fällt das Fragen bekanntlich leichter als das Nachdenken. Im übrigen entschuldigt Müdigkeit alles.

Vor kurzem war ich mit Pilgern in Rom. Ich hatte soeben meinen Vortrag über den Petersdom beendet – ... im Jahre 370 wurde mit dem Bau begonnen ... –, als mich eine Frau am Ärmel zupfte: «Wann sagten Sie, Monsieur? vor oder nach Christus?»

Und das war eine fromme Pilgerin! – Nur eben ein bißchen übermüdet.

Ähnliche Symptome zeigten sich bei einem Ehepaar, das sich nach der Führung durch die Münchener Pinakothek erschöpft auf den Stufen der Freitreppe niedergelassen hatte. *Sie* schrieb eine Postkarte, *er* las seine Zeitung. Plötzlich fragt sie ihn: «Welches Datum haben wir heute?»

«Keine Ahnung», antwortete er gähnend. «Sieh doch im Reiseplan unter ‹München: Besuch der Pinakothek› nach.»

«Den habe ich im Hotel gelassen. Du brauchst doch nur in der Zeitung nachzuschauen.»

«Das wird dir nichts nützen», brummte er. «Die ist von gestern.»

Dabei war er ganz und gar kein Witzbold, sondern ein Architekt. Allerdings nach drei Wochen «Quer durch Europa».

Es ist mehr als eine Höflichkeitsfloskel, wenn ich nach jeder Erklärung, nach jedem Vortrag geduldig wiederhole: «Hat jemand von den Herrschaften noch eine Frage?» Denn ich weiß, wie verheerend es sich auswirken kann, wenn man versäumt hat, rechtzeitig zu fragen, oder wenn keine Gelegenheit dazu gewesen ist. Hinterher kommt meistens heraus, daß diese eine nicht gestellte Frage die einzig wichtige gewesen wäre. Aber dann ist es zu spät.

Auf meiner ersten Levante-Reise in der libanesischen Hauptstadt Beirut angekommen, bat mich ein Amerikaner, ihm eine auf seinen Namen vorbestellte Karte für die Aufführung der «Meistersinger von Nürnberg» abzuholen. Er sei extra wegen der Richard Wagner-Festspiele hergekommen.

Ich rang nach Luft. «Aber – ich bitte Sie, Sir! Wir sind in Beirut, nicht in Bayreuth», klärte ich den Ärmsten auf.

Er begriff den Unterschied nicht so schnell, da beide Namen sich im Englischen fast gleich aussprechen. Also zog ich meinen kleinen Taschenatlas hervor und wies ihn auf die unterschiedliche geographische Lage der beiden Städte hin.

Da stand er nun am Rande Asiens und suchte nach dem Festspielhaus der alten bayrischen Residenzstadt, für das er schon von Connecticut aus just für diesen Tag, da wir dem Reiseplan zufolge in Beirut sein sollten, eine Karte hatte reservieren lassen.

«Aber konnten Sie sich nicht denken, daß dieses Bayreuth in Deutschland liegen muß, in der Heimat Richard Wagners?» fragte ich ihn. «Und konnten Sie denn nicht *vorher* fragen, wenn Sie sich nicht sicher waren!»

«Wieso? Man hatte mir gleich gesagt, Bayreuth liege ein bißchen abseits», rechtfertigte er sich. «Natürlich habe ich mich gewundert, als wir dann nach Kleinasien kamen. Aber weiß man denn, wohin die Deutschen überall gekommen sind? Als Sie erzählten, daß ihr Kaiser Barbarossa hier in einem Fluß ertrunken sei, war ich wieder überzeugt, auf dem richtigen Weg zu sein.»

Er konnte diese Enttäuschung nicht verwinden. Nur wegen Bayreuth war er nach Beirut mitgefahren. Kein Wunder, daß er für das Heilige Land, das wir als nächstes besuchten, wenig Interesse zeigte.

Wer in den falschen Zug gestiegen ist, empfindet nur wenig Trost dabei, daß es dort, wohin er nicht wollte, auch ganz schön ist, zumal, wenn man sich auf das Fortissimo von Posaunen und Trompeten gefreut hat und nun mit dem feinen Zirpen arabischer Instrumente vorliebnehmen muß.

Während ich diesen Mister aus Connecticut aufrichtig bedauerte, gönnte ich einer Landsmännin von mir eine geographische Verwechslung von ganzem Herzen.

Kurz vor der Abreise nach Italien hatte sich die junge Frau noch mit ihrem Mann gezankt und dann durch ganz Burgund und die Rhône hinab mit finsterem Gesicht auf Rache gesonnen. Schließlich schien sie das geeignete Mittel gefunden zu haben.

«Wir kommen doch auch nach San Remo, nicht wahr?» fragte sie mich.

Ich bejahte.

«Gut», meinte sie hocherfreut. «Das wird er noch bereuen!»

In San Remo hatten wir zwei Stunden Aufenthalt. Die junge Frau stieg als erste aus, um sich sogleich auf einen Ansichtskarten-Kiosk zu stürzen. Ich sah, wie sie alle Aufnahmen von San Remo genau betrachtete, als suche sie ein bestimmtes Motiv, ein bestimmtes Gebäude. Nachdem sie eine Weile vergeblich herumgeschaut hatte, wandte sie sich an mich mit der Frage:

«Wo finde ich denn eine Ansicht von dem berühmten Gerichtsgebäude?»

«Von welchem Gerichtsgebäude?» fragte ich zurück. Sollte es in San Remo wirklich ein wichtiges Bauwerk geben, das ich nicht kannte?

«Nun, das Scheidungsparadies!» war die Antwort.

Die Dame hatte San Remo offensichtlich mit Reno verwechselt, der Stadt im amerikanischen Staat Nevada, wo eine Ehe, wie man hört, im Handumdrehen geschlossen und geschieden werden kann.

«Wie dumm», sagte sie geknickt. «Und ich hatte mich schon so auf San Remo gefreut.»

Im Namen aller Männer zeigte ich deutlich meine Schadenfreude.

In unserem Gewerbe muß man auf alles gefaßt sein. Wie ein Fernseh-Conferencier bei einer Life-Sendung. Man kann nie wissen, muß aber immer wissen, und darum für alle Fälle ein unerschöpfliches Repertoire an plausiblen Antworten und verbindlichen Redewendungen auf Lager haben.

Ich müßte aber lügen, wenn ich behaupten wollte, daß ich jederzeit sattelfest bin. Ab und zu werde ich doch einmal von einer ganz unvermuteten und ganz teuflischen Frage überrumpelt, und dann heißt es: Haltung bewahren und extemporieren.

Diese Geistesgegenwart fällt einem zu Anfang gar nicht so leicht. Auf meinen ersten Reisen präparierte ich mich deshalb jeden Abend für die Route des folgenden Tages und dachte mir alle möglichen Fragen aus, die auftauchen konnten. Um ganz sicher zu gehen, legte ich mir unzählige kleine Merkzettel für die bevorstehende Strecke zurecht. Im entscheidenden Moment zog ich dann diesen oder jenen heimlich wie ein mogelnder Schüler aus der Manschette. Aber das half nicht in jedem Fall. Wie viele Schlösser und Kirchen, Ruinen und Denkmäler es an manchen Straßen gibt, und wie unvollständig die einschlägigen Fachbücher sind, davon macht sich der wißbegierige Laie gar keinen Begriff.

Das Kloster zur Linken kann mir nichts anhaben. Darüber kann ich eine halbe Stunde lang ununterbrochen reden. Aber meine Zuhörer lassen es nicht dazu kommen. Es genügt ihnen, festzustellen, daß ich imstande wäre, darüber zu sprechen. Wie steht es dagegen mit diesem merkwürdigen Gebäude zur Rechten? Mal sehen, ob er auch davon so viel zu erzählen weiß.

Ich muß gestehen, mir ist dieses Ding rechts noch nie zuvor aufgefallen. An dieser Stelle wird bei mir grundsätzlich nur links aus dem Fenster geschaut. Das Ding rechts ist in keinem Reiseführer, in keinem Handbuch der Denkmalkunde verzeichnet. Es hat somit eigentlich gar keine Existenzberechtigung. Ich glaube, es ist nur da, um mich zu kompromittieren. Was mache ich jetzt?

Wenn ich darüber nichts zu sagen weiß, bedeutet das einen Minuspunkt für mich und bei dreien oder vieren davon kommen unter den Touristen wenig schmeichelhafte Bemerkungen über mich in Umlauf. «Was haben wir da für einen Reiseleiter! Der weiß ja überhaupt nichts. Dem müssen *wir* ja alles erklären. Wofür haben wir den bezahlt?»

Welcher Reiseleiter möchte schon, daß man so von ihm redet? Was tut er also, um sein Prestige zu wahren? Er antwortet einfach irgend etwas halbwegs Mögliches. Was *könnte* das Ding zur Rechten sein? Vielleicht ein Krematorium? Dann *ist* es auch ein Krematorium! Es *ist* so alt, wie es alt sein *könnte*; lieber noch etwas älter, das macht sich besser. Und welchen berühmten Mannes Urne *könnte* dort aufbewahrt werden? Es *ist* die Urne des letzten Fürsten von Asti, der den Spumante erfunden hat, den wir auf der vorigen Station gekostet haben.

Im ersten Augenblick habe ich zwar jedesmal das beklemmende Gefühl, daß irgend jemand von meinen Leuten besser wissen könnte als ich, was es mit dem unbekannten Objekt in Wirklichkeit auf sich hat. Aber bis heute habe ich in solchen Situationen noch nie einen Einwand zu hören bekommen. Im Gegenteil, man hat sich gleich gedacht, daß es sich so und nicht anders verhalten müsse, wie ich sage. Das Krematorium des letzten Fürsten von Asti ist ja weltbekannt.

Ich muß hier die Großzügigkeit des Touristen loben. Er sieht ein, daß man auch vom besten Reiseleiter nicht alles verlangen kann. Also sind ihm die Auskünfte, die erhält, völlig gleichgültig. Was er erwartet, ist lediglich, daß man ihm auf der Stelle und unumwunden antwortet. Ein Reiseleiter mit dem für seinen Beruf notwendigen Verantwortungsgefühl wird dem Touristen diesen Dienst nicht versagen. Keiner von ihnen wird am Abend oder an dem einen wertvollen Tag, den er zur freien Verfügung hat, in den Archiven des Landes nachforschen, ob die Antwort, die man ihm gab, auch der Wahrheit entsprach. Trotzdem ist das Verfahren nicht ungefährlich.

So hatte zum Beispiel vor einiger Zeit ein Reiseleiter in London seiner vor dem Tor von Whitehall versammelten Gruppe alles Mögliche über das berittene Garderegiment der Königin erzählt und dabei mit Details und Erfindungen anscheinend ein wenig übertrieben; denn plötzlich durchbrach einer der Wachtposten, empört über das, was er da mitanhören mußte, die traditionelle strenge Weisung, nach der ihm absolutes Schweigen und völlige Regungslosigkeit auferlegt ist, wies mit seinem Säbel auf den redseligen Führer und nannte ihn laut und deutlich einen unverschämten Lügner.

Ich brauche wohl nicht hinzuzufügen, daß die Gruppe ihrem Reiseleiter von Stund an kein Wort mehr glaubte, ja, daß sie sich weigerte, fernerhin seinen Anordnungen zu folgen, und führerlos wie eine Schar von Marodeuren durch London weiterzog.

Der Staat bin ich?
L'Etat c'est moi?
I am the State?

Es besteht kein Zweifel, daß Frankreich in den letzten Jahren noch stärker in den Mittelpunkt des Weltinteresses gerückt ist. Wenn ich das beklage, so aus ganz persönlichen Gründen. Meine ausländischen Touristen, noch ungewandt im Französischen, verwechseln einen Reiseleiter leicht mit dem Präsidenten der Nationalversammlung und bringen mich ständig mit der Politik meines Landes in Verbindung. Seit zehn Jahren trage ich nun schon die Last der nationalen Verantwortung auf meinen Schultern und muß meinem Publikum zwischen dem Quai d'Orsay und der Halbinsel Sinai Rede und Antwort stehen. Denn in der Meinung der Ausländer bin ich der Staat. Man verlangt, daß ich mit wenigen Worten ein genaues Bild meist unentwirrbarer Situationen (Gemeinsamer Markt, Europäische Verteidigungsgemeinschaft, Algerienfrage) entwerfe und das Verhalten «meiner» Regierung zu rechtfertigen imstande bin.

«Warum haben Sie denn schon wieder Ihre Regierung gestürzt?» fragte man mich beispielsweise zur Zeit der IV. Republik.* Obwohl ich

* Heute, unter der V. Republik, stellt man mir die Frage anders. Etwa: «Warum haben Sie denn noch nicht . . .», ohne daß die Antwort dadurch leichter geworden wäre.

langsam daran gewöhnt war – an die Regierungsstürze und an die diesbezüglichen Fragen –, löste ein solcher Vorwurf in mir jedesmal ein gewisses Schuldgefühl aus. Wenn ich nur wüßte, was ein Reiseleiter, der die meiste Zeit des Jahres außer Landes ist, in den restlichen Monaten gegen die politische Misere zu Hause unternehmen könnte!

So in die Enge getrieben, versuche ich mich meistens mit einer Floskel aus der Klemme zu ziehen.

«Es war von vornherein aussichtslos für ihn», sage ich mit Bedauern oder ohne, je nachdem. «Es ging eben nicht so, wie er es sich gedacht hatte.» Wobei ich mit «er» den jeweiligen Ministerpräsidenten meine, der gerade dran glauben mußte.

Aber man gibt sich mit der Antwort nicht zufrieden. «Das ist Ihre Schuld, weil Sie Ihre Steuern nie bezahlen!»

Jetzt ist es aber genug. Ich protestiere! Ich habe meine Steuern pünktlich bezahlt. «Und zwar mehr als Sie vielleicht denken!» Ob man mich nun wohl in Frieden läßt?

Nein, der andere gibt nicht nach. «Da haben wir's! Sie werden zu hoch bezahlt. Da muß ja der Staat bankrott gehen. Und dann: Ihre unzähligen Parteien! Finden Sie das nicht selbst lächerlich? Warum begnügen Sie sich nicht mit zwei oder drei wie andere Länder?»

Ich könnte antworten, daß 44 Millionen Franzosen sich die gleiche Frage stellen. Aber was besagt das schon? Manchmal wünsche ich mir einen unserer Minister zur Assistenz. Wenn er allerdings glaubte, er könnte sich kraft seines Amtes erlauben, seine Erklärungen so vage abzugeben, als spräche er zu Deputierten, dann hat er sich getäuscht. Der Tourist verlangt knappe und eindeutige Kommentare für sein Geld; eine einwandfreie Darstellung der Rolle Frankreichs in der Montan-Union und eine offizielle Stellungnahme zur Auf- und Abwertung des Franc, deren Hintergründe ich bis auf den heutigen Tag nicht durchschaut habe.

Daher fiel ich auch aus allen Wolken, als kürzlich ein Tourist Schulden von mir einkassieren wollte, von denen ich gar nichts wußte.

«Wann wollen Sie endlich die fünfzig Millionen Dollar zurückerstatten?» fragte er mich drohend.

Mir schwindelte. Ich, der ich Schulden hasse und nie in meinem Leben um mehr als eine Monatsmiete im Rückstand war – wozu in aller Welt hätte ich eine so enorme Summe leihen sollen?

Drei- und viertausend Francs hatte ich gerade in der Tasche, die wollte ich meinem Gläubiger anbieten, um ihn fürs erste zu besänftigen.

Zu meinem Erstaunen wies er das Geld zurück. «Der Wechsel ist bereits geplatzt», sagte er pikiert. «Schon vor einem halben Jahr war die Zahlung fällig.»

In diesem Augenblick höchster Ratlosigkeit kam ein anderes Mitglied meiner Gruppe mir zur Hilfe. Von ihm erfuhr ich, daß mein Land vor längerer Zeit eine Anleihe bei der amerikanischen Regierung aufgenommen hatte, ohne dann seinen Verpflichtungen nachkommen zu können.

Da ich, wie gesagt, darauf eingestellt bin, alle Probleme Frankreichs als meine eigenen zu betrachten, traf mich dieser Zahlungsverzug so, als hätte ich ihn mir selbst vorzuwerfen. Am liebsten hätte ich das Geld in Raten von meinem Monatsgehalt zurückerstattet, wenn diese Methode meinem Gläubiger nicht als allzu langwierig erschienen wäre. Aber meinem Finanzminister schrieb ich einen offenen Brief. Darin sagte ich ihm, daß ich wohl bereit sei, notfalls die Verantwortung für unsere Politik auf mich zu nehmen; was hingegen seine eigenen Schulden betreffe, die müßte ich ihn denn doch bitten, allein zu bezahlen.

Feststeht: Man leidet auf Reisen unter seiner Nationalität – auch wenn man nicht Franzose ist. Es gibt in Europa und sicherlich auch woanders auf der Welt kein Volk, das dem anderen nichts, aber auch gar nichts am Zeuge zu flicken hätte. Um allen unliebsamen Anspielungen aus dem Wege zu gehen, pflegt der Auslandsreisende deshalb gern – und so gut es geht – seine «besonderen Kennzeichen» zu vertuschen. Und wie stolz ist er dann, wenn man ihn, den reinrassigen Schweden, seines Menjou-Bärtchens wegen in Griechenland für einen Franzosen hält und seine griechische Freundin wegen ihres wasserstoffgebleichten Haares in Frankreich für eine Schwedin! So ein Maskentreiben erhöht den Genuß der Reise ungemein. Man fühlt sich als Europäer, als Kosmopolit, und wenn es sein muß, lieber noch als Tourist denn als Staatsangehöriger seines Vaterlandes. Es ist auch bequemer so.

Leider läßt sich die Nationalität einer ganzen Reisegruppe nur schwerlich verbergen oder gar leugnen. Wenn nicht schon das Nummernschild am Autobus die Herkunft der Gesellschaft verrät, dann tut es der Anblick von vierzig oder noch mehr Menschen gleichen Stammes gewiß. Drei Engländerinnen können sich zur Not für drei Isländerinnen oder drei Schweizerinnen ausgeben, aber nicht fünfzig Engländer für fünfzig Nicht-Engländer. Und schon identifiziert man Mister Knox aus Schottland mit England, und er wird sich vergeblich dagegen wehren, daß man ihm die Verordnungen und Verfehlungen des Kabinetts in London in die Schuhe schiebt. Ein Interview über die Suezkrise oder die Fischereirechte im Eismeer verderben ihm so die Begeisterung über die Pyramiden oder die Andacht am Nordkap. Wo er auch hinkommt, scheint jede Landschaft zum Schauplatz politischer Auseinandersetzungen wie zum Tatort eines persönlichen Verbrechens zu werden. Noch immer ist die Kriegsschuld allenthalben ein bevorzugtes Thema in der Unterhaltung zwischen Eingeborenen und Touristen.

Besonders die Deutschen können ein Lied davon singen, und das tun sie denn auch. Da sie nun einmal den Löwenanteil am Fremdenverkehr von Spitzbergen bis Tunis stellen, und da man in etwa fünfzig Prozent aller Fälle richtig rät, wenn man einen Touristen als einen Deutschen oder jedenfalls Deutschsprachigen klassifiziert, geben sie sich kaum Mühe, ihre Herkunft zu verheimlichen. Wenn man sie nicht an ihrem Äußeren erkennt – die Erwachsenen vorzugsweise wanderlustig-bayrisch, die Kinder amerikanisch gekleidet –, dann erkennt man sie an ihren Liedern. Man hat sie noch aus den Soldatensendern der Kriegszeit in Erinnerung. Sie sind größtenteils die gleichen geblieben. Die Deutschen – und die Lieder. Daher sind sie so populär, vor allem in Italien.

Der Tourist kann lästigen Behelligungen noch auf andere Weise entgehen: indem er sich voll und ganz zu seiner Heimat bekennt und diese schöne Einstellung in seiner Kleidung manifestiert. Er reist in Nationaltracht. Ich sprach schon von den Cowboys, die in ihrer Präriekluft durch Spanien galoppierten. In Syrien begegnete mir ein Bus mit adretten Meisjes, die für Holland warben, und in Kairo zog Mister Knox den Schottenrock an, um sich vom südlichen Teil seiner Insel zu distanzieren.

Sie alle wurden bestaunt und fotografiert, über Folklore und Kunstgewerbe in ihrer Heimat befragt, aber selten politisch zur Rechenschaft gezogen.

In diesem Zusammenhang sei jedoch ausdrücklich darauf hingewiesen, daß nicht jede Nationaltracht an jedem Ort schicklich ist, und gänzlich unangebracht als Reisekostüm ist sie, wenn sie gar nur aus einem Bikini zu bestehen scheint. Er macht dem Vaterland keine Ehre, selbst wenn er die Nationalfarben zeigt. Mir ist weder eine allgemeine Veränderung des europäischen Klimas aufgefallen, noch eine Textilienknappheit bekannt. Trotzdem kann man auf allen Boulevards der Welt feststellen: Je mehr die Schwarzen sich anziehen, desto mehr ziehen die Weißen sich aus.

So betrachtet, ist es kein Wunder, wenn ein Tourist mit dem anderen nichts gemein haben will, schon gar nicht, wenn es ein Landsmann von ihm sein sollte. Man fürchtet, sich für den anderen schämen zu müssen, und man hat doch schon genug damit zu tun, sich vor sich selbst zu schämen.

Nur so kann ich auch die Schweizerin begreifen, die in einer französischen Reisegruppe mit mir nach Spanien fuhr und sich in jedem Hotel, bevor sie den Zimmerschlüssel in Empfang zu nehmen bereit war, versichern ließ, daß im selben Haus keine (anderen) Schweizer abgestiegen seien. Auf das «Bedaure!» des Hoteliers antwortete sie jedesmal hocherfreut: «Im Gegenteil! Ich hasse nämlich Schweizer auf Reisen. Entweder sie benehmen sich so, als wären sie zu Hause, oder so, als wären sie im Ausland. Sie können nicht aus ihrer Haut.»

Ich hatte schon im voraus Angst vor den Schwierigkeiten, die sie mir machen würde, wenn sie einmal zur Antwort bekäme, daß tatsächlich Schweizer in unserem Hotel wohnten. Vermutlich würde sie sich weigern, mit ihren Landsleuten unter einem Dach zu leben, und ich müßte mich nach einem anderen für sie umsehen.

In Cadiz traf dann ein, was ich befürchtet hatte. Der Señor von der Rezeption war froh, der Dame dienen zu können: «Aber selbstverständlich haben wir auch Schweizer, Mylady. Wir sind das internationalste Haus am Platz.»

Für einen Augenblick schien Mylady die Fassung zu verlieren. «Wie peinlich! Hier gibt es Schweizer, haben Sie das gehört?» wandte sie sich indigniert an mich. Es klang so, als spräche sie von Ungeziefer.

Ich zuckte die Achseln. «Tut mir außerordentlich leid. Aber daran kann ich nichts ändern. Das ist sozusagen höhere Gewalt. Bedenken Sie, wir haben ja nur eine Nacht.» Ich hatte nicht die geringste Lust, um zehn Uhr abends noch ein Einzelquartier für diesen psychologischen Fall zu suchen.

Zum Glück brauchte ich es auch nicht mehr. Denn plötzlich besann sich die Dame und fragte den Empfangschef: «Aus welchem Ort sind denn diese Leute, die Sie da haben?»

Der Señor in der Livree blätterte in seinen Eintragungen.

«Es sind Stüsslis aus Sankt Gallen, Mylady.»

Das Gesicht der Schweizerin klärte sich auf, als hätte sie eine Freudenbotschaft erhalten. «Stüssli aus Sankt Gallen! So ein Zufall! Da muß ich doch mal sehen, ob es vielleicht *die* Stüsslis sind. Sagen Sie mir bitte ihre Zimmernummer. Und wenn *sie* es sind, geben Sie mir bitte das Zimmer gleich neben ihnen. Es ist doch noch frei?»

Um Mitternacht sah ich dann meine Schweizerin mit Herrn und Frau Stüssli an der Bar sitzen. Es schienen also *die* zu sein. Und aus Dankbarkeit dafür lud ich sie zu einem Jerez ein. Es waren außergewöhnlich sympathische Menschen – gar nicht zu vergleichen mit der Dame aus der Schweiz.

Memento mori
L'homme propose, Dieu dispose
Death is so permanent

Zu einer Gesellschaftsreise comme il faut gehört auch die Überquerung eines Gebirgspasses. Sie stellt – besonders bei Nacht und Nebel – eine Art Feuertaufe und Läuterung für den Touristen dar. Für Augenblicke geht er in sich.

Je schärfer die Kurven der schmalen Straße sind, je steiler die Wände links aufsteigen, rechts abfallen, desto ruhiger wird es im Bus. Um nicht in den Abgrund schauen zu müssen, der bekanntlich nicht nur etwas Furchterregendes hat, sondern auch etwas Verlockendes, starrt man geradeaus, als könnten vierzig hynotische Blicke jeden Gegenverkehr unterbinden. Sonst sparsame Damen geloben sich angesichts des Warnschildes «Achtung! Steinschlaggefahr!», dem Chauffeur ein höheres Trinkgeld zuzustecken als im Reisebudget vorgesehen war. Ich muß eine Reihe geflüsterter «Was passiert, wenn»-Fragen beantworten, und im übrigen Ruhe ausstrahlen. Man will von mir wissen, wie viele Reisegesellschaften hier jährlich in die Tiefe stürzen – ich nenne einen lächerlich geringen Promillesatz – und in wie vielen Fällen ich selbst dabeigewesen sei. Wieso? Sehe ich wie der einzige Überlebende einer Katastrophe aus? Bedaure, damit kann ich nicht dienen. Ich habe meine Schäfchen noch immer ins Trockene gebracht, das heißt: meine Touristen sicher über die Alpen, Apenninen, Pyrenäen und wieder nach Hause. Wenn sie tot waren, dann vor Müdigkeit. Da meine Herde aber durch ein paar artistische Ausweichmanöver unseres Chauffeurs verängstigt ist und Gruselgeschichten das beste Hausmittel gegen Schwindelgefühl sind, gebe ich einige makabre Reiseerlebnisse zum besten, bei denen es um Kopf und Kragen ging.

Ich fange meistens mit einer noch harmlosen Geschichte an, die ich die «Rom-Erzählung» getauft habe.

Lange Zeit habe ich wie so manche anderen aufgeklärten Zeitgenossen nur ein Lächeln für das Gespenstermärchen übrig gehabt, daß von den Gebeinen und Geheimzeichen der ersten Christen in den Katakomben von Rom eine dunkle zauberische Kraft ausgehen solle, die sich jenen mitteilt, die zu besonderen Glaubenstaten auserwählt seien – bis ich eines Tages in meiner eigenen Gruppe einen merkwürdigen Fall von Berufung oder Wahnvorstellung miterleben mußte.

Es war an einem heißen Augusttag. Um wenigstens für eine halbe Stunde der Sonne zu entfliehen, hatten wir uns zur Mittagszeit in die kühlen Gründe der St. Calixtus-Katakomben begeben. Wir waren nach der üblichen Durchschleusung, mit geziemendem Schaudern und Taschen voll Gesteinsbrocken als frommen Souvenirs, wieder an die Erdoberfläche gestiegen, als plötzlich einer meiner Leute – ein Herr in den besten Jahren, der bisher noch in keiner Weise von sich Aufsehen gemacht hatte – begann, sich die Kleider vom Leibe zu reißen. Schon hatte er mit weiten rudernden Armbewegungen Jacke und Hemd abgestreift, und ich kam gerade noch zurecht, um ihn daran zu hindern, auch die Hose herunterfallen zu lassen.

«Was machen Sie denn da, Sie Unglücklicher!» schrie ich ihn an.

«Ich will meine Glaubensbrüder rächen!» brüllte er zurück. Der Schaum stand ihm vor dem Mund, und in der Hand schwang er sein Taschenmesser.

Schnell bildete sich eine Gruppe um den seltsamen Gladiator, und noch schneller wich sie wieder zurück, denn der gute Mann bezichtigte seine Reisegefährten allen Ernstes, Schergen Neros zu sein, und ging mit dem Messer auf sie los.

Ich hatte damals noch keine große Erfahrung im Umgang mit Leuten dieses Schlags, aber es gelang mir durch gutes Zureden in wenigen Augenblicken, ihn zur Aushändigung seiner Waffe zu bewegen.

«Wir sind mitnichten Christenverfolger. Dein Auge trügt dich. Erkennst du deine Mannen nicht, mein General?» redete ich ihn an. «Wir brennen darauf, gegen die Heiden zu ziehen. Der Sieg wird unser sein, so du uns anführst!» Und dann mit etwas schärferer Stimme: «Aber dein Schwert gib jetzt bitte mir, deinem treuen Centurio. Denn als Oberbefehlshaber brauchst du ja nicht persönlich mitzukämpfen. Du leitest die Kampfhandlungen vom Feldherrnhügel aus.»

Er war sofort einverstanden, sogar noch mehr: er war gerührt über die Worte seines Centurio, drückte mir ergriffen die Hand und winkte seinen Kriegern gnädig zu. Dann hob er den Arm und schrie: «Mir nach, Männer! Es ist keine Zeit zu verlieren!» Und mit der Parole «Zum Forum, marsch!» bestieg er als erster die Quadriga, unseren Bus.

Von mir durch Augenzwinkern und Händeklatschen angetrieben, folgten die anderen ihm nach, und wir fuhren los. Allerdings nicht in Richtung Forum. Doch das merkte unser Feldherr nicht. Er zeichnete in seinem Notizbuch eifrig an einem Schlachtplan, murmelte etwas von «Flanke» und «in den Rücken fallen» und befahl seinem Centurio, ein Lied singen zu lassen. Ich stimmte das alte Soldatenlied «It's a long way to Tipperary» an, das meine Untergebenen zunächst nur zaghaft, dann erst, von meinem grimmigen Hauptmannsblicken dazu aufgefordert, kräftig mitsangen.

«Bravo, meine Krieger sind in guter Form», rief er, als wir bei der letzten Strophe angekommen waren und vor dem Krankenhaus hielten.

«Hier ist das Hauptquartier, mein General», sagte ich zu ihm und zeigte auf das imposante Gebäude. Er fand es in Ordnung und verabschiedete sich von seinen Leuten und von mir mit einem zackigen Gruß und dem Ausruf «Tod dem Tyrannen!», den wir im Chor erwiderten. Dann nahm ihn die Ordonnanz in ihre Mitte – zwei Wärter der Psychiatrischen Universitätsklinik. Sie hatten nun einen interessanten Fall mehr und ich einen unheimlichen Touristen weniger.

War es ein Sonnenstich gewesen? Ein Mysterium? Sollten ihm tatsächlich die ehrwürdigen Toten der Katakomben so profan die Sinne verwirrt haben? Ich habe die Diagnose nie erfahren.

Ein anderes psychologisches Rätsel gab mir einmal ein Engländer auf, der mit mir nach Süden fuhr. Oder wollte er mir nur die Lehre erteilen, daß man keine Reisegruppe als vorbildlich bezeichnen soll, bevor man wieder daheim ist?

Als ich eines Abends in München in den Zug nach Venedig stieg, sagte ich mir nämlich mit dankbaren Gefühlen: ‹Du fährst mit der friedlichsten Gesellschaft, die es in der Geschichte des Tourismus je gegeben hat. Zwei Wochen einer Europa-Tour sind ohne die geringste Störung verlaufen.›

Ich ahnte nicht, daß ich noch in dieser Nacht die dramatischsten Stunden meiner Reiseleiter-Karriere erleben sollte.

Um drei Uhr morgens fing es an. Der Schlafwagenschaffner kam in mein Abteil, rüttelte mich wach und sagte:

«Monsieur! Einer Ihrer Leute sitzt seit einer halben Stunde auf dem WC!»

«Na, und?» fragte ich verschlafen. «Wecken Sie mich etwa deswegen?»

«Warum ist er noch nicht wieder rausgekommen?»

«Wie soll ich das wissen?» antwortete ich gereizt. Aber im Grunde hatte der Schaffner ganz recht. Ein Reiseleiter hat alles zu wissen, was seine Gruppe angeht. «Warten wir noch eine halbe Stunde ab», beruhigte ich ihn. «Wenn er dann noch nicht herausgekommen ist, werden wir etwas unternehmen.»

Eine halbe Stunde später trommelten abwechselnd der Schaffner und ich an der WC-Tür. Vergeblich. Es rührte sich nichts. War der Mann eingeschlafen? War ihm übel geworden? Er mußte die Besinnung verloren haben. Was war zu tun?

«Haben Sie einen Schlüssel zu der Tür?» fragte ich den Schaffner.

Er hatte keinen, aber ein Taschenmesser. Er schob die Klinge unter das Schloß, und die Tür sprang auf.* Bis dahin hatte ich wohl Touristen in den Foyers der Hotels, im Omnibus, in Kirchen und sogar im Stehen während eines Museumsbesuchs in Schlaf versinken sehen, aber noch nie auf der Toilette eines Schlafwagens, so nahe der bequemeren Ruhestätte. Der mußte aber erschöpft sein!

«Das verstößt gegen das Schlafwagen-Reglement», sagte der Schaffner dienstlich. «Wir müssen ihn wecken.»

Ich rief den Schläfer beim Namen, schüttelte ihn, pfiff ihm in die Ohren und bespritzte ihm die Stirn mit Wasser. Alles umsonst. Der Mann rührte sich nicht. Als ich ihm schließlich derbe Püffe versetzte, sackte er nur noch mehr in sich zusammen.

Ich wurde allmählich unruhig. Der Schaffner auch. Er hob den Kopf des Mannes an den Haaren in die Höhe, um ihm ins Gesicht sehen zu

* Unerhört! So einfach sollten diese Türen doch nicht zu öffnen sein!

können. Plötzlich schrie er: «Der ist ja tot!» Er ließ den Kopf wieder fallen, trat auf den Flur zurück und streckte die Hand nach der Notbremse aus.

«Wir müssen den Zug anhalten!» rief er aufgeregt.

«Warum denn?» fragte ich erstaunt. Mir kam es viel mehr darauf an, den Mann zum Stehen zu bringen als den Zug.

«Es gibt strenge Weisungen», erklärte der Schaffner. «Der Zug darf die Grenze nicht mit einer Leiche überqueren.»

«Gut, aber was wollen Sie hier auf freier Strecke mit ihr machen?»

«Wir schaffen sie beim nächsten Streckenwärterhaus hinaus, und derjenige, der sie begleitet, muß einen Arzt rufen, der das Ableben bezeugt, die Familie benachrichtigen und sich mit dem Konsulat in Verbindung setzen.»

Der gute Mann kannte seine Vorschriften in diesem speziellen Fall, als fände er allnächtlich eine Leiche in seinem Wagen. Aber es lag wohl nur daran, daß er ein Deutscher war.

«Was Sie da sagen, ist undurchführbar», erwiderte ich schroff. «Der Tote reist allein. Sein nächster Angehöriger sitzt vermutlich in London.»

«Dann sind Sie der Verantwortliche. Sie müssen also aussteigen», sagte der Schaffner und griff nach der Notbremse.

«Halt!» schrie ich – was paradox klang, denn ich wollte ja gerade verhindern, daß wir anhielten. «Und was wird inzwischen aus meiner Gruppe? Ich kann sie doch nicht allein durch die Gegend irren lassen. Im übrigen ist der Mann nicht tot, er ist wahrscheinlich nur ohnmächtig. Helfen Sie mir, ihn in sein Abteil hinüberzutragen! Ich werde ihn dann erst einmal untersuchen.»

Wir faßten den leblosen Körper unter den Achseln und schleiften ihn in den Gang. In der fahlen Beleuchtung und mit den von der schweren Last verzerrten Gesichtern mußten wir wie zwei Mörder aus einer Kriminalgeschichte von Edgar Allan Poe aussehen.

Ich habe nie gewußt, daß ein Schlafwagen so endlos lang ist. Und das Abteil des Toten lag natürlich am entgegengesetzten Ende. Nach einer Viertelstunde langten wir dort in Schweiß gebadet an. Nur der Mann aus London schwitzte nicht. Er war kalt wie eine Leiche. Wir legten sie behutsam auf das Bett, falteten ihr die Hände.

«Jetzt lasse ich den Zug anhalten!» sagte der Schaffner wieder.

Ich protestierte. «Haben wir den Mann durch den ganzen Wagen geschleppt, um ihn am anderen Ende hinauszuwerfen? Nein, jetzt werde ich ihn untersuchen.» Ich krempelte die Ärmel hoch und suchte dabei in meinem Gedächtnis alle meine medizinischen Kenntnisse zusammen. Es waren nicht viele, aber ich glaubte, sie würden langen, um festzustellen, ob der Patient tot war oder nur ohne Besinnung.

Ich fühlte ihm zunächst den Puls. Das heißt: ich fühlte eigentlich gar nichts. Ich knöpfte ihm das Hemd auf und legte ein Ohr an seine Brust. Ich spürte ein Kitzeln, aber keinen Herzschlag. Ich besann mich auf ein probates Mittel und hielt ihm einen Spiegel vor die Lippen. Das Resultat ließ keinen Zweifel mehr: der Mann war tot.

Der Schaffner sprang schon wieder zur Notbremse. Der Gedanke, meine Gruppe verlassen zu müssen, um mich um eine Leiche zu kümmern, schien mir unerträglich. ‹Vor allem›, dachte ich, ‹muß ich die Sache bis Venedig hinziehen. Dort haben wir drei Tage Aufenthalt, und es wäre doch gelacht, wenn ich in dieser Zeit nicht alle Formalitäten für den Leichentransport erledigen ließen.› Ich mußte dem Schaffner eine Komödie vorspielen, das war die einzige Rettung.

«Hören Sie», sagte ich zu ihm und hielt ihn am Arm fest. «Nehmen Sie Vernunft an und die Hand von der Notbremse. Dieser Mann da ist keineswegs tot, sondern befindet sich nur in einem typischen Delirium sturiphantosis, wie der lateinische Fachausdruck lautet. Eine Art vorübergehender Scheintod, der oft bei Bewohnern des hohen Nordens auftritt, wenn sie sich dem Süden nähern. Der Klimawechsel, der Luftdruckunterschied, wissen Sie. Kehren Sie also ruhig auf Ihren Posten zurück, und wenn die Paßkontrolle kommt, zeigen Sie unsere Ausweise vor, ohne etwas von dem Zustand des Mannes verlauten zu lassen.»

Der Schaffner sah mich zweifelnd an. «Wir haben Föhn, vielleicht ist es das. Manche vertragen das nicht», murmelte er und wurde langsam einsichtig.

«Natürlich, der Föhn!» rief ich aus. «Daß ich darauf nicht gleich gekommen bin. Jeder reagiert eben anders, und dieser Mann –» Ich erklärte ihm noch einmal, um welche Krankheit es sich hier handelte, bot ihm eine Zigarette an und ging dann in mein Abteil zurück.

Nun war der Schaffner beruhigt und ich der Aufgeregte. Ich nahm aus der Reiseapotheke einen Schluck Baldrian und eine Schlaftablette und mußte gerade eingeschlafen sein, als ich vom Strahl einer Taschenlampe wieder aufwachte. Ein deutscher Grenzpolizist stand in der Tür und hinter ihm der Schaffner, der am ganzen Leib zitterte. ‹Da haben wir's›, dachte ich. ‹Dieser Idiot hat seinen Schnabel nicht halten können, und so ein Polizist hat sicherlich mehr Ahnung von Leichen als ein Schaffner und nimmt dir deine Diagnose nicht ab.›

«Ich muß eine Inspektion Ihrer Gruppe vornehmen», sagte der Polizist.

«Warum? Ihre Kollegen sehen sich sonst nur die Pässe an, ohne die Reisenden weiter zu behelligen», sagte ich ungehalten.

«Tut mir leid. In jedem Zug muß wenigstens ein Wagen genau kontrolliert werden. Heute ist dieser an der Reihe.»

Unangenehm. Aber zumindest wußte ich nun, daß der Schaffner nichts verraten hatte. Es war also noch nicht alles verloren.

«Gut, kontrollieren Sie, Herr Kommissar. Nur wecken Sie mir bitte die Leute nicht auf. Sie sind erschöpft und brauchen ihren Schlaf.»

«Keine Angst», meinte der Polizist.

Er hatte gut reden: Keine Angst! Und ich sah mich im Geiste schon allein mit einer Leiche auf dem kleinen Grenzbahnhof zurückbleiben.

«Lassen Sie mich vorausgehen», bat ich, als der Beamte seine Runde begann. «Wegen der Ehepaare – Sie verstehen. Ich möchte vorsichtshalber doch anklopfen.»

Er nickte und betrat schon das erste Abteil, richtete seine Lampe kurz auf das Gesicht des Schlafenden und ging nach einem vergleichenden Blick auf das Foto des Reisepasses, den der Schaffner ihm mit feuchten, bebenden Händen reichte, weiter.

Ich arbeitete mich inzwischen bis an das Abteil heran, in dem sich unsere Leiche befand, um sie noch schnell in eine möglichst natürliche Lage zu bringen. Ich hoffte, daß die Starre noch nicht eingetreten war. Wie sollte ich den Körper sonst bewegen?

Nun, er hatte sich schon von selbst bewegt, wie ich entsetzt feststellte. Durch das Gerüttel des Zuges oder in einer der vielen Kurven der serpentinenreichen Strecke war er aus dem Bett gekullert und lag jetzt auf dem Boden.

Ich glaube, daß ich in diesem Augenblick meine ersten grauen Haare bekam. Es war aussichtslos, den schweren Körper wieder in sein Bett heben zu wollen. Ein Mann allein war dazu nicht stark genug. Am liebsten hätte ich mich auch auf den Boden geworfen. Oder sollte ich aus dem Zug springen? Dann hörte ich auf dem Gang wieder die Schritte des Polizisten, der immer näher kam. Plötzlich packte mich der Mut der Verzweiflung, und ich wiederum packte den Toten mit beiden Armen, wälzte ihn zuerst mit dem Oberkörper, dann mit den Beinen ein Stück zu Seite, so daß der kraftlos baumelnde Kopf schon unter dem Bett lag, riß das Laken von seinem Bett, breitete es auf dem Boden aus, legte das Kopfkissen darüber, wälzte den Toten wieder in die Mitte und auf Laken und Kissen, deckte ihn mit einer Decke bis zum Halse zu und trat wieder auf den Gang hinaus.

Es war höchste Zeit. Der Polizist kam eben aus dem Abteil nebenan. Der Schaffner öffnete schon den Mund, um zu irgendeiner Erklärung dafür anzusetzen, was der Beamte im nächsten Abteil finden würde. Da kam ich ihm zuvor, indem ich die Tür aufschob und dem Polizisten, der verwundert auf den friedlich am Boden Schlafenden schaute, zuflüsterte: «Interessant, nicht wahr? Der Mann gehört der Rhesus-Sekte an, deren Angehörige bekanntlich das Gelübde abgelegt haben, nie in einem weichen Bett zu schlafen, sondern immer auf der harten Erde.»

Der Polizist schüttelt halb mitleidig und halb respektvoll den Kopf. «Ist denn das bei Ihnen erlaubt?» fragte er den Schaffner.

Der zuckte nur bekümmert die Achseln und seufzte tief. Ich weiß nicht, ob es wegen dieses Anblicks geschah oder weil ich ihm so fest auf den Fuß getreten hatte. Jedenfalls war die Situation gerettet. Der Polizist schloß die Tür besonders leise, um den Schlaf dieses Fakirs nicht zu stören, grüßte und verließ den Wagen.

Dem Schaffner konnte ich die Sache nicht so schnell erklären. Aber endlich begriff er, daß der Mann tatsächlich noch leben mußte, wenn er aus dem Bett gefallen war, und wir hoben ihn mit vereinten Kräften wieder hinein.

Zwei Menschen hatte ich überzeugt, daß der Tote noch lebte. Nur mir selbst versuchte ich es vergeblich einzureden. Niedergeschlagen ging ich wieder zu Bett und nahm zwei Schlaftabletten. Denn am nächsten Tag, glaubte ich, würden ja die Unannehmlichkeiten mit der Leiche erst beginnen.

Am Morgen – ich war gerade dabei, mich anzuziehen – kam der Schaffner schon wieder in mein Abteil gestürzt.

«Der – der Mann – der Sektierer von der – der Toilette», stotterte er herum.

«Was ist mit ihm los?» fragte ich.

«Er ist auf dem Gang draußen –»

«Auf dem Gang», schrie ich auf. Jetzt war es aus. Ich glaubte, er wäre wieder aus dem Bett gefallen und hätte dabei die Tür zum Gang aufgestoßen. Halb bekleidet lief ich nach draußen. Ich sah den Gang entlang, aber niemand auf dem Boden liegen. Dafür wandten sich mir die drei Herren zu, die am Fenster gestanden und in die Landschaft hinausgeschaut hatten. Ich meinte, nicht richtig zu sehen. Einer von ihnen war der Mann von der Toilette, die Leiche, der Sektierer. «Hallo, guten Morgen!» rief er mir zu.

Ich stand wie versteinert da, unfähig, ein einziges Wort herauszubringen. So muß das Gefühl sein, wenn man einem Gespenst begegnet.

Er schien meine Verwirrung zu bemerken. «Nanu! Haben Sie nicht gut geschlafen?» fragte er, lachte über meinen Aufzug in Oberhemd und Unterhose und gab mir einen freundschaftlichen Klaps auf die Schulter.

Die Berührung seiner Hand ließ mich zurückfahren. Ich mußte mich gegen die Tür lehnen und tief Atem holen.

«Sie sind also – wieder in Ordnung – ich meine – Sie haben versucht – wieder aufzustehen?» fragte ich mit tonloser Stimme.

«Wieso ‹wieder in Ordnung›? Wenn hier jemand nicht in Ordnung ist, dann sind höchstens Sie es. Ich bin seit über einer Stunde auf und habe heute schon einen halben Film verknipst», antwortete der tote Mann ganz lebendig.

Ich sah ihn forschend an. «Aber diese Nacht – erinnern Sie sich nicht, daß Sie auf die Toilette gegangen sind und –»

Er unterbrach mich. «Ich verstehe kein Wort. Natürlich war ich auf der Toilette, bevor ich schlafen ging. Wie immer. Und ich habe großartig geschlafen. Ich weiß nicht, was Sie wollen.»

Ich zog mich verwirrt und beschämt in mein Abteil zurück. Der Mann wußte wirklich von nichts und würde mir nicht glauben, wenn ich ihm erzählte, welche Aufregung er uns letzte Nacht bereitet hatte. Hätte ich nicht den Schaffner zum Zeugen gehabt, wäre ich meiner selbst nicht mehr sicher gewesen. Er war jetzt der einzige, der mich verstand. Ich lud ihn zu einem Kognak ein, ließ mir die Vorgänge der vergangenen Nacht noch einmal berichten, um mich zu vergewissern, daß ich nicht geträumt hatte, und sagte dann mit kaum unterdrücktem Stolz: «Sehen Sie, ich sagte Ihnen ja gleich: ein typischer Fall von ... und der Mann wird am Morgen wieder ganz normal sein.»

Der Schaffner prostete mir mit einer kleinen Verbeugung zu. «Alle Achtung, Sie verstehen etwas von Ihrem Beruf!» sagte er. «Für mich einfachen Mann ist das Ganze ein Rätsel.»

Ich lächelte bescheiden. Aber ich verriet nicht, daß ich vor dem gleichen Rätsel stand wie er. Ich ließ ihn in dem Glauben, daß ein Reiseleiter das Mysterium des menschlichen Körpers und der Seele besser begreife als ein Schlafwagenschaffner.

Obwohl der Mann aus London von da an keinerlei auffällige Symptome mehr zeigte, behielt ich ihn doch bis zum Ende der Reise besonders im Auge.

«Steigen Sie den Turm von Pisa lieber nicht hinauf», warnte ich ihn. «Sie überanstrengen sich.» – «Gehen Sie nicht mit in dieses Museum. Es enthält in der Hauptsache Kunstwerke der Moderne. Das könnte zuviel für Sie werden.»

Er wußte mir keinen Dank dafür und schlug alle Ratschläge in den Wind. Er war der erste auf allen Aussichtswarten und allen Hügeln Roms, und der letzte in den Nachtlokalen. Aber selbst beim Wein gab er das Geheimnis seines Scheintods niemals preis. Man muß also annehmen, daß er davon so wenig gewußt hat und weiß wie wir. Der Gedanke, daß man mich beinahe mitten in der Nacht auf freier Strecke mit ihm ausgesetzt hätte, daß ich womöglich schon die Formalitäten zu seiner Beerdigung eingeleitet hätte, um dann die Leiche sich erheben zu sehen, als wäre nichts geschehen, läßt mich noch heute erschauern.

Sein Herz hatte nicht mehr geschlagen, seine Glieder waren schon starr geworden, und ich hatte ihm die Augen zugedrückt. Was muß denn noch geschehen, ehe man einen Menschen endlich für tot halten darf?

Nie sonst habe ich so aufmerksame Zuhörer wie bei diesen Geschichten. Sie können nicht makaber genug sein, und lasse ich einmal ein Detail aus, aus Furcht, meine Leute damit zu schockieren, dann ver-

langen sie energisch, daß ich ihnen nichts vorenthalte. Ob ihnen auf-
fällt, daß ich in meine Erzählung hin und wieder auch eine kleine historische Belehrung einschmuggle? Ich sage etwa: Der heilige Calixtus,
nach dem die Calixtus-Katakombe benannt ist, hatte es in verhältnis-
mäßig kurzer Zeit vom Friedhofswärter zum Papst gebracht. Oder:
Der schiefe Turm von Pisa soll 1173 von Meister Gerardo, nach anderer
Auffassung 1174 von Wilhelm von Innsbruck und Bonannus begonnen worden sein; er wurde erst 1350 von Tommaso Pisano in acht
Stockwerken vollendet. Durch Senkung des Sandbodens erfuhr der
55 Meter hohe zylindrische Turm eine Neigung nach Süden, die oben
eine Abweichung um 4 Meter 27 von der Senkrechten erreicht hat. Ga-
lilei hat hier Versuche über den freien Fall angestellt.

Inzwischen befinden wir uns wieder auf freier Strecke und in mitt-
lerer Höhenlage. Der Druck in den Ohren hat aufgehört, und man
wagt wieder die Stimmen zu erheben. Die Damen haben das Gelübde,
das Trinkgeld des Chauffeurs zu erhöhen, wieder vergessen. Aber das
macht dem Mann keine Sorgen. Auf der Rückreise werden sie Gelegenheit haben, es noch einmal zu erneuern.

Die Heimkehr
Le Retour
Homecoming

Wir sind auf der letzten Seite des Reiseprogramms angekommen. Es
hat nicht mehr viel zu bieten. Die Touristen sind eingenickt oder star-
ren apathisch in eine Landschaft, die unter ihrer Würde ist. Es ist die
verpönte tiefste Provinz mit den verschlafenen Urlaubsorten, in die
sich die Snobs zurückziehen.

Der auslandsmüde Tourist kämpft gegen die Einsicht an, daß auch
Ferien innerhalb der eigenen Landesgrenzen etwas für sich haben könnten. Zumindest muß es angenehm sein, nicht jeden Morgen wieder den
Koffer packen zu müssen. Gewiß bereut er seine Reise nicht, aber wenn
er bei der Abreise vor zwei Wochen außer sich vor Freude war, daß
er tatsächlich Neapel sehen sollte, so freut ihn jetzt nicht weniger der
Gedanke an sein Zuhause, und er gibt den alten Sprichwörtern recht,
die das traute Heim über alles stellen. Man wird ohne Bedenken wieder das Leitungswasser trinken können und in einem Bett schlafen, das
die richtige Paßform hat. Auch daheim gehen nicht alle Fenster aufs
Meer hinaus, und manchmal tropft ein Wasserhahn. Doch das ist alles
nicht so schlimm. Vollkommenheit verlangt man nur vom Ausland.

Bei sich zu Hause ist man bescheidener. Ich habe schon oft feststellen müssen, daß diejenigen, die in jedem Hotel darauf bestanden, ein
Zimmer mit Telefon zu bekommen und einen Mordskrach schlugen,

wenn der Apparat nicht gleich funktionierte, in ihrer eigenen Wohnung gar keinen Fernsprechanschluß hatten und ihn auch gar nicht zu vermissen schienen. Ähnlich ist es mit dem Nachtleben. So mancher, der sich in den Vergnügungsstätten von Paris und Rom auskennt, weiß nicht, wo man in seiner Heimatstadt nach Mitternacht noch ein Bier bekommt. Er hätte um diese Zeit auch gar keinen Durst mehr darauf.

Bescheidener sind auch seine Ansprüche an die Küche. Er sehnt sich nach solider Hausmannskost und nach einer Speisekarte, die er nicht wie einen unentzifferbaren Papyrus anzustarren braucht. Wenn er eine Portion Bratkartoffeln bestellt, kann er sicher sein, daß man sie ihm nicht in Form von Spaghetti vorsetzen wird. Niemand wird ihm zumuten, frutti di mare zu probieren, und einer unaufmerksamen Bedienung wird er seine Meinung sagen können, ohne als Antwort nur ein Achselzucken und «Nix compris!» zu erhalten. Man wird ihn endlich wieder verstehen, wenn er schimpft. Das ist ein beruhigendes Gefühl. Der Tourist frohlockt: hierzulande ist die Trinkgeldfrage kein Problem, und die Museen bieten sich nicht so aufdringlich an. Man kann an ihnen vorübergehen, ohne sich sagen zu müssen: «Verflixt, das mußt du auch noch besichtigen!»

Ich werfe einen Blick in die Gepäcknetze. Wie in einem Basar liegen dort Sombreros und Kuckucksuhren, Muranogläser, Parfumkartons, Stoffballen, Weinflaschen und Blumen durcheinander. Und all das werden sie mit der Phantasie eines Schaufensterdekorateurs an ihren vier Wänden, auf Stellagen und mitten im Raum freischwebend raffiniert und ins Auge fallend arrangieren. Um Platz zu schaffen, werden einige Erinnerungsstücke an die Reisen vergangener Jahre das Feld räumen müssen. Aber das macht nichts. Man denkt an die ersten Reisen, deren Ziele so unwürdig nahe lagen, ohnehin nur noch mit mitleidigem Lächeln zurück. Selbst der fromme Pilger räumt jedes Jahr unter seinen Reliquien auf. Die Schwarze Madonna von Chartres mußte der Grotte von Lourdes weichen. Ihre Stelle nahm dann ein Gesteinsbrocken aus den Katakomben ein, wo fortan ein Schälchen mit Erde vom Kalvarienberg stehen wird.

Angesichts dieser bunten Ausstellung überkommt den Heimgekehrten ein Gefühl grenzenloser Befriedigung. Die Reise hat sich gelohnt, trotz aller Strapazen. Man sieht, wo er gewesen ist. Nur die eine Sorge bleibt, es fehlt noch ein Mitbringsel für einen Onkel, an den man unterwegs nicht gedacht hat. Wo kann man ein kleines Geschenk auftreiben, das einigermaßen orientalisch wirkt? Vielleicht haben die Antiquitätenhändler noch etwas zu bieten. Oder man tritt dem «Verein der Freunde des Tourismus» bei und tauscht bei einem Vereinsbruder etwas Überflüssiges gegen etwas Brauchbares ein.

Es herrscht eine unheimliche Stille im Bus. Ist das die aufgeregte, geschwätzige Gruppe, die in den ersten Tagen kaum zu bändigen war? Ich mußte jedesmal um Verzeihung bitten, wenn ich ihre Gespräche unterbrach, um etwas über unseren nächsten Aufenthalt zu erzählen. Das ist lange her. Inzwischen hat man alles voneinander erfahren. Was gibt es jetzt noch zu sagen? Auch daß man weiterhin in Kontakt bleiben will, ist schon beschlossen. Die Notizbücher enthalten seit gestern vierzig neue Adressen. Das würde bedeuten, daß man zu Weihnachten vierzig Karten mehr als im Vorjahr zu schreiben hat.

Doch so weit wird es nicht kommen. Die zuversichtlichen Abschiedsworte «Bis auf bald!» sind in den meisten Fällen die letzten, die die Reiseteilnehmer miteinander wechseln. Der Mut zu einer Gesellschaftsreise hatte sie vereint, und die lächerliche Vorstellung, Tourist gewesen zu sein, treibt sie wieder auseinander.

Denn: wieder daheim, ist der Tourist kein Tourist mehr, sondern ein normaler Mensch. Er braucht nur seine Sonnenbrille abzunehmen, das Hütchen aus dem Hofbräuhaus in den Papierkorb zu werfen und die Leica, die er drei Wochen lang nicht von der Schulter genommen hat, in den Schrank zu legen, und niemand wird ihn mehr für diese komische uniforme Erscheinung halten, die von allen Einheimischen bespöttelt wird. Um auch den leisesten Verdacht von sich zu weisen, selbst dazugehört zu haben, muß er sich künftig ebenfalls über die Touristen lustig machen.

Es ist erwiesen, daß die schärfsten Verächter des Tourismus die Extouristen sind. Sie distanzieren sich von ihm wie von einer peinlichen Phase ihres Lebens und zeigen sich, in die Enge getrieben, höchst verwirrt darüber, daß ihnen so etwas überhaupt passieren konnte.

Um nicht zu den Dummen gezählt zu werden, stellt der ehemalige Tourist sich am besten auch dumm. Er wird zum Beispiel nicht begreifen, daß es Menschen gibt, die Tausende von Kilometern zurücklegen und ein Vermögen dafür opfern, nur um ein Panorama zu fotografieren, das er selbst den ganzen Tag kostenlos vor Augen hat. Mit diesen Leuten, die eine halbe Stunde lang in ihrer Geldbörse herumwühlen, bevor sie eine in diesem Lande gültige Münze zu Tage fördern, meint er, könnte es doch nicht weit her sein. Als ob es wer weiß wie schwierig sei, einen Schilling von einem Peso zu unterscheiden! Und wenn er sie in geschlossener Formation unter dem Kommando eines Führers vorbeiziehen sieht, sagt er im Brustton der Überzeugung zu seiner Frau: «Man könnte mir noch etwas dazugeben, und ich würde diesen Rummel nicht mitmachen.»

Dabei haben die beiden schon darüber beratschlagt, wohin sie das nächste Mal fahren werden, diesmal natürlich mit dem eigenen Wagen, ganz unabhängig und in eine Gegend, in der es noch keine Touristen gibt.

Als ob das etwas an der Tatsache ändern würde, daß man wieder Tourist werden wird! Als Einzelreisender ist man zwar unabhängiger, aber dafür auch unbeholfener. Vor allem in einer Gegend, in der es noch keinen Tourismus gibt.* Man kurbelt unaufhörlich das Fenster herauf und herunter, um nach dem Weg zu fragen, übersieht den Dom und hält das Hospital für ein Museum. Wie bequem ist es dagegen doch, in einem Bus Platz zu nehmen, der beinahe nur aus Glas besteht, und auf einer genial ausgeklügelten Route von Sehenswürdigkeit zu Sehenswürdigkeit gefahren zu werden, in Gesellschaft einer Schar Gleichgesinnter und begleitet von einem landeskundigen Führer, dem man getrost die Fragen vorlegen kann, die der Einzelreisende unbeantwortet wieder mit nach Hause bringt. So wird der Ex-Gesellschaftstourist, ohne mit der Wimper zu zucken, rückfällig werden, sich dem Programm der Reiseleitung fügen und mutig die liebenswürdig komische Rolle spielen, die Gott den Touristen nun einmal zugedacht hat, sei es, um sich selbst am Anblick dieser harmlosen und höchstens mit Fotoapparaten bewaffneten Heerscharen zu freuen, die so recht ein Symbol des Friedens sind, oder sei es auch nur – um Leuten wie mir eine Existenzberechtigung zu geben.

Die Herbstblätter treiben über die Chaussee. In allen typischen Tavernen Spaniens legen die Gitarristen ihre typischen Instrumente aus der Hand. Die andalusischen Tänzerinnen werfen die Kastagnetten in die Ecke und lassen sich das wallende Haar so kurz schneiden, wie es Mode ist. Endlich können sie sich wieder wie normale Menschen benehmen und einen Rock'n'Roll aufs Parkett legen ... Die Museen Italiens liegen verwaist, die Kirchen sind wieder für die Gläubigen da. Am Lido wird die schwarze Fahne gehißt. An der Riviera sind die Villen der Filmstars zu vermieten. In Holland streift man die Holzschuhe ab und auch die Schweiz mottet ihre Folklore ein. Verstummt ist der Lärm der Luxusreisebusse und der Gesang der Deutschen im Ausland. Allenthalben sinken die Preise für Übernachtung und Pension. In Marseille kann man unbehelligt durch das Hafenviertel spazieren und in Paris, ohne Schlange zu stehen, eine Karte für die Folies Bergères bekommen.

Die Reisesaison ist zu Ende. Die Völker sind wieder unter sich.

Ich mache Urlaub. Wo? Natürlich in meinen vier Wänden. Das Wort «Reise» ist für sechs Wochen tabu, genauer gesagt: bis der erste Schnee gefallen ist und die Wintersportler ins Gebirge wollen. Nichts in meiner Wohnung erinnert an Ausland und Volkskunst. Ich bin der chauvinistischste Franzose, den es gibt. Und einer der eifrigsten Zeitungsleser. Mein liebstes Ferienhobby ist, die Zeitungen zu lesen, die seit dem

* z. B. nördlich des Polarkreises.

Beginn der Reisesaison im Frühjahr erschienen sind. In großen Stapeln sortiert, liegen sie um meinen Sessel herum. Wie angenehm lesen sich jetzt die aufregenden Nachrichten, die vor sechs Monaten die ganze Welt erschüttert haben! Da gab es zum Beispiel irgendwann im Mai wieder einmal die bange Frage: «Wird es zum Krieg kommen?» Als sie aktuell war, fuhr ich gerade durch Montenegro und ahnte nichts von der brenzligen Lage. Unterwegs habe ich keine Zeit, Zeitungen zu lesen. Außerdem bekommt man im Ausland sein angestammtes Blatt erst, wenn es schon drei Tage alt ist. Die Zeitung von vorgestern aber ist uninteressant. Die Zeitung von vor sechs Monaten dagegen liest sich wie ein Kapitel aus einem historischen Roman. Ich bin guter Dinge. Wie schön, daß es damals allen Prognosen zum Trotz nicht zum Krieg gekommen ist. Wenn ich von der Gefahr gewußt hätte, so hätte ich womöglich eine vorzeitige Rückkehr erwogen. Diese Sorge wäre ganz müßig gewesen, denn zum Glück hat sich ja auch dieses Problem von selbst erledigt.

Nach den alten Zeitungen lese ich die alten Briefe. Ihre Lektüre hätte mir niemals so viel Spaß gemacht, wenn ich, wie die meisten Leute, meine Post sofort gelesen hätte. Manche brauche ich jetzt nämlich gar nicht mehr zu beantworten. Die Zeit hat für mich gearbeitet. Da schreibt mir u. a. ein Freund: «. . . wenn Du Dich innerhalb einer Woche nicht meldest, muß ich versuchen, mir das Geld von jemand anderem zu pumpen.» Da der Brief neun Wochen alt ist, bleibt mir die Antwort erspart. Wie peinlich wäre es mir damals gewesen, meinem Freund die kleine Anleihe von hunderttausend Francs abschlagen zu müssen. Für die übrigen Briefe bedanke ich mich mit einem Kartengruß von der nächsten Reise. Das gehört zu den kleinen, nicht zu unterschätzenden Vorzügen des Reisens: niemand erwartet, daß man ihm von unterwegs einen Brief schreibt. Eine Karte genügt.

Ich muß gestehen, ich freue mich schon wieder ein wenig auf die nächste Saison, und als ob die großen Herren des Tourismus, die das Reisejahr bestimmen, das wüßten, lassen sie die Saison von Mal zu Mal länger werden. Mir bleibt zwischendurch kaum noch Zeit, dieses Buch zu Ende zu bringen.

Ab und zu bekomme ich Einladungen von meinen Touristen der vergangenen Saison. Es ist sehr aufmerksam, werden Sie denken, sich bei seinem Reiseleiter für die Mühe und Umsicht mit einer kleinen Soirée zu revanchieren.

Ich kann mir nicht helfen, ich hege jedesmal einen furchtbaren Verdacht. ‹War dieser Monsieur, der mich da einlädt, nicht ein fanatischer Foto-Amateur? Erinnere dich: trieb er nicht mit einer Batterie von Kameras sein Unwesen? Ich möchte wetten, jetzt liegt er mit seinem Projektionsapparat auf der Lauer, und wenn du dich nicht in acht nimmst, wird er dir die ganze Tour, die du mit ihm gemacht hast, noch einmal auf dem Bildschirm wiederkäuen. Und nicht nur seine letzte Reise, sondern die Ausbeute sämtlicher Reisen, damit du Vergleiche ziehen kannst und unermüdlich etwas zu loben hast.>

Ich werde nicht in die Falle gehen, so geschickt er es auch anstellen mag! Er weiß natürlich, daß die Abneigung gegen Lichtbildvorträge dieser Art verbreitet ist, und läst seine Gäste bis zum letzten Augenblick im unklaren darüber, was ihnen an diesem Abend in Wahrheit geboten werden wird.

Sind Sie ein heimlicher Dichter? Er wird Sie mit einem bekannten Verleger zusammenbringen wollen. Interessieren Sie sich für Politik? Es wird ein Abgeordneter anwesend sein, der ausnahmsweise bereit ist, Fragen zu beantworten.

Nur beim ersten Male bin ich darauf hereingefallen. Einer meiner ehemaligen Touristen schrieb mir: «... übrigens werden Sie auch die Callas sehen ...» Da hatte er eine schwache Stelle bei mir getroffen. Mir imponiert diese Frau nämlich trotz allem. ‹Wie beneidenswert, sich ihrer Bekanntschaft zu erfreuen›, dachte ich. Auch ich wollte in Zukunft dazu gehören und versprach daher zu kommen.

Ohne etwas zu argwöhnen, ging ich hin. Selbstverständlich im Smoking und mit zwei großen Rosenbuketts. Das eine war für die Gastgeberin bestimmt, das andere für die Callas. Einer Verkehrsstockung wegen kam ich etwas zu spät und wurde in den bereits verdunkelten Salon geführt. ‹Aha, die Callas wird sogar singen!› schloß ich daraus. Die Dame des Hauses stellte mich den anderen Gästen vor. Zu meiner Verwunderung trugen die meisten ausgesprochen saloppe Kleidung. Sollte die Callas etwas gegen Krawatten haben? So etwas muß einem doch gesagt werden! Ich fühlte mich overdressed und nahm mit rotem Kopf Platz. Es war, nebenbei bemerkt, ein Gartenstuhl, den man mir anbot.

Gerade wechselte ich ein paar belanglose Worte mit meinem Nachbarn, wie es sich gehört: in ehrfurchtsvollem Flüsterton, als mich plötzmich ein lautes Geschimpfe aufhorchen ließ. Ich wandte mich um und entdeckte hinter der letzten Stuhlreihe den Hausherrn, Monsieur V., der sich mit aufgekrempelten Ärmeln an einem Apparat zu schaffen machte und wie Laokoon von oben bis unten in elektrische Schnüre verwickelt war. ‹Soll etwa eine Rundfunkübertragung stattfinden?› dachte ich einen Moment. Dann sah ich nach vorn, bemerkte die weiße Leinwand und wußte Bescheid. Verzweifelt klammerte ich mich an die Hoffnung, daß der Projektionsapparat, mit dem etwas nicht in Ordnung zu sein schien, allen Versuchen, ihn zu reparieren, standhalten würde. Aber er gab nach kurzem Kampf doch nach, warf seinen scharfen Strahl auf den Bildschirm, und die Vorführung begann.

«Ich zeige Ihnen zunächst Bilder von unserer Italienreise vor drei Jahren. Ich muß Sie um Nachsicht bitten; es sind meine ersten Versuche. Eigentlich habe ich gar keinen Mut, sie vorzuführen ... Vielleicht sollte ich doch lieber ...»

Monsieur V. wartete geduldig auf Widerspruch. ‹Wenn wir uns jetzt zusammentun würden, könnte man das Unglück verhindern›, dachte ich. Aber irgend jemand murmelte: «Na, so schlimm wird es schon nicht sein!»

«Also gut, wenn es unbedingt sein muß», meinte Monsieur V. mit falschem Seufzer, und auf der Leinwand erschien ein verwischtes Bild. Es stand auf dem Kopf. Der Vorführer entschuldigte sich, schob die Aufnahme zurecht, stellte den Apparat schärfer ein, und wir sahen den Tower.

«Du hast die falsche Schachtel erwischt, Liebling», rief Madame V. aus der ersten Reihe. Neben ihr war noch ein Platz frei. Ein Rokoko-Fauteuil. Für die Callas, vermutete ich. Sie war bisher noch nicht erschienen. Vielleicht hatte sie erfahren, daß man Lichtbilder zeigen würde, und abgesagt.

«Tatsächlich, das sind die Aufnahmen von unserer Englandreise», bestätigte Monsieur V. «Aber da wir nun gerade dabei sind, kann ich ja auch diese Bilder vorführen. England interessiert Sie doch genauso, nicht wahr?»

«Aber natürlich», antwortete seine Frau für uns alle. ‹Wenn jetzt nicht bald die Callas kommt, dann gehe ich›, sagte ich mir, während ich die Horse Guards bewundern mußte, die ich in den letzten Monaten mehr als zehn Mal in natura gesehen hatte.

Statt der Sängerin kamen Italien, die Scala von außen und sämtliche Kirchen des Landes. Kein Wunder, daß der Vorführer mit ihrer Benennung etwas durcheinander geriet.

«Das ist Santa Maria Maggiore», sagte er und zeigte uns San Pietro in Vinculi.

«Aber ich bitte dich, das ist doch die Laterankirche», protestierte seine Frau.

«Wenn ich sie mit der Laterankirche verwechseln würde, wäre es der Dom von Amalfi», widersprach er.

Die Gäste begannen mitzuraten, um welche Kirche es sich in Wirklichkeit handeln könnte. Nicht eines der in den Reiseführern beschriebenen Gotteshäuser zwischen Bozen und Syrakus wurde ausgelassen.

Ich hütete mich, in die Diskussion einzugreifen. Ich hätte auf San Pietro in Vinculi bestehen müssen, und so genau wollen es die Leute meistens gar nicht wissen. «Jedenfalls ist es nicht der Markusdom», versicherte man sich gegenseitig.

Von Zeit zu Zeit weckte eine Ansicht angenehme Erinnerungen. «Weißt du noch, das war an dem Tag, als man uns den Koffer stahl.» Dann gab einer ihrer Reisegefährten, der den ganzen Ätna verdeckte,

Anlaß zu freundlichen Bemerkungen. «Dieser dumme Kerl mußte natürlich genau vor die Linse laufen.»

Ich war noch nie so froh wie an diesem Abend, daß Italien in Sizilien zu Ende ist, und applaudierte, als wäre die Callas schon aufgetreten. Das deutete der Gastgeber freilich auf seine Weise.

«Wenn es Ihnen so großen Spaß macht, dann muß ich Ihnen wohl noch einige Schmalfilme zeigen», verkündete er gerührt.

Wütend wollte ich mich verabschieden, da trat Monsieur V. mit gewinnendem Lächeln auf mich zu. «Ich weiß mit dem Filmvorführgerät nicht so sicher umzugehen. Sie als erfahrener Reiseleiter kennen sich damit besser aus...» Er bat mich, ihm zu assistieren. Ich rang bedauernd die Hände. Leider müsse ich mich jetzt empfehlen. «Aber das können Sie mir doch nicht antun. Sie haben es ja gehört: Die Gäste dringen drauf, einen Film zu sehen. Was soll ich machen?» Er packte mich bei meiner Berufsehre. Ob der Umgang mit Filmvorführgeräten denn nicht zu meiner Ausbildung gehört habe? wollte er wissen. Er habe angenommen, ich sei ein all-round-man.

«Also gut, geben Sie die Spule her.»

Ich zog die Smokingjacke aus und hatte, ehe ich mich versah, einen grauen Arbeitskittel an.

«Sie sehen jetzt einen Stierkampf, den ich in Madrid aufgenommen habe. Am Projektor mein lieber Freund Guy», sagte Monsieur V. an und erwirkte einen Sonderapplaus für mich.

Einen Tonfilm vortäuschend, erklang das Vorspiel zu «Carmen» im Grammophon, und mit «Auf in den Kampf, Torero», setzte ich den Apparat in Bewegung. Statt eines Stiers zeigten uns die ersten Bilder allerdings die rosig-fleischigen Hinterbacken eines Babys. Nein, es sei kein Irrtum. Der Stierkampf, klärte uns Madame V. auf, sei zwar auch auf dieser Spule, jedoch erst am Ende. Wir hatten also noch das Vergnügen, den Werdegang des jüngsten Sprößlings auf der Leinwand mitzuerleben. Beinahe alle im Raum anwesenden Personen waren auch in diesem Film zu sehen. Ich mußte in eine interne Familienfeier geraten sein. Es wimmelte auf dem Bildschirm und unterm Publikum nur so von Onkeln und Tanten, Großmüttern und Enkeln, die ihre Ebenbilder mit freudigem Gekreisch und die der anderen mit bissigen Anspielungen begrüßten. Gerade hatte eine Anverwandte beleidigt das Zimmer verlassen, weil man ihre etwas mollige Figur als für den Schmalfilm ungeeignet bezeichnet hatte, da kündigte Monsieur V. das große Ereignis des Abends an.

«Achtung, die Callas!»

Endlich! Ich starrte zur Tür. Am liebsten hätte ich den Apparat ausgeschaltet. Der Gedanke, daß mich die große Sängerin in dieser lächerlichen Rolle als Filmvorführer sehen sollte, war mir unangenehm. Aber wo blieb sie denn nur? Ich schaute wieder auf die Leinwand. Dort drängte sich eine dichte Menschenmenge vor einem Gebäude, das man für die Rückseite der Grand Opéra halten konnte. Wieder bildete die ganze Familie V. den Vordergrund, und mit der feierlichen Stille, die für einen Augenblick eingetreten war, war es wieder vorbei.

«Aber die Callas –» wagte ich zu fragen. «Wann kommt sie denn nur?»

Gelächter und Entrüstung waren die Antwort. «Na, haben Sie denn nicht gesehen, wie sie eben aus der Bühnentür trat? Die Dame, die ganz von Autogrammjägern umringt war!»

«Natürlich, das war sie ja», sagte ich betreten. Ich konnte doch unmöglich zugeben, daß ich zur Tür geschaut hatte anstatt auf die Leinwand. Resigniert ließ ich den Film weiter ablaufen. – Ein bißchen Loiretal, ein bißchen Côte d'Azur, viel Italien, den Stierkampf in Madrid – dann die Reise, die Monsieur V. mit mir gemacht hatte. Ein Heer von Touristen ergoß sich über die Bildfläche, krabbelte wie in einem Ameisenhaufen durcheinander, promenierte geistesabwesend durch die Uffizien und mit wenig Kleidung über einen Boulevard, schleppte sich zum Vesuv hinauf, zerfloß in der Gluthitze Kalabriens, tummelte sich am Strand von Taormina, ließ sich erschöpft in die Sitze des Reisebusses fallen und heimtransportieren wie eine Schar hilfloser Kinder, die von zu Hause weggelaufen sind, nun Heimweh haben und artig umkehren, um übers Jahr wieder davonzulaufen.

Dieser Film rührte mich nun doch. Ich glaubte, ein modernes Heldenepos zu erleben, die Geschichte des unbekannten Touristen. Sie endete mit dem üblichen vielversprechenden, aber doch flüchtigen Abschiednehmen von den Reisegefährten nach der Heimkehr und der Rückverwandlung in gewöhnliche Sterbliche. Dieser Abschluß schien mir nicht würdig genug. ‹So ein Stoff›, dachte ich, ‹verlangt nach einer Apotheose.›

«Ziehen wir den Hut, meine Damen und Herren», sagte ich ergriffen und bat die Herrschaften, sich zu erheben, «vor allen Touristen des Erdballs, die einem geruhsamen Ferienaufenthalt auf dem Land das Abenteuer einer Gesellschaftsreise ins Ausland vorziehen. Ich bin überzeugt, eines Tages wird man ihnen vor Cooks Reisebüro oder auf dem Markusplatz ein Denkmal errichten.»

INHALT

Paul Watzlawick

Gebrauchsanweisung
für Amerika

Ein respektloses Reisebrevier. Zeichnungen von Dieter
Klama. 3. Aufl., 20. Tsd. 1979. 143 Seiten. Kart.

»Dieses Buch ist eine launig-amüsante Gebrauchsanweisung für amerikanisches Alltagsleben. Der Autor,
in Wien geboren und heute als Psychologie-Professor
an der Stanford-Universität in Kalifornien tätig, zeigt die
Fußangeln und vermeintlichen Kuriositäten amerikanischen Lebens, wie sie einen traditionsbeladenen
Deutschen wohl verblüffen, kommt er zum ersten Mal in
die ›Neue Welt‹.
Watzlawicks Absicht ist, den Leser zu der Einsicht zu
bringen, daß unamerikanische Erscheinungen und
Konventionen nicht ›falsch‹ sondern lediglich ›anders‹
sind.
Diese Schrift, von Dieter Klama sinnig illustriert, erscheint dem Rezensenten aufschlußreicher als so
manches Regal pompöser und ernster Reiseführer. Für
Amerika-Neulinge sollte Watzlawicks Gebrauchsanweisung eigentlich im Flugpreis inbegriffen sein.«
Frankfurter Allgemeine Zeitung

Guy Abecassis

100 Koffer
auf dem Dach

Auf Gesellschaftsreisen vom Nordkap bis Kairo. Ein Reiseleiter plaudert aus dem Bus.
Die heiter-ernsten Memoiren eines Reiseleiters nach zehn-
jährigem Umgang mit länderhungrigen Touristen. Vor dem
Louvre, dem Petersdom, den Pyramiden und der Akropolis, in
der Blauen Grotte und beim Stierkampf erleben wir den Homo
touristicus mit all seinen Schwächen und Torheiten. Eine amü-
sante Gesellschaftsreise auf der Lesecouch.

rororo Band 702

Kopfkissen
für Globetrotter

Guy Abecassis hüpft hier als Reiseleiter per Boeing in plan-
mäßigen Flohsprüngen um den Globus. Sein Gepäck: echt
gallischer Humor und ein Flugbillet von vier Meter Länge.
Alle, die von der Ferne träumen, können sich in diesem Buch
schmunzelnd rund um unseren Erdball schmökern.

rororo Band 1065

420/6

Gerald Durrell

Eine Verwandte namens Rosy

Eine fast wahre Geschichte (Sonderausgabe)
Deutsch von Anne Uhde. 240 Seiten. Geb.)
Taschenbuchausgabe: rororo Band 1510

Ausschließlich als rororo Taschenbuchausgaben liegen vor:

Zoo unterm Zeltdach

Als Tierfänger in Kamerun. Deutsch von Hilda Ross
rororo Band 1366

Ein Schildkrötentransport

und andere heitere Geschichten. Deutsch von Ch. und L. Hohlwein
rororo Band 1631

Die goldene Herde

und andere vergnügliche Tiergeschichten
Deutsch von Ursula von Wiese. rororo Band 1723

Nichts als Tiere im Kopf

Deutsch von Kai Molvig. rororo Band 1908

Vögel, Viecher und Verwandte

Deutsch von Kai Molvig. rororo Band 4086

Rowohlt

Richard Gordon

*«Seine Bücher sind so munter und mit
so viel ungezwungenem Witz geschrieben, daß auch
der Anspruchsvolle sie mit Freude und Genuß liest.»*
Darmstädter Tageblatt

Aber Herr Doktor!
Ein tolldreister Roman · rororo Taschenbuch Band 176

Doktor ahoi!
*Aber Herr Doktor! – Auf hoher See · Ein tolldreister Roman
rororo Taschenbuch Band 213*

Hilfe! Der Doktor kommt
Ein tolldreister Roman · rororo Taschenbuch Band 233

Dr. Gordon verliebt
Ein tolldreister Roman · rororo Taschenbuch Band 358

Dr. Gordon wird Vater
Ein tolldreister Roman · rororo Taschenbuch Band 470

Doktor im Glück
Roman · rororo Taschenbuch Band 567

Eine Braut für alle
Roman · rororo Taschenbuch Band 648

Doktor auf Draht
Roman · rororo Taschenbuch Band 742

Onkel Horatios 1000 Sünden
Roman · rororo Taschenbuch Band 953

Finger weg, Herr Doktor!
Roman · rororo Taschenbuch Band 1694

Wo fehlt's, Doktor?
Roman · rororo Taschenbuch Band 1812

Machen Sie sich frei, Herr Doktor!
Roman · rororo Taschenbuch Band 4042

Der Schlaf des Lebens
Roman · rororo Taschenbuch Band 4258

Käpt'n Ebbs Seebär und Salonlöwe
Roman · rororo Taschenbuch Band 4435

Rowohlt Taschenbuch Verlag

roald dahl

Gesammelte Erzählungen

Sonderausgabe. Aus dem Amerikanischen von
Wolfheinrich von der Mülbe, Hans-Heinrich Wellmann und
Fritz Güttinger. 448 Seiten. Geb.

Kuschelmuschel

Vier erotische Überraschungen. Aus dem Englischen von Jürgen Abel,
Werner Gronwald und Gisela Stege. 220 Seiten. Geb.
und rororo 4200

Küßchen, Küßchen!

11 ungewöhnliche Geschichten. Aus dem Amerikanischen von
Wolfheinrich von der Mülbe. rororo 835

... und noch ein Küßchen!

Weitere ungewöhnliche Geschichten. Aus dem Amerikanischen von
Hans-Heinrich Wellmann. rororo 989

... steigen aus ...
maschine brennt ...

10 Fliegergeschichten. Aus dem Amerikanischen von Alfred Scholz.
rororo 868

Der krumme Hund

Eine lange Geschichte mit 25 Zeichnungen von Catrinus N. Tas.
Aus dem Englischen von Fritz Güttinger. rororo 959

Danny oder Die Fasanenjagd

Mit 28 Zeichnungen von Hansjörg Langenfass.
160 Seiten. Pap.

Das riesengroße Krokodil

Mit Bildern von Quentin Blake.
32 Seiten. Lam. Pp.

Rowohlt

197/21